Frontiere Einaudi

Titolo originale *Uzak Dağlar ve Hatırlar*



Le fotografie dei taccuini sono state realizzate da Emre Dörter

La traduzione italiana è stata condotta sull'edizione
realizzata in esclusiva dalla casa editrice francese Gallimard

www.einaudi.it

ISBN 978-88-06-26068-2

Ricordi di montagne lontane

*Ad Aslı*

ogni parola

a una a una

parole

gocce

gocce

parole gocce

parola

ogni

ogni

nell’oceano

piove a una a una

occe parole

Svegliato in preda al panico, sempre a causa dello stesso sogno… Aslı mi consola nella notte. A letto, in questo bel mattino, le racconto quello che mi ricordo: le montagne scoscese, il pendio, il nido di un uccello enorme, il desiderio di vedere il SENSO innalzarsi nel cielo, sopra la mia tomba recente! Aslı mi ascolta con attenzione.
Questa volta le parole piovevano davvero dal cielo, le dico, serio.

le montagne lontane

Aslı bellissima e molto affettuosa

Dalla finestra, l'isola di Sedef diventava sempre piú granc

IL SOL
NASCEV
NE

Perché lei fotografa sempre i battelli che passano?
Perché disegna sempre lo stesso paesaggio?



ALLORA DOBBIAMO VEDERE E LEGGER

SOLE NERO
cupo sole
della malinconia e della pena

.e Parole e le Immagini

IARE
AVEVO
AURA

e le risposte a queste domande sono sempre le stesse…

. PAESAGGIO COME UN SOGNO

il posto
in cui torniamo
molto lontano
Le Parole
Non una sola
una piú lontano
non un tempo
ancora una volta
e forse mai

dove ho visto la formica per la
prima volta andare
da un capo all'altro… finalmente
DOPO HO FREDDO DI NOTTE
Forse un giorno forse domani
SOPRATTUTTO QUANDO VI HO VISTI PER LA PRIMA VOLTA
VOI SU CUI SCRIVO ORA
ALL'IMPROVVISO PRIMA DI ME
IO DA TEMPO LA NOTTE NON ARRIVA

olive

gabbiani

ero molto irritato
perché infelice

olive

l'aereo sembra rosa
nella luce del tramonto

bombola del gas finita mentre mi preparavo uova al pomodoro ma sono riuscito a cuocere l'uovo comunque
Raccogliamo pomodori nell'orto – come ladri
i gabbiani – i rumori di motore – la bellezza del nuoto.

Lavorato bene per tutto il giorno
Alla sera, camminato fino alla casa che avevo affittato a Nizam l'anno scorso
nuotando sono piú profondo
Tanta disperazione nell'instancabile desiderio di scrivere – onde
Alla sera, guardati gli acquerelli di Anselm Kiefer.
qui onde e delfini
la profondità della vita a Büyükada…

olive

Alla mia scrivania, dalle 8 del mattino alle 8 di sera scrivendo e sognando a occhi aperti. Ma non riuscendo a lavorare come si deve fra le 14 e le 18. Alla fine lavoro male perché mi fa rabbia lavorare male.

stanco della solitudine
se fossi solo con il mio romanzo sarei felice
mi autopunisco
visita del direttore del Design Museum di Londra.

Quando m'immergo nel romanzo dimenticando tutto il resto, quando divento Mevlut, mi sento bene. Mi alzo in piena notte per scrivere – silenzio della notte.

A volte lascio la scrivania per fotografare i battelli,
le barche a vela che navigano tra Sedef e Büyükada.

stanco delle e-mail

visita
del gatto

Paura che un'imbarcazione mi travolga quando nuoto in mare – ricchi bastardi – che bellezza vivere in estate.

Gabbiani nel silenzio

le cornacchie gracchiano

Al mattino börek uovo e pomodoro al Caffè del Municipio vicino all'imbarcadero. Amo guardare il pontile di Büyükada, le persone che vanno al lavoro. A Istanbul, a casa, passate in rassegna con Yücel di YKY le pagine dei taccuini – pagine illustrate – scelte da Nathalie di Gallimard. Devo ridurre circa 400 doppie pagine a 150-200. A volte, scegliendo i testi e i disegni... mi dico che sarà un libro bellissimo. Ma mi capita anche di bloccarmi su qualcosa che ho scritto, e allora mi chiedo se questa pubblicazione sia una buona idea.

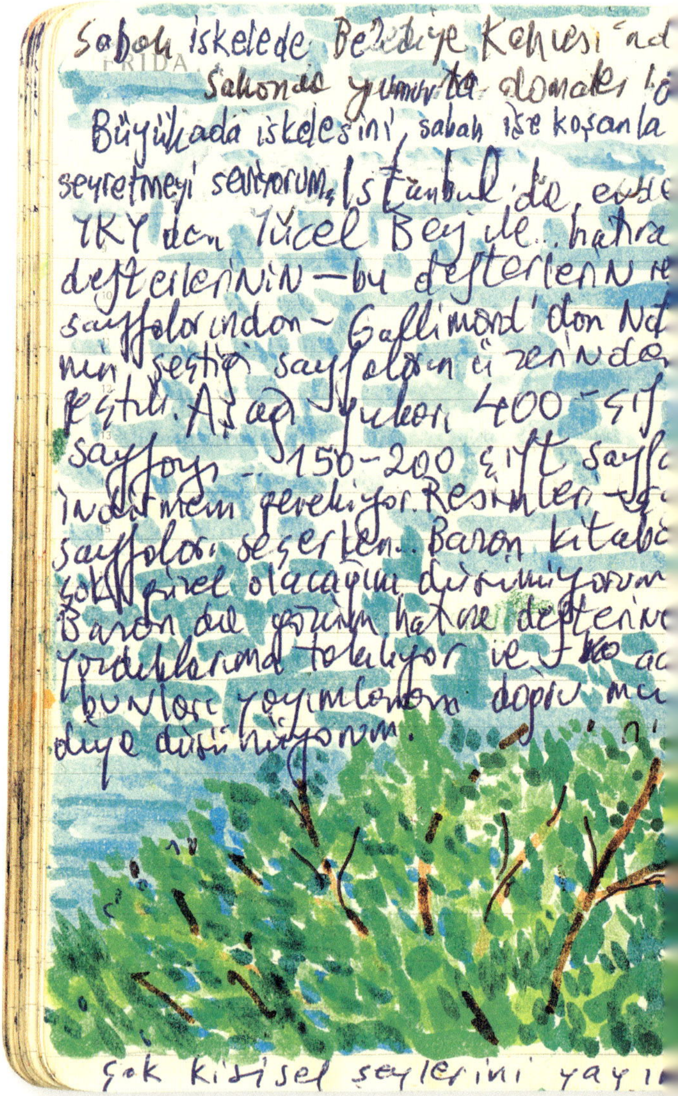


Non pubblicare cose troppo personali, dice A.

le montagne lontane

scrivi sul paesaggio!

Storia
di Mingher

I bambini che salvano l'isola dalla carestia pescando triglie sono i protagonisti segreti delle *Notti della peste*.

Qui sotto, sulle due pagine, si vedono i bambini di Mingher pescare nella località di Kaputaş, dove sfocia il torrente di Mingher. Siamo nella biblioteca di YKY con Yücel a fotocopiare le pagine illustrate dei miei taccuini, per poter scegliere con calma quelle che figureranno in *Ricordi di montagne lontane*. Faccio un libro a partire da dieci anni di taccuini di appunti – pagine illustrate delle mie Moleskine. Ci vuole un po' di tempo.

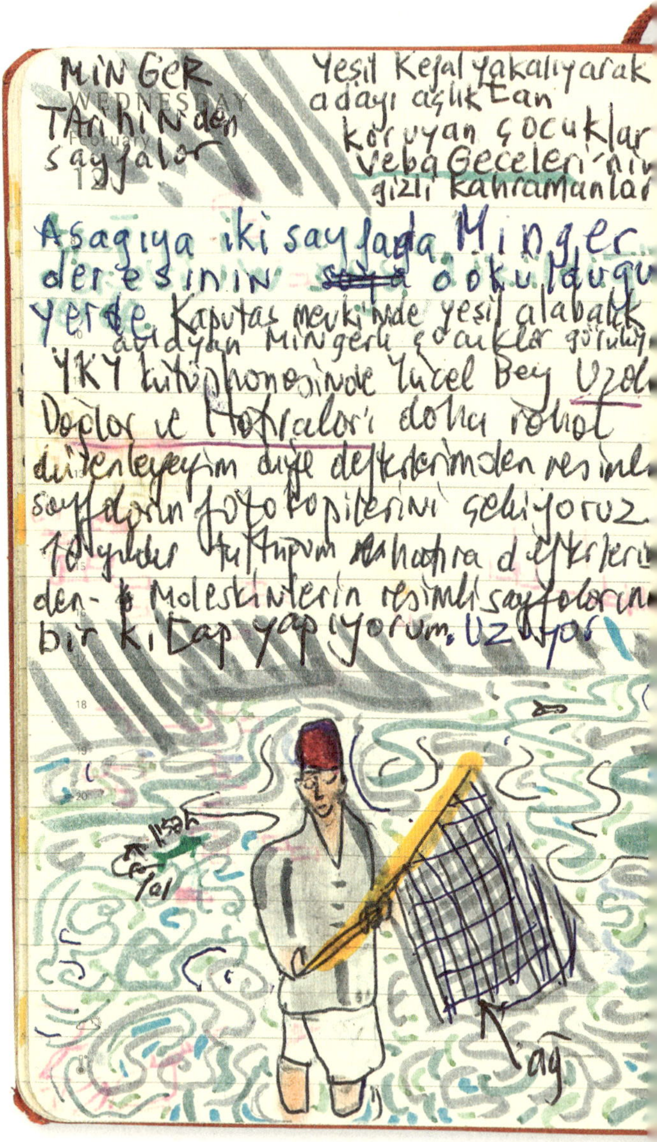


triglia dalle squame verdi

retino

Oggi ho scritto due pagine del romanzo, tutte d'un fiato. Tutti i principali dervisci dei conventi evacuati vengono messi in isolamento/in quarantena nel carcere/castello. Da due anni, di giovedí, vado all'atelier di Inci Eviner a dipingere. Dipingo vedute (calessi, edifici mediterranei deserti, stazioni, alberi immortali e soldati esausti) a partire da vecchie foto scattate intorno al 1900. L'idea dei bambini pescatori mi è venuta da una di quelle fotografie. Poi li ho disegnati e ridisegnati. Impressione di essere trasportato nei miei personali ricordi d'infanzia. Poi ho incluso i bambini pescatori nelle *Notti della peste*…

retino

triglia dalle squame verdi

Le montagne di Creta sono piú basse di quelle di Mingher
Ma mi dico che potrebbe essere Mingher.

SULLA STRADA PER LA CANEA
A Creta scrivendo *Le notti della peste*, ambientato a Mingher
La persona che ci ospita a Creta, il professore di storia bizantina MANOLIS, non può accompagnarci tutti i giorni nelle nostre gite. Un pomeriggio Aslı e io prendiamo il pullman per LA CANEA all'autostazione di Rethymno. L'amico MANOLIS ci porta lí in macchina. Ci sediamo dietro l'autista.

Però il sedile è un po' troppo alto per poter scattare foto. E io che ne avevo cosí voglia. La mia delusione fa sorridere Aslı. «Ma quali foto? Sei un pittore. Tira fuori il taccuino e disegna quello che vedi», con un'occhiataccia. Riuscirò a fare uno schizzo del paesaggio che scorre a tutta velocità davanti al parabrezza del pullman diretto a La Canea? Mi piace questo genere di sfida d'altri tempi. Sí, il SEDILE DAVANTI

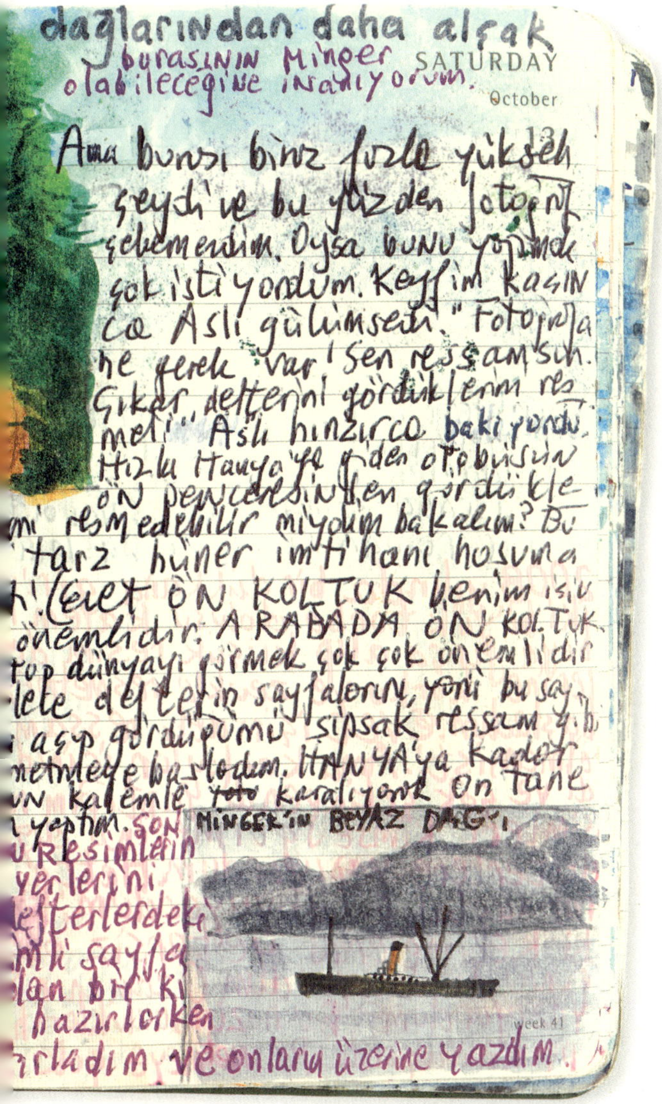


LA MONTAGNA BIANCA DI MINGHER

è importantissimo per me. Per vedere il mondo è di estrema importanza sedersi DAVANTI. È cosí che ho cominciato a disegnare a colori su questo taccuino, dal vivo, come un artista di strada. Dieci schizzi fino a LA CANEA, a matita. Poi, quando ho iniziato a preparare un libro a partire dalle pagine illustrate di questi taccuini, ho scritto negli spazi che mi sono ricordato di aver lasciato in bianco.

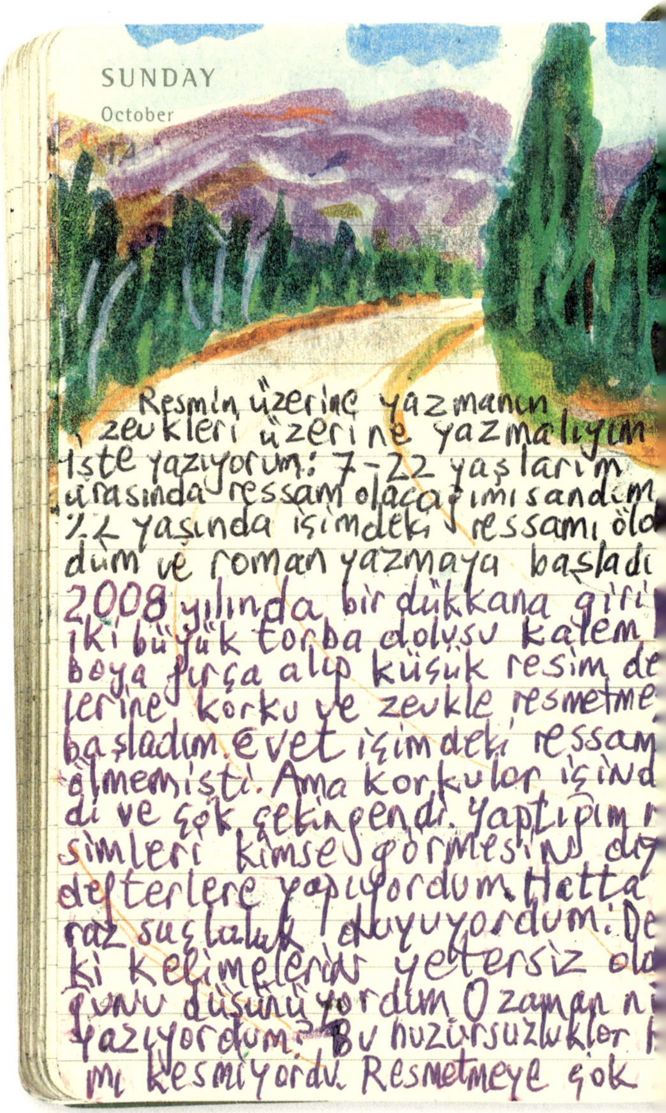


Devo scrivere sulla mia felicità di coprire di testo un disegno. Ecco che cosa va detto: fra i 7 e i 22 anni ho creduto che sarei stato un pittore. A 22 anni il pittore in me è morto e ho cominciato a scrivere romanzi. Nel 2008 sono entrato in un negozio per uscirne con due sacchetti pieni di matite e pennelli, poi ho cominciato a disegnare su piccoli taccuini, fra il piacere e il timore. Sí, il pittore in me non era morto. Ma aveva paura ed era molto timido. Disegnavo su taccuini perché nessuno vedesse le mie opere. Mi sentivo addirittura un po' colpevole: era la prova che le parole non bastavano. Allora perché scrivere? Questi conflitti interiori non mi hanno scoraggiato. Ho preso gusto a disegnare e continuo a fare schizzi di tutto ciò che vedo.

Preparare una MOSTRA ANTOLOGICA SULLE IMMAGINI COPERTE DI TESTO... esponendo esempi tratti da tutte le culture del mondo. FRA TUTTI GLI ESEMPI... trovare i migliori richiederà tempo.

Nido d'aquila sul pendio

Ho cominciato questi taccuini nel 2009. Non solo per prendere appunti sulle mie giornate, sui miei pensieri. Anche, di tanto in tanto, per disegnare. Mi concedevo una pagina al giorno. Scrivevo e disegnavo molto piccolo per far stare la giornata in una pagina. Ma certi giorni i fatti, le parole, i disegni debordavano dalla pagina. Dal 2012 in poi ho scritto e disegnato di piú, fino a riempire due taccuini all'anno.

Tenere due taccuini all'anno dal 2012 in poi mi ha lasciato con tante pagine bianche in piú da riempire, da colorare. Dal 2009 mi porto i miei taccuini dappertutto. È stato cosí che ho cominciato a prendere appunti non solo manoscritti ma illustrati. Nelle sale d'attesa, sui treni, sulle metropolitane, ai tavoli dei caffè e dei ristoranti, ho sempre scritto sui miei taccuini, spesso disegnando. Tornato a casa, coloravo gli schizzi, come un bambino. Chi vede i miei taccuini mi dice: «Ah, ma sei come i miniaturisti del *Mio nome è rosso*! Che bello! Disegni molto piccolo, dove trovi il tempo?»

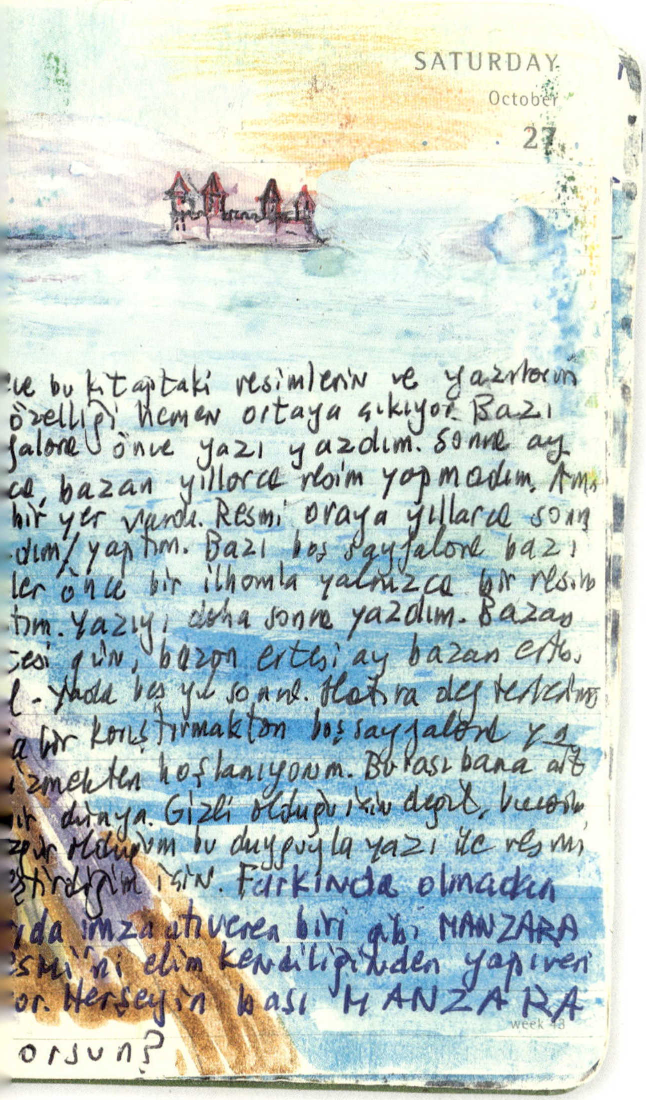


Si vede subito che cosa hanno di particolare i testi e i disegni di questo libro. In certe pagine comincio dal testo. Poi non le tocco piú per mesi, anni. Ma lascio un vuoto. Vi aggiungo un disegno anni dopo. In altre pagine comincio dal disegno, a seconda dell'ispirazione, quando mi viene. Scrivo il testo in seguito. A volte l'indomani, a volte il mese successivo, a volte un anno o cinque anni dopo. Mi piace confrontare i taccuini e, riprendendoli, riempire le pagine bianche, testo o disegno. Ho a disposizione un mondo tutto mio. Non che sia segreto, ma perché lí sono piú libero, ed è una sensazione in sintonia con la mescolanza di testo e disegno. La mia mano disegna un PAESAGGIO da sola, come qualcuno che autografa una pagina senza nemmeno rendersi conto che lo sta facendo. Il PAESAGGIO è la base di tutto.

A PROPOSITO DELLA VEDUTA: Vivo con questa veduta di Cihangir sotto gli occhi. Vado molto di rado a Nişantaşı. Quel quartiere, con il suo terribile centro commerciale proprio di fronte a casa Pamuk, i suoi marchi di prêt-à-porter, i suoi club, i suoi bar, i suoi ristoranti e la sua folla, non ha piú nulla di familiare, piú nulla che mi renda felice, purtroppo! A Cihangir la vita è piú umana. Ci sono ancora, a due passi da me, un grande fruttivendolo, un negozietto di alimentari… Abitare in questo quartiere e sentirmici a casa mi ricorda l'infanzia, la famiglia numerosa, l'allegra confusione della vita insieme, l'amicizia, la felicità. Anche se mi sono allontanato da quelle comunità. Sono diventato un uomo solitario. Che gira per la città sotto scorta…

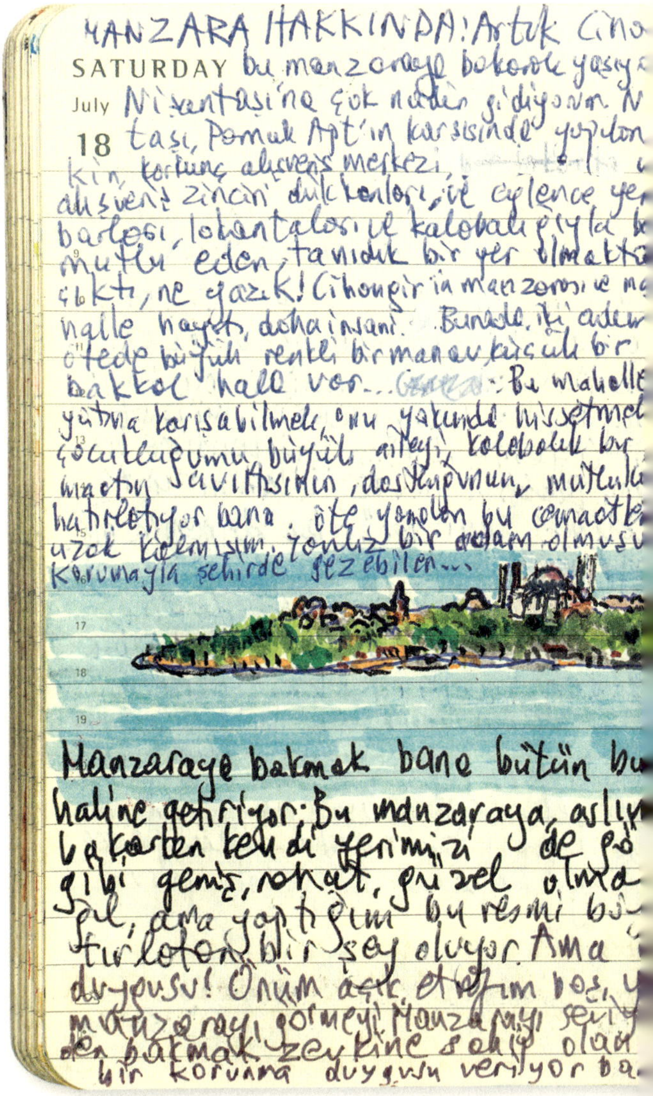


Questa veduta mi fa dimenticare tutto, mi trasforma subito in un'altra persona: quando si contempla questo paesaggio, qualunque bel paesaggio in generale, ad apparirci è il nostro vero posto nell'universo. Desideriamo essere come il paesaggio, ampio, quieto, bello. C'è in me un mondo che il paesaggio, o piuttosto il disegno che ne faccio, riflette e riecheggia. Ma la cosa piú

A un certo punto lamentarmi dei miei problemi con il museo e con i suoi disinvolti architetti o artisti è solo una perdita di tempo. Ho voluto questo museo, ho mosso mari e monti per averlo, quindi adesso devo ovviamente sopportarne le conseguenze, ma a volte tutto ciò mi soffoca; fino a non voler piú scendere dal letto. Al mattino, però, quando mi alzo e guardo il sole che sorge su Cihangir nella pace dell'alba, il mondo intero diventa un luogo meraviglioso. Contemplare questo paesaggio alle prime luci del giorno mi fa dimenticare la solitudine e la paura della morte, e che la mia unica occupazione quotidiana sarà lavorare al museo fino a svenire di stanchezza, e mi ricorda che posso incassare tutto con il sorriso sulle labbra, e che il mondo, Istanbul, la vita, sono cose meravigliose. La veduta, splendida, mi richiama al rispetto dell'universo…

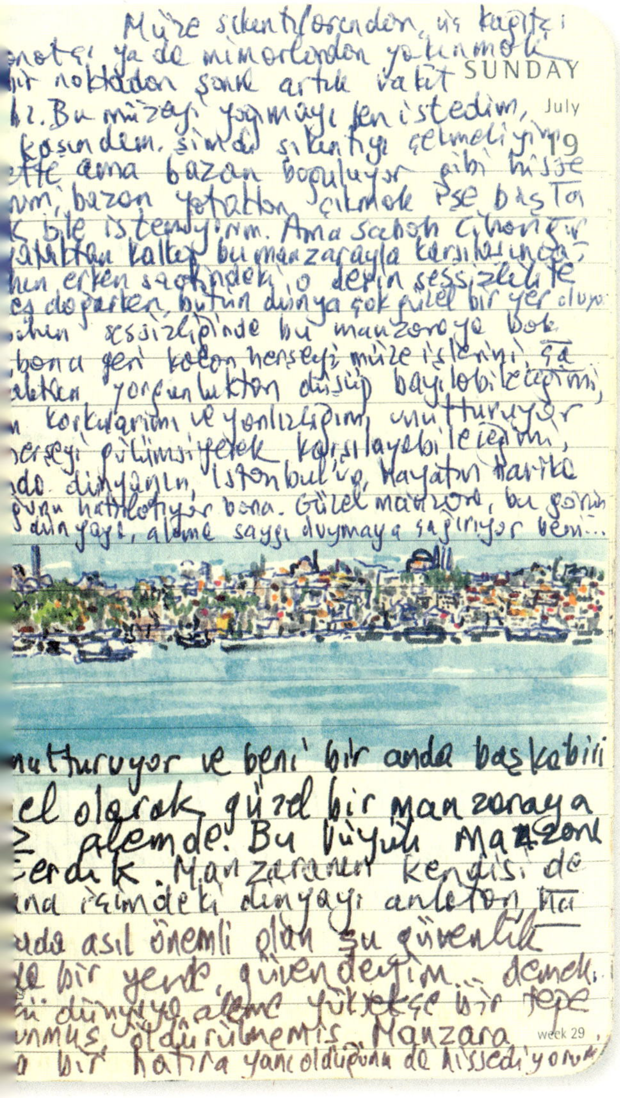


essenziale è questa sensazione di fiducia, di sicurezza! Mi fa sentire in un luogo elevato, con una vista aperta, niente intorno, sono al sicuro… ecco. Amiamo questo panorama perché ci offre il godimento di contemplare il mondo da una collina, da un'altura; protetti, immortali… Le vedute mi danno l'impressione di essere protetto. Benché anche la memoria abbia il suo ruolo.

Conclusa in mattinata la prefazione a *Neve* per Everyman. Testo che avrei dovuto finire molto prima. Mancanza di disciplina, automatismo di alzarmi dalla sedia per fare altro, cose di questo genere. Pensa solo a scrivere, Orhan! Il testo ha un lato duro, arduo, perché gli avvenimenti elencati lo rendono immediatamente politico: scrivere mi piace, per la verità… // Al pomeriggio, lavorato al museo con Kıymet e Murat, nell'appartamento di fronte. Lo sfondo dietro le sigarette di Füsun, scrostato e giallastro. Poi sfogliato vecchi giornaletti per bambini ammucchiati in una delle teche, alla ricerca di rebus e indovinelli.

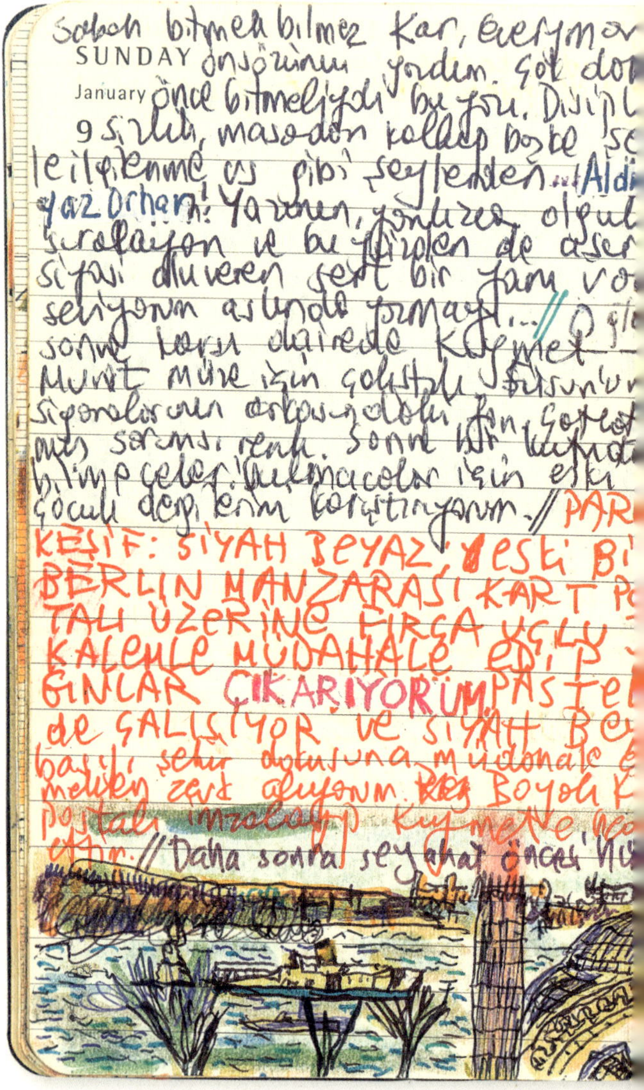


BRILLANTE SCOPERTA: FACCIO COMPARIRE UN INCENDIO LAVORANDO A PENNARELLO SU UNA VECCHIA CARTOLINA PANORAMICA IN BIANCO E NERO DI BERLINO. LAVORO A PASTELLO, anche, per il grande piacere di coprire il tessuto urbano stampato in BIANCO E NERO. Ho firmato la cartolina colorata cosí e l'ho regalata a Kıymet. // Poi, la malinconia che precede un viaggio.

Alzato presto per il viaggio ad ATENE. In strada aspettando Nuri, la guardia del corpo, e Murat di Iletişim, che dovevano passare a prendermi. Alle 7.40 non sono ancora arrivati. // L'aereo si avvicina ad Atene e mi dico: tieni un profilo basso, Orhan, non farti invischiare nella trappola della politica greco-turca. Eccitazione, comunque. // Sbarcato dall'aereo in anticipo. Nikos, Vassilis… Abbracci. La mia ultima venuta, esattamente quattordici anni fa, nel 1997, per presentare *Il libro nero*. Eravamo andati insieme a Patrasso, a Salonicco. In quei giorni un fascista turco (non so se avesse agito da solo o per ordine del governo) aveva aperto il fuoco sotto le mura del Patriarcato di Istanbul, era morto un pope. Ad Atene i fascisti greci parlavano di vendetta, occhio per occhio… E io ero lo scrittore turco in visita. Avrebbero potuto assassinarmi.

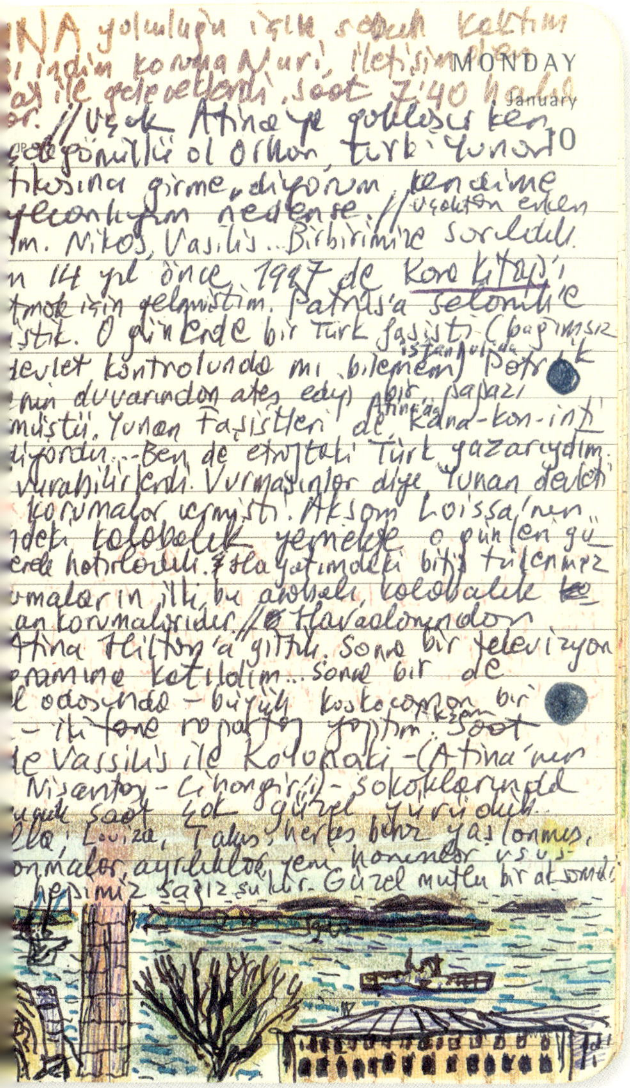


Il governo greco mi aveva offerto una scorta. Alla sera, cena animata a casa di Louisa, dove abbiamo rievocato quei giorni ridendo. La scorta greca, numerosa e motorizzata, era stata la primissima dell'interminabile serie di scorte che avrei avuto nella vita. // Tragitto dall'aeroporto all'Hilton di Atene. Partecipato a una trasmissione televisiva… Poi, tornato nella mia camera d'albergo – una camera enorme –, due interviste. Alle 19 bellissima passeggiata di mezz'ora con Vassilis per le strade di Kolonaki (che una volta era la versione ateniese di Nişantaşı-Cihangir). Stella, Louisa, Takis, tutti sono invecchiati un po', divorzi, separazioni, nuove compagne ecc., ma grazie a Dio tutti in buona salute. Bellissima serata.

Al mattino, preparazione del «Milliyet» datato il giorno dell'assassinio di Celâl Salik, prendendo come esempio quello del giorno in cui fu assassinato Abdi İpekçi. Poi lavorato con Vahit nell'ufficio del museo. Nel pomeriggio è venuta a trovarci una ventina di giornalisti tedeschi. Parlato con loro una mezz'ora… Il museo prende forma, ma solo a metà.

Continuato il lavoro con Vahit.

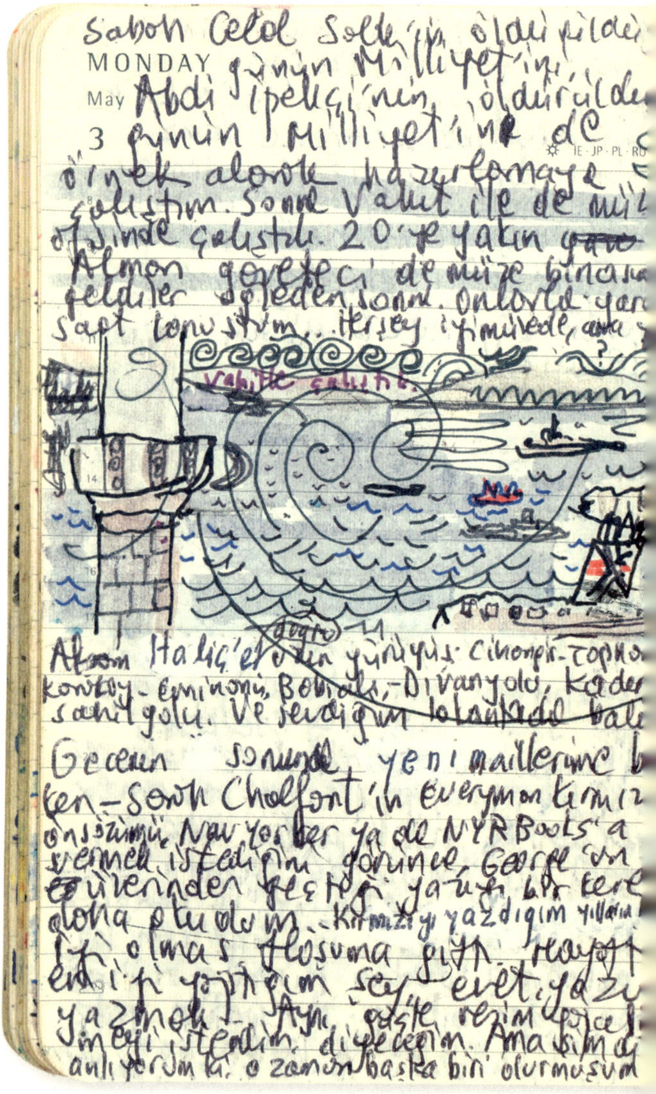


Alla sera, lungo giro a piedi verso il Corno d'Oro. Cihangir-Tophane, Karaköy-Eminönü, Babıali-Divanyolu, Kadırga, strada litoranea. Poi pesce nel mio ristorante preferito. Ricontrollando le e-mail a tarda notte scopro che Sarah Chalfant vuole passare la mia prefazione per l'edizione Everyman di *Rosso* al «New Yorker» o alla «NYR Books»: rileggo ancora una volta il testo, rivisto da George… Piacere di constatare che conservo solo bei ricordi degli anni in cui scrivevo quel romanzo. Sí, scrivere è ciò che ho fatto di meglio nella vita. Avrei voluto saper disegnare con lo stesso ardore, potrei anche dirmi. Ma ora so che avrebbe fatto di me un'altra persona.

Al mattino butto giú un articolo di Celâl Salik per il museo: sull'amore, la felicità, la cronaca giornalistica, argomenti cosí… Poi telefonate abituali, lavori al museo, teche-vetrine. Bisogna iniziare a immaginare quelle teche.

Alla sera, di ritorno nell'appartamento di Cihangir alle 19, stanco di tutto questo, trovo la forza di mettermi alla scrivania. Avevo voglia di tornare a casa a scrivere. In realtà ero a casa tutto il giorno… Breve uscita per Cihangir, dove mi sono regalato un tavolo per disegnare. Decisione importante! L'ho messo – il mio tavolo da disegno – a un metro dalla scrivania. Nello stesso tempo ho avvertito che questa sete di disegno mi allontanava da tutto il resto – e soprattutto dal nuovo romanzo che dovrei cominciare a scrivere, nel cui mondo dovrei immergermi.

Un profondo e irresistibile affetto mi lega sempre piú ad Aslı. Non passa un istante senza che io tenti di decifrare la sua bella testa. Soprattutto nei momenti di dispiacere, di malinconia. Quando al mattino prepara il caffè con dolcezza e impegno, è felice! Quando tornando alla sera getta la borsetta da un lato e il cappotto verde che le sta cosí bene dall'altro

Senso di confusione, di non trarre piacere da niente... Se solo potessi disegnare un battello, mi dico. Forse andrà meglio. Perché disegnare battelli mi fa felice. Perché torno bambino, mi dice Aslı perspicacemente.

(sul divano), è stanca, di malumore. Quando legge George Eliot, è ambiziosa, determinata, intelligente (la sua lettura di *Middlemarch* molto migliore della mia). Mi capita di guardarla come Kemal che scruta il minimo movimento, il minimo gesto, la minima parola di Füsun.

Ma non è l'infanzia che ho in mente. Voglio andarmene lontano. UN LUOGO LONTANO. Dov'è quel luogo lontano a cui pensi? Proprio qui, in questo disegno. Ma dov'è? Là dove mi trasporta la fantasticheria quando mi sento depresso.

Stamattina, alla scrivania: all'inizio delle *Notti della peste* i passeggeri di una nave proveniente da Istanbul si uniscono agli abitanti del castello di Mingher: una delegazione mandata a reprimere la rivolta dei Boxer… finisce per rimanere a Mingher… continuo a non riuscire a collocare in città la nostra principessa sultana. Devo leggere piú libri/memorie? documentarmi un po' di piú su Abdul Hamid? Al tempo stesso cerco di individuare che cosa manca nel romanzo, cerco di pensarlo nella sua totalità. Penso all'isola guardando il mare. Sarà l'ultimo romanzo storico che scrivo…

Anche un tempo c'erano cupole di piombo. Ma erano diverse.

Emre è arrivato stamattina alle 9: ci siamo subito messi al lavoro ai nostri romanzi. Quando scrivo, divento come ebbro del silenzio che invade la scrivania, la stanza, l'appartamento… Senza questo silenzio la mia immaginazione non funziona… // Scritto per «Le Magazine littéraire»… un testo che racconta la mia esperienza nella giuria di Cannes. Riletto e spedito in Francia. Poi, trasferimento con Emre al numero 16 per riordinare la mia biblioteca di letteratura inglese. Parlando di libri – quelli che abbiamo letto e quelli che non abbiamo letto… felicità di catalogare i libri e gli autori. // Siamo scesi al numero 12, a mangiare la zuppa di lenticchie preparata da Sermin. // Prendo questi appunti aspettando l'autista di YKY.

Non amiamo
i libri perché ci
ricordano il mondo,
ma perché ce lo
fanno dimenticare…

Al cuore di questo libro un sogno che ho fatto prima di cominciare a scrivere e disegnare in questi taccuini. Ne ho capiti alcuni aspetti, altri restano totalmente oscuri.

Vedevo sfilare il sogno cosí come contemplo il paesaggio dalle mie finestre… risveglio in preda al panico. È proprio per capire quel paesaggio apparso in sogno che ho organizzato la sequenza delle pagine illustrate dei taccuini non in funzione del TEMPO ma in funzione del SENTIMENTO.

Mattino: la città coperta di neve. Ha attecchito dappertutto. Da trenta a quaranta centimetri sul nostro balcone. Aslı dorme ancora. Io sono dentro il mio romanzo. Leggo molte cose sul telegrafo nell'Impero ottomano. Quanti libri ho comprato! Silenzio della neve sulla città, nell'appartamento. Continua a cadere, non si vede a tre metri di distanza. E lo confesserò: sono felice. Sí, per via della neve, di Aslı che dorme a casa mia ecc. ecc. Certo che sarò impermeabile all'avversità, che vivrò sempre a Istanbul, che tutto sarà bello come questa neve. Intervista per «la Repubblica», pubblicata con il titolo: «Il terrore non diventi un alibi per limitare la democrazia». Inviata da Marco.

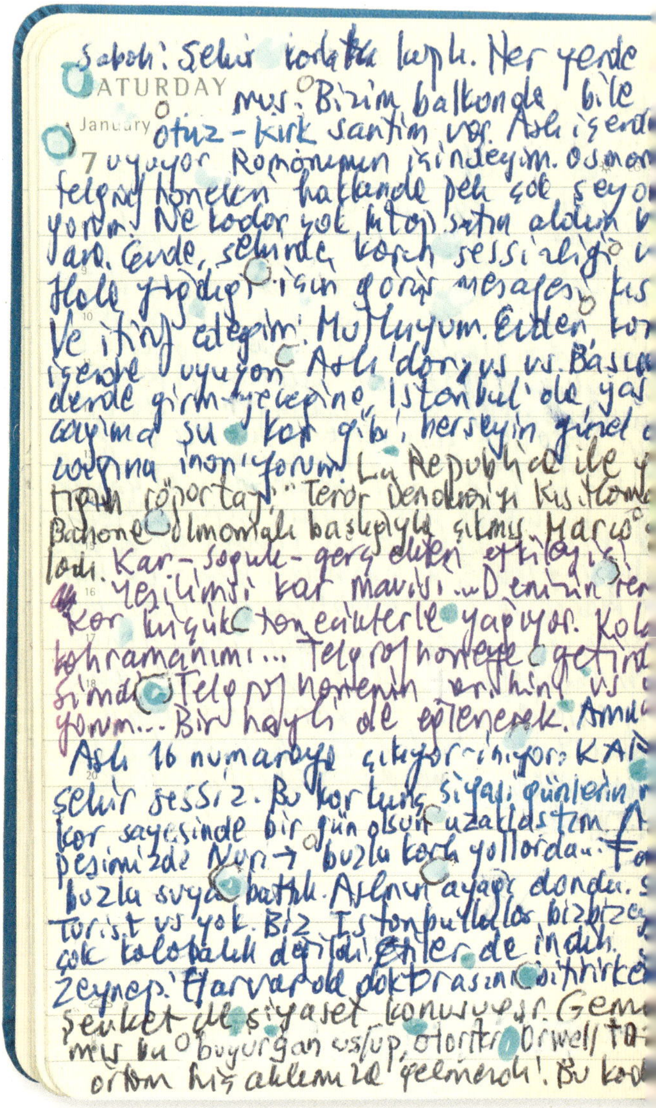


La combinazione neve-freddo davvero impressionante. Azzurro verdastro della neve… Colore del mare. Cade a piccoli fiocchi. Condotto il mio protagonista, il maggiore, all'ufficio del telegrafo… Ora scrivo la storia dei telegrafi… è divertente. Ma procede a rilento. Aslı va e viene dal numero 16: la città silenziosa sotto la NEVE. Mi ha permesso di dimenticare per un'intera giornata la disperazione di questo periodo politicamente atroce. Alla sera con Nuri dietro di noi → per le vie innevate… Piazza Taksim, piena di pozzanghere gelide da evitare. Aslı aveva i piedi congelati. Vie fredde, nessun turista né niente. Siamo fra stambulioti. La metropolitana quasi vuota. Scesi a Etiler. Şevket, Yeşim, Zeynep: finisce il dottorato a Harvard e cerca lavoro… Şevket parla di politica. Nessuno di noi poteva immaginare questa retorica arrogante e furente, questo clima spaventoso, tipo tirannia orwelliana! Non ce l'aspettavamo cosí presto.

Al MATTINO ancora NEVE. Fiocchi enormi. Aslı dorme ed è a malapena giorno quando mi metto a scrivere la parte sul colpo del telegrafo. Mi piace la mia vita. Posso anche confessarmelo: la NEVE che cade è come un bozzolo; la sensazione di essere soli al mondo una consolazione. La bellezza di ISTANBUL sotto la neve ci consola.

A volte preferisco lasciare il disegno cosí com'è, senza terminarlo. Perché quando qualcuno, o io stesso, lo guarderà anni dopo, possa vedere come ho proceduto. E perché l'incompiutezza di questo disegno mi è piaciuta subito.

CIHANGIR NEL SOLE DELLA SERA

Anche Zonaro deve aver visto questa luce sui minareti…

D'altro canto, riprendere un disegno incompiuto è cosí eccitante che non resisto. Sensazione d'irresistibilità peraltro strettamente legata a quella che dà il paesaggio. Qualche volta m'interrompo nel bel mezzo del romanzo e comincio a disegnare…

Da anni, seduto alla scrivania, contemplo questo paesaggio. Qui sono felice, sí, felice. Giornata di sole. Aslı è andata a trovare sua madre, torno subito a dedicarmi alla storia di Mevlut e Rayiha. Riletti alcuni capitoli del romanzo, e: 1. Penso che si possa accorciare un po'. 2. È ben fatto, di piacevole lettura. 3. Dà molte informazioni in abbastanza poche pagine. 4. Qualche ripetizione da eliminare.

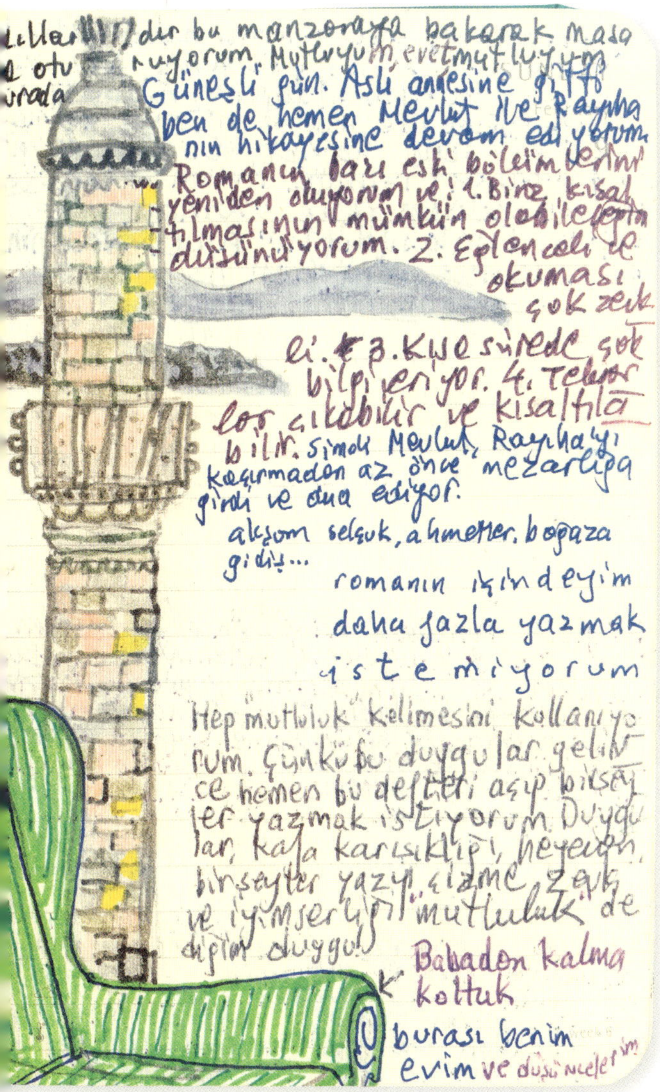


La poltrona ereditata
da mio padre
Questa è casa mia
e questi sono
i miei pensieri.

Ora Mevlut va al cimitero e prega, appena prima di rapire Rayiha.
alla sera Selçuk, Ahmet, giro sul Bosforo…
sono dentro il romanzo
non voglio
scrivere altro

Uso continuamente la parola felicità. Perché la voglia di scrivere su questo taccuino è istantanea non appena questa sensazione s'impossessa di me. Emozioni, vertigine, eccitazione, ottimismo e desiderio di scrivere e disegnare, ecco che cosa intendo per «felicità»!

A Cihangir, di fronte a me, le MONTAGNE LONTANE. L'uomo il cui occhio, davanti a un paesaggio, si fissa sulle montagne lontane: 1. Può essere andato su quelle montagne, persino aver vissuto in un paesino al di là delle montagne. Questa è la visione che ho delle isole da Istanbul. Mi ricordo dei giorni felici lí. 2. Oppure le montagne sono l'elemento di un paesaggio mai attraversato. E cerchiamo di immaginare che cosa ci sia laggiú…

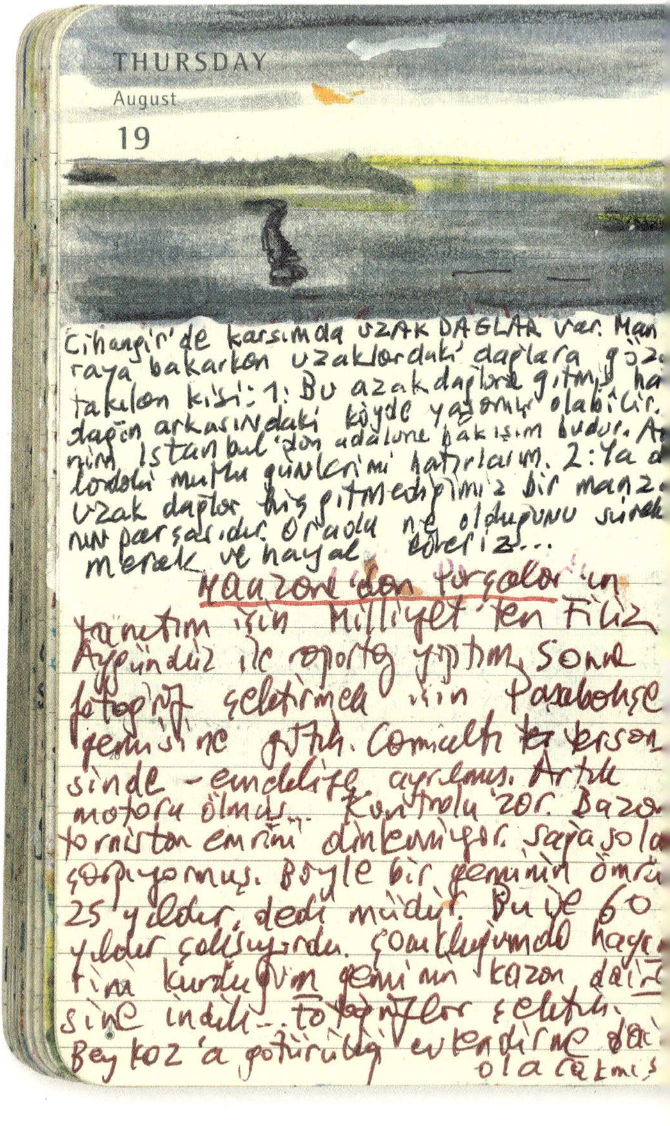


Intervista con Filiz Aygündüz di «Milliyet» per la promozione dell'*Innocenza degli oggetti*. Poi sul *Paşabahçe* per il servizio fotografico. Ormeggiato al cantiere navale di Camialtı – non navigava piú. Il motore era morto… La timoneria compromessa. A volte si rifiutava di ingranare la retromarcia. Beccheggiava di qua e di là. La durata di vita di queste macchine è 25 anni, ha detto il direttore. Questa era in attività da 60 anni. Siamo scesi nella sala macchine del battello che mi ha fatto sognare durante tutta la mia infanzia… Scattate foto. Lo portavano a Beykoz per trasformarlo in sala per matrimoni.

Al pomeriggio riunione con Cem al numero 9. Discussione sul completamento del museo, la sicurezza ecc. Confesso la mia paura che il museo venga… svaligiato, chc subisca un atto di vandalismo politico. E questa paura non mi fa dormire, tanto quanto i preventivi che continuano a gonfiarsi.

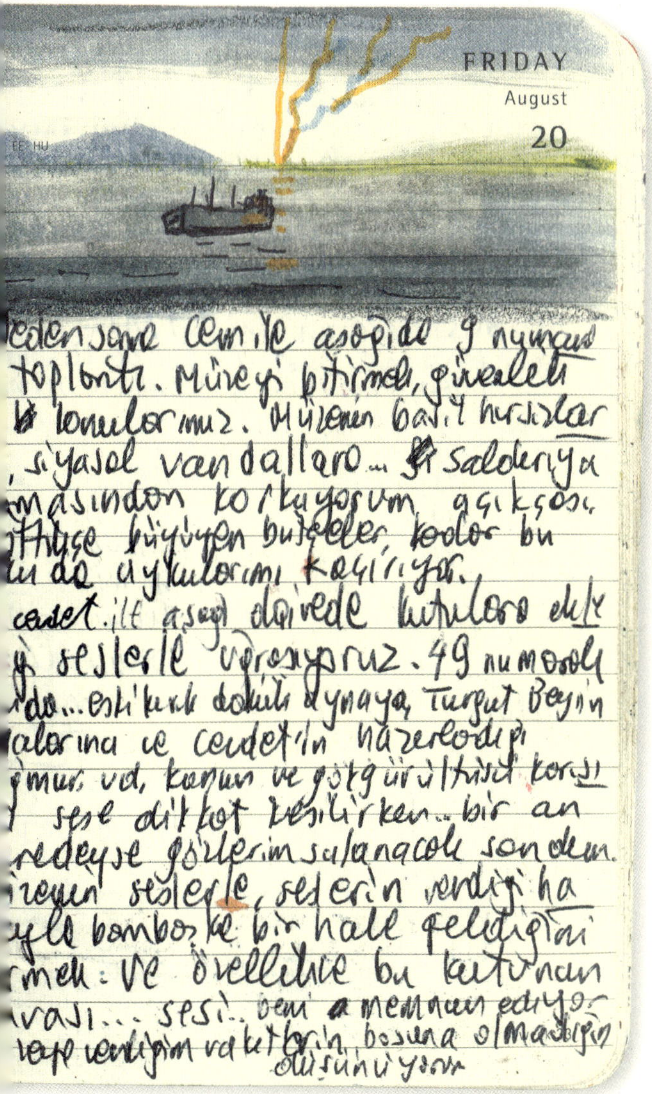


Con Cevdet per occuparmi dei suoni aggiunti alle teche della stanza di sotto. Teca numero 49… chinandomi sul vecchio specchio rotto, le cose di Turgut Bey, e tendendo l'orecchio alla combinazione di rumori di pioggia, di kanun e di tuono creati da Cevdet… per un attimo ho creduto di scoppiare a piangere. Vedere il museo completamente trasformato da quei suoni, l'atmosfera che si crea. E questa teca in particolare, la sua aura… la sua voce… tutto ciò mi rende felice. Mi dico che il tempo che ho dedicato a questo museo non è stato vano.

Al mattino… quando tutto s’illumina…

Un tempo tutte queste colline ormai cementificate erano vergini.
Le guardo come si contemplano i propri ricordi.

Tornare a Cihangir è tornare a questa veduta. Quando m'invade troppo l'atmosfera angosciosa delle *Notti della peste* faccio una pausa per contemplare il paesaggio.

Il mattino comincia qui

Al mattino, all'aurora, imparavo a memoria poesie per la lezione di turco. Non mi è mai piaciuto imparare poesie a memoria. Non ci riuscivo… A causa dei litigi con Şevket – a casa nostra – e del rumore era impossibile concentrarsi. Dovevo essere da solo, al sorgere del giorno, nella luce ROSSA dell'aurora. Era alla fine delle elementari e all'inizio delle medie.

Si comincia a dipingere quando si vede ciò che si è dimenticato. Poi lo stesso paesaggio comincia a rappresentare il TEMPO.

All'inizio, non appena a Istanbul si apriva un cantiere si radunava una folla di curiosi a guardare i macchinari, le gru.

Sono uno di quei curiosi… Mi capita di rimanere a contemplare per ore i movimenti della gru che posa i blocchi di calcestruzzo che prima o poi nasconderanno la moschea Nusretiye di Tophane alla vista…

I lavori del tunnel ferroviario

Il *Paşabahçe* entra in città

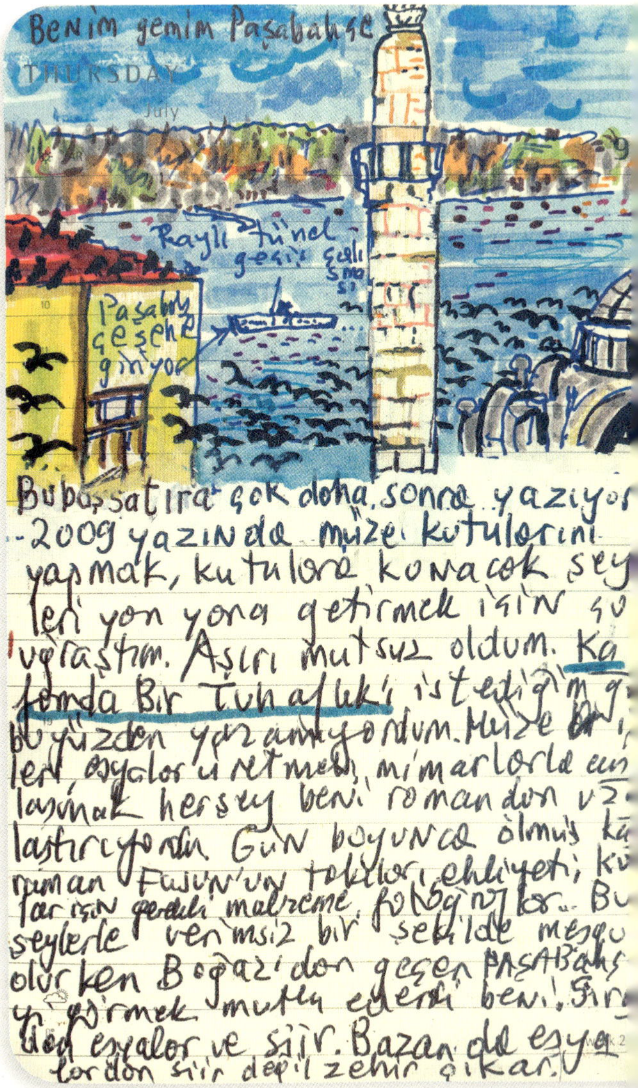


Riempio questo spazio bianco molto tempo dopo. La mia estate 2009 tutta occupata da allestimento e riempimento delle teche per il museo. Tristezza nera. Mi ha guastato la stesura della *Stranezza che ho nella testa*. I lavori del museo, la fabbricazione degli oggetti, le discussioni con gli architetti, tutto mi allontanava dal romanzo. Intere giornate tra le foto, i materiali per le teche, i gioielli, le carte di Füsun, la protagonista morta… In mezzo a tutti quegli obblighi improduttivi la vista del PAŞABAHÇE che passava sul Bosforo mi restituiva un po' di felicità. Oggetti banali e poesia. A volte gli oggetti non restituiscono nessuna poesia, solo veleno.

Giovedí pomeriggio, durante un'intervista per «Milliyet» al cantiere navale di Camialtı, mi si stringe il cuore alla vista del *Paşabahçe*… È in pensione, il mio vecchio battello, quello che ho guardato per quasi tutta la vita fendere le acque di Istanbul tra la città e le isole dei Principi. Voglia di scrivere un testo sul *Paşabahçe* per il «New Yorker»; è già stato trovato un accordo con Remnick. L'anno scorso, nel pomeriggio del 21 aprile 2009, per la precisione alle 17.52, vedendo passare il battello lo avevo fotografato. Oggi pomeriggio appuntamento al museo con Brigitta, le ragazze e Cem. Gran caldo, ma grande soddisfazione, l'edificio assume uno stile, dei colori. Ma tutti i miei pensieri pervasi da una profonda sensazione di inquietudine, per la verità familiare. Sempre altrettanto piacere a riflettere sui vari particolari del museo, benché mi abbia allontanato dal romanzo. Ma posso dire che il mio entusiasmo resta quasi intatto.

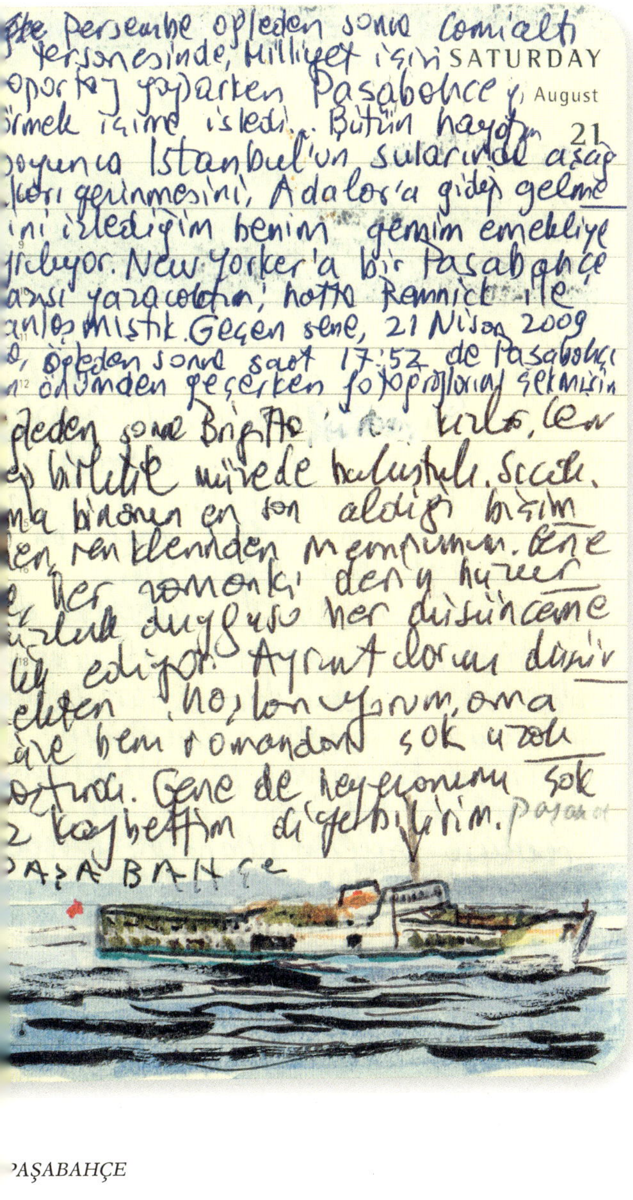


ʼAŞABAHÇE

Ancora con la mente alla fantastica visita di ieri a BURSA. Hanno preservato bene la città vecchia. Il restauro della GRANDE MOSCHEA, molto ben riuscito. Il KOZA HAN, altrettanto impressionante. La poesia che TANPINAR trovava nella città e nelle moschee è ancora tangibile. Straordinario aver visto cosí tanto in cosí poco tempo, un'andata e ritorno da Istanbul in giornata. Ricordo che eravamo venuti qui all'inizio degli anni Sessanta, a vedere le tombe dei primi sultani, con la stessa sensibilità per la STORIA e il passato OTTOMANO. Ma BURSA non è ancora l'Impero OTTOMANO: è qualcosa di piú raffinato, è ancora il bozzolo di seta.

Abbiamo parlato dei setifici di Bur

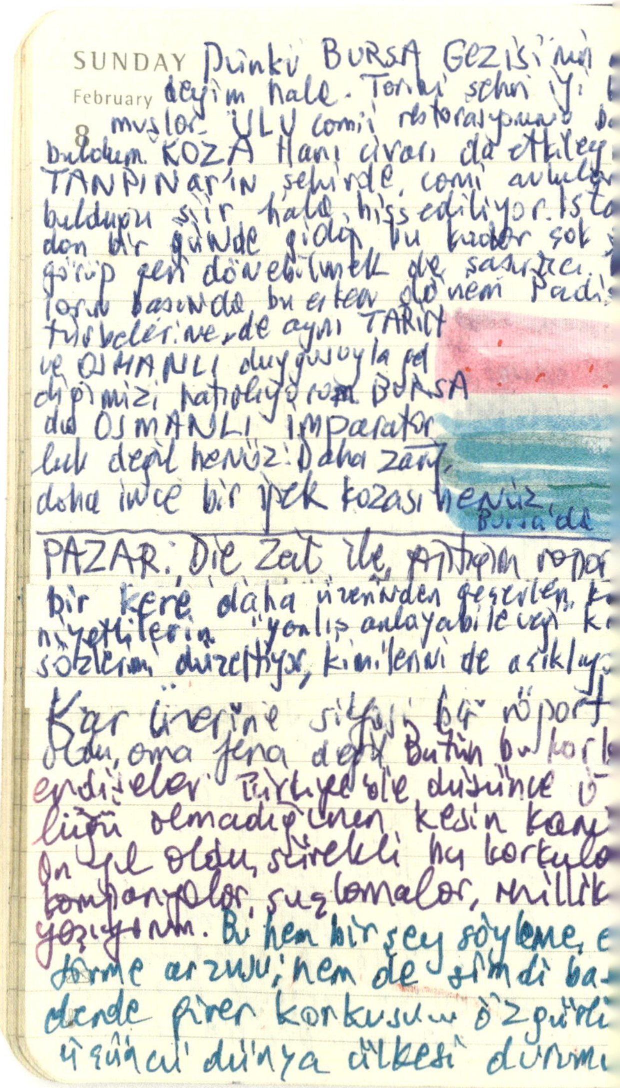


DOMENICA: rileggendo l'intervista che ho rilasciato a «Die Zeit» correggo qualche passo che potrebbe essere «mal interpretato» dai malevoli, e ne spiego altri. Era un'intervista su *Neve*, politica ma non male. Tutti questi timori e queste angosce sono la prova lampante che in Turchia non vige la libertà d'espressione. Sono passati dieci anni e vivo ancora al ritmo di queste paure, delle campagne di accuse, degli scandali. Provo al tempo stesso il desiderio di esprimermi, di criticare, e la paura di attirarmi dei guai, paura degna di un paese del Terzo mondo dove non esiste la libertà…

Basta la presenza in lontananza di un battello già visto, familiare, per cambiare tutta la visione che ho del paesaggio. Osservo quel battello da lontano e mi ricordo del suo interno, dei sedili, dei viaggi che ho fatto a bordo, sul Bosforo, verso le isole. Il battello diventa il centro del paesaggio, un pretesto per i ricordi.

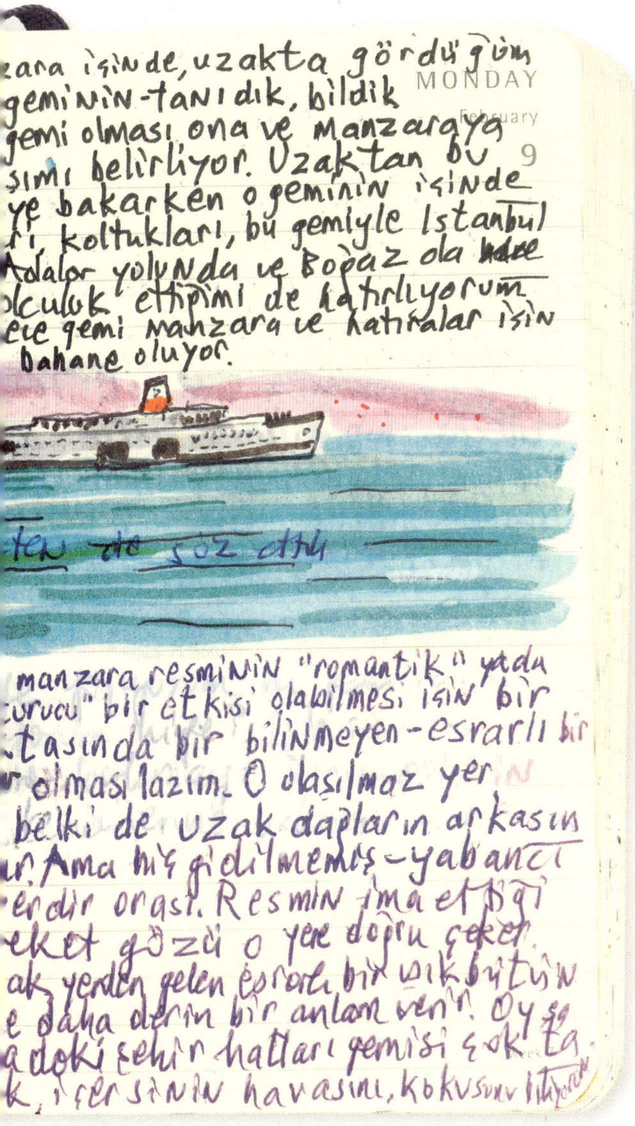


Ma perché un quadro di paesaggio risvegli un sentimento «romantico» o «appassionato», serve che rappresenti un luogo ignoto – misterioso. Un posto inaccessibile, forse al di là delle montagne. Un luogo mai calcato da piede umano – straniero. Verso il quale il movimento dell'immagine attira il nostro occhio. Un luogo da cui emana uno strano chiarore, che dà profondità al tutto. Eppure conosco benissimo il battello disegnato qui, la sua atmosfera, il suo profumo.

2016

cuore dell'albero – lontano
non guardare per favore
vattene subito – nascondi – laggiú
non guardare verso la finestra

nascondi il tuo biglietto non perderlo
vattene fuggi
oltre il ciglio del marciapiede
c'è il mare
attenzione, potresti cadere
un battello un battello Turgut Uyar
gli stessi uomini mi braccano

UN GIORNO un BATTELLO

Non è ancora venuto il tuo turno…

Non guardare

POICHÉ tutti se ne sono andati COME IN SOGNO

all'imbarcadero abbandonato ho trovato questo battello
dopo la peste l'incendio
ABBI PAURA

brucia, brucia
nessuno

tu fuori, ABBI PAURA

la finestra della biglietteria è chiusa – qui – niente cani
partiti tutti partiti sí ho paura
ho ancora delle cose da dire – non ho saputo nascondermi.
sí ho paura
della notte bruna
non a causa tua

IN SOGNO...

non guardare

arrivano i cani...

Il piú intenso desiderio del Signor Pittore è vedere in modo completamente nuovo ciò che ha sempre visto. Se ci riesce, la vita quotidiana diventerà una Vita Nuova. Ma per questo bisogna essere un uomo nuovo. È quanto cerca il Pittore dipingendo e ridipingendo di continuo la stessa veduta. Cosí dovrà dipingere sempre la veduta familiare come se avesse sotto gli occhi un ENIGMA.

Rileggo il passo in cui Samiha scappa con Ferhat, felice di constatare che mi piace molto. Mi piace tanto piú quando i personaggi sono come Samiha, ostinati, tenaci, dotati di una rabbia imprevedibile, e coraggiosi… Amo rivelare il lato oscuro degli individui, della città… Ieri mi sono concesso una pausa, decidendo che avevo lavorato abbastanza per l'articolo su Updike. Ma oggi, a furia di rivedere i capitoli già scritti, non sono riuscito a procedere con il romanzo. Ho nuotato per settanta minuti nella piscina di Küçük-Çiftlik Park. Alla sera Pollina ci ha presentati a Sabri Gürses, traduttore di letteratura russa e americana. Abbiamo cenato insieme al ristorante Karaköy, ridendo e divertendoci molto.

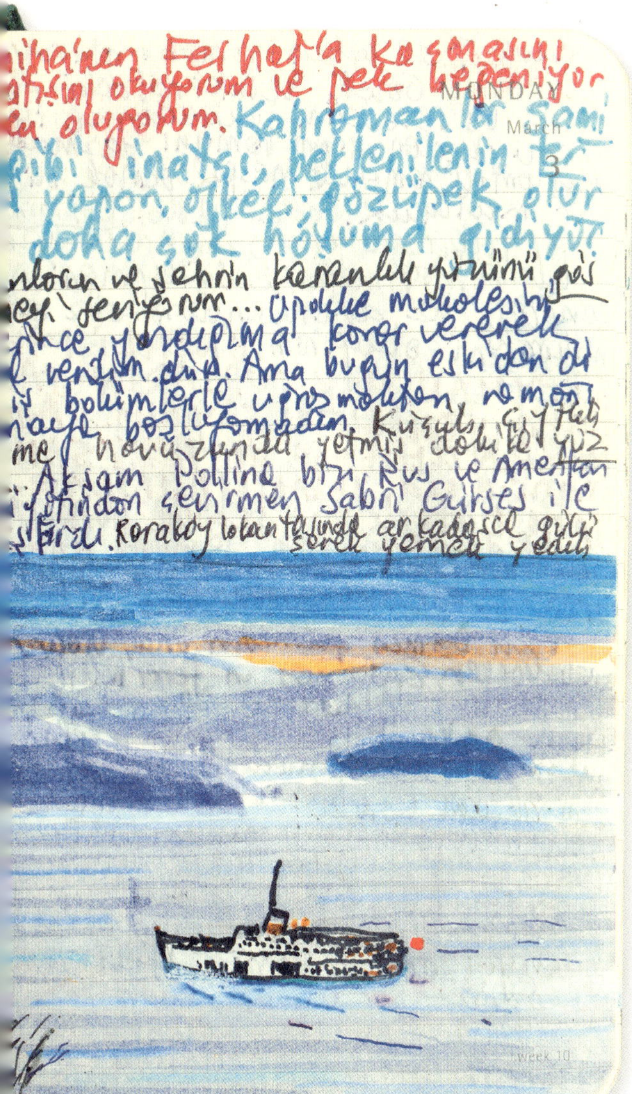

Avevo letto le *Confessioni* tutto d'un fiato, durante un viaggio in treno di dieci ore… ero come trasformato.

Rousseau! *Un figlio che litiga con sua madre ha sempre torto*… c'era una formula di questo genere… pensavo di usarla come epigrafe della terza parte del libro. Era nella mia edizione Penguin delle *Confessioni*: molto annotata; rimasta a NY! Al pomeriggio, un paio d'ore fa, ho fotografato Rüya mentre scriveva il suo romanzo. «Ora tocca a te fotografarmi, le ho detto poi, oggi è un giorno speciale, termino *La donna dai capelli rossi*».

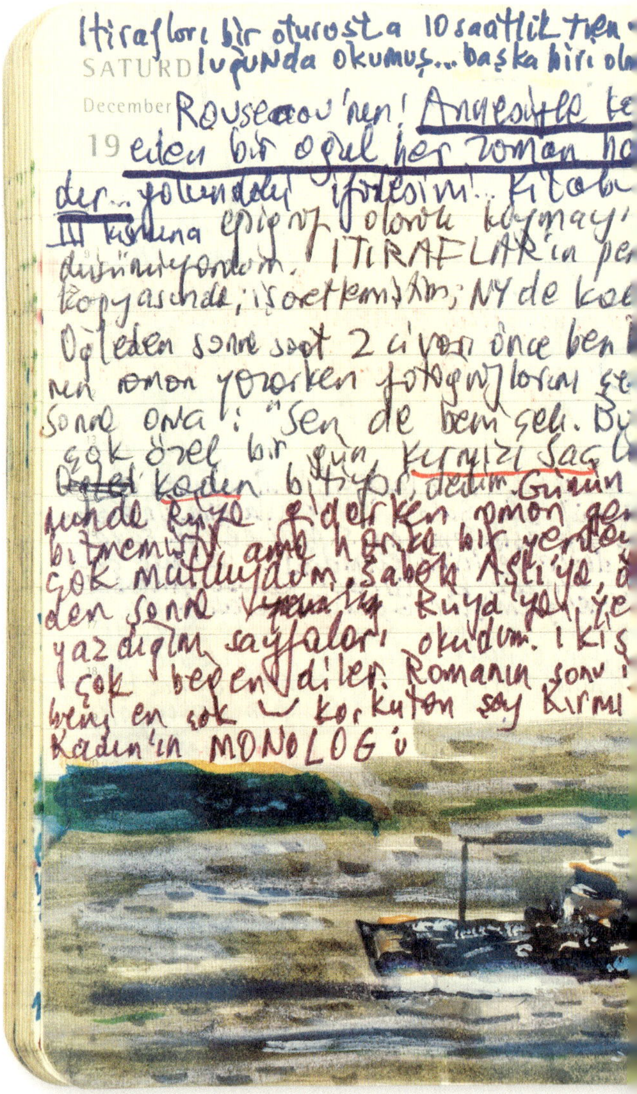


A fine giornata, dopo che lei è andata via, non era ancora terminato, ma era ottimo, ero contento. Ho letto le ultime pagine ad Aslı al mattino, a Rüya al pomeriggio. Sono piaciute molto a entrambe. Ciò che mi spaventa di piú in questa conclusione: il MONOLOGO della donna dai capelli rossi.

Termino la stesura della *Donna dai capelli rossi* in piena notte, nel suono delle sirene da nebbia. Casa è fra i miei libri. Non ho piú voglia di viaggiare. L'influenza di Joseph Cornell. Influenza tale che sembra trasformare la mia anima, il mio sguardo sulla vita. Amo l'inverno a Istanbul, la sua atmosfera in bianco e nero. // Voglia di scrivere su Cornell, di leggere i suoi diari, le sue memorie. Piacere di restare nuovamente ammirato di fronte a un ARTISTA, a uno SCRITTORE CHE HO AMATO vent'anni fa.

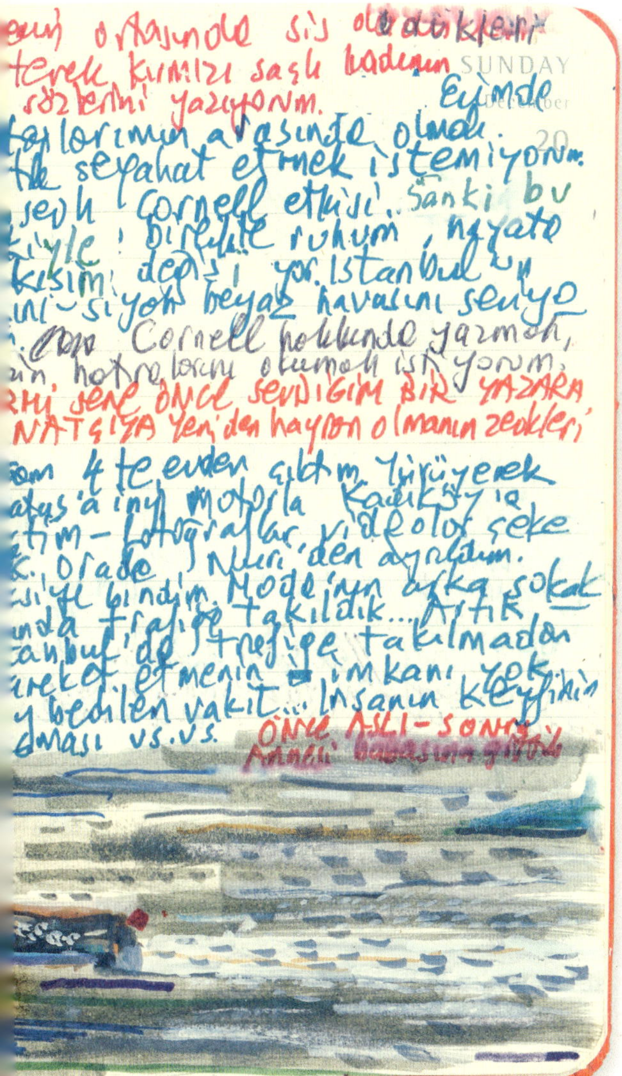


Uscito al pomeriggio, verso le 4. Sceso a piedi a Kabataş a prendere il battello fino a Kadıköy – fotografando, filmando. Lasciato lí Nuri. Poi ho preso un taxi. Siamo rimasti bloccati negli ingorghi a Moda… Impossibile ormai sfuggire agli ingorghi a Istanbul… Perdita di tempo… Piacere guastato ecc. ecc.

Prima ASLI – poi visita ai suoi genitori.

Alzato presto, correggo i capitoli delle Norton. Un po' di ottimismo, un po' di scoraggiamento. Necessario per queste Norton… E anche, a dire il vero, un riassunto di ciò che attualmente è il centro della mia vita: MUSEI E ROMANZI. In realtà, devo spiegarmi procedendo al contrario. Faccio un romanzo a partire da una serie di racconti. Faccio un museo a partire da una serie di oggetti. Le due cose vanno nella stessa direzione. Il museo mi sfinisce, mi deprime. Mi ruba ore da dedicare al piacere di scrivere. Tutta questa faccenda potrebbe essere piú gioiosa, piú dilettevole. Dovrebbe esistere almeno una cosa che non mi deprima; ma non l'ho trovata. Nauseato dal carico di lavoro e dai piccoli calcoli, dai piccoli intrighi di certi «artisti». Avrei voluto essere piú filosofo nel mio museo filosofico…

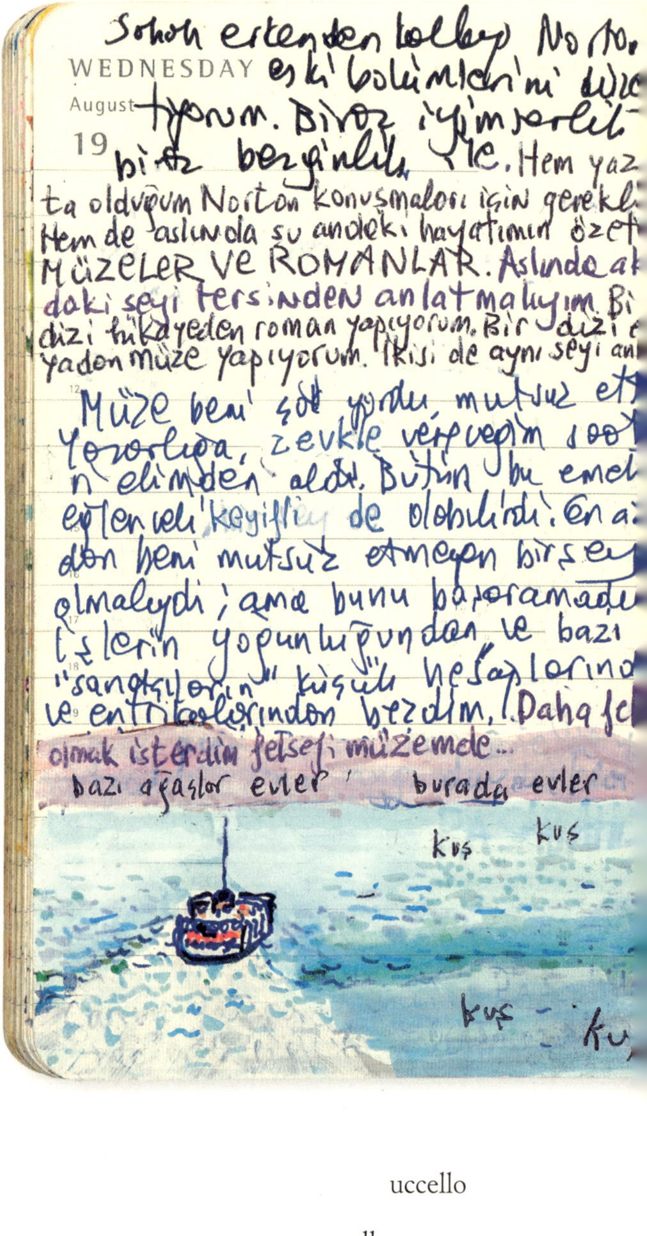


Certi alberi e case
qui le case

uccello

uccello

uccello

uccello

Alle 10, arrivo della nostra famiglia di architetti, Gregor, Brigitta, Johanna, con un enorme modellino 1 a 10. Impressionante, bello! Ho finalmente avuto la sensazione che i lavori sarebbero terminati, il museo avrebbe aperto. Ma resta del lavoro da fare! Discusso delle uscite di sicurezza, delle serrande, delle 4212 sigarette di Füsun nell'atrio, di come sistemare il sottotetto ecc. C'erano anche Cem Yücel e Murat. Pranzo – le insalate preparate da Sermin, come al solito… Piacere di parlare delle balaustre, di dove collocare la Chevrolet 56 e cosí via, con il modellino sotto gli occhi. Ma grande stanchezza a fine giornata. Nemmeno piú la forza di scrivere e-mail. Alla fine siamo stati a cena tutti insieme al ristorante Karaköy…

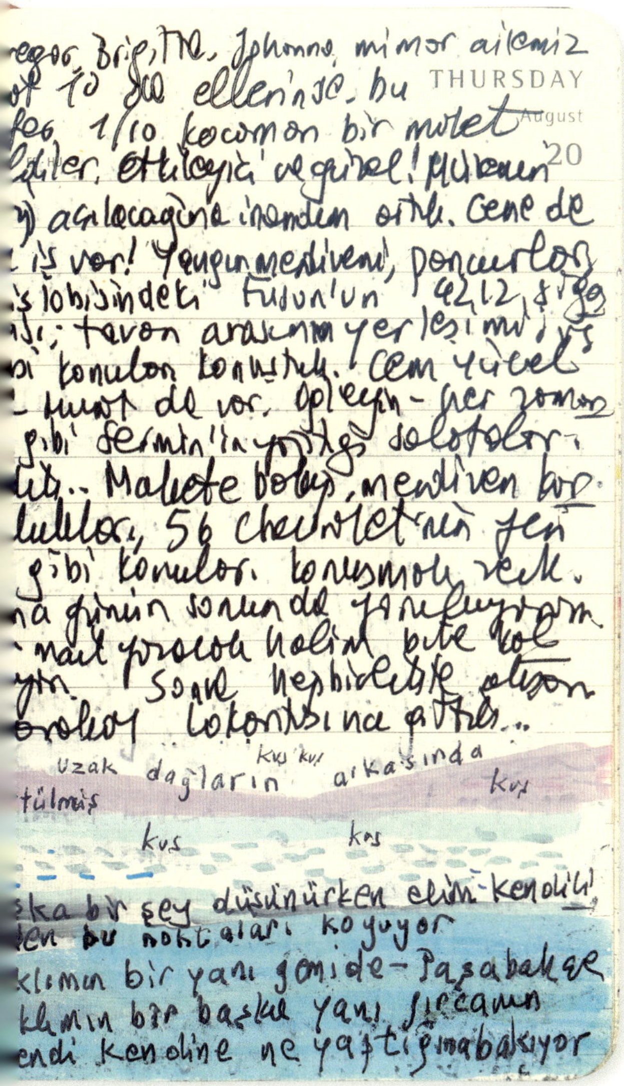


uccello uccello

dietro
le montagne lontane

uccello

uccello uccello

La mia mano traccia da sola questi puntini mentre penso a tutt'altro.
Con la mente da una parte al battello – *Paşabahçe*
Dall'altra al movimento del pennello

Il Signor Pittore, purtroppo, si è abituato a venire braccato nei suoi sogni. E il Signor O fugge sempre. In fretta, consapevole di tutto ciò che abbandona. Fuggire davanti a tutto e a tutti per lui è diventata un'abitudine.

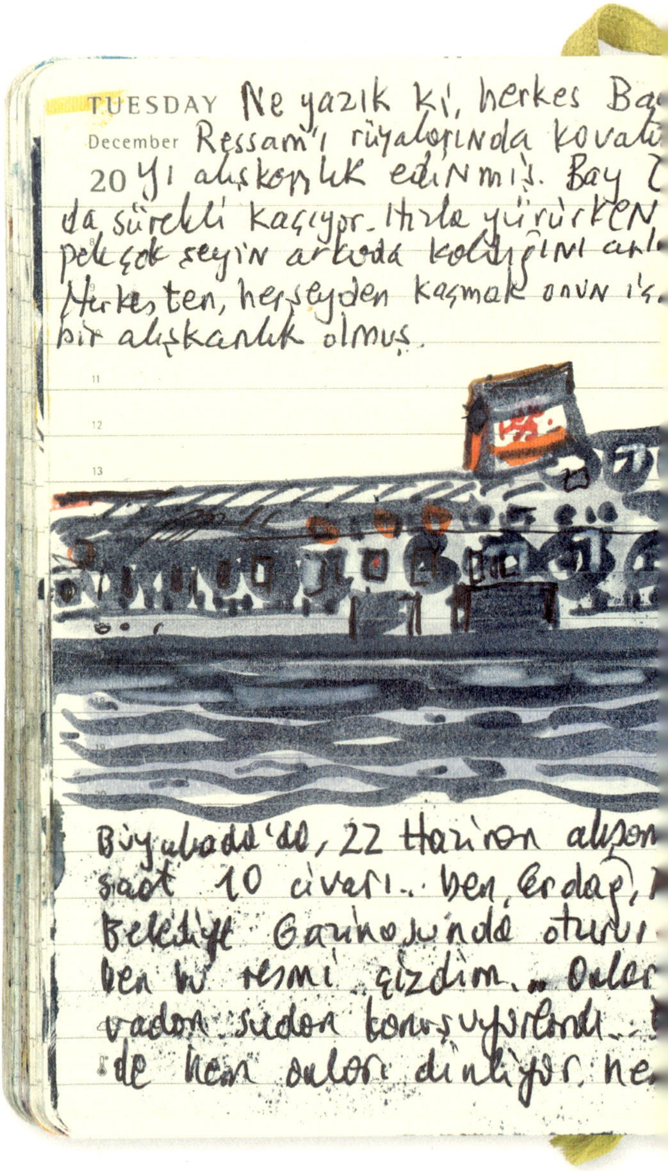


Büyükada, sera del 22 giugno, verso le 22… ho disegnato questo al Caffè del Municipio al tavolino con Erdağ e Aslı. Disegnavo ascoltandoli parlare. Arrivati a Büyükada il giorno prima. L'isola è vuota: i negozianti si lamentano. Niente turisti. Né molto piú

Perciò è quando si avvicina al limite dell'orizzonte – del pendio – che la sua paura svanisce. Anzi, sa che scendendo verso il nido del falco troverà la risposta a tutte le sue domande.

Notte notte notte notte notte notte notte notte

numerosi i villeggianti… Permeata e raddoppiata dalle sventure del paese – guerra e semi dittatura –, la malinconia di Büyükada ci fa venire il magone.

Guardando il film *Trainspotting* mi sono reso conto che anch'io, da anni, nell'appartamento dove scrivo, contavo i battelli che passavano nel Bosforo. Ma, in me, questa mania non è un modo per ammazzare il tempo, tutt'altro: sono animato dal desiderio di credere che IL MONDO POTREBBE essere come si deve.

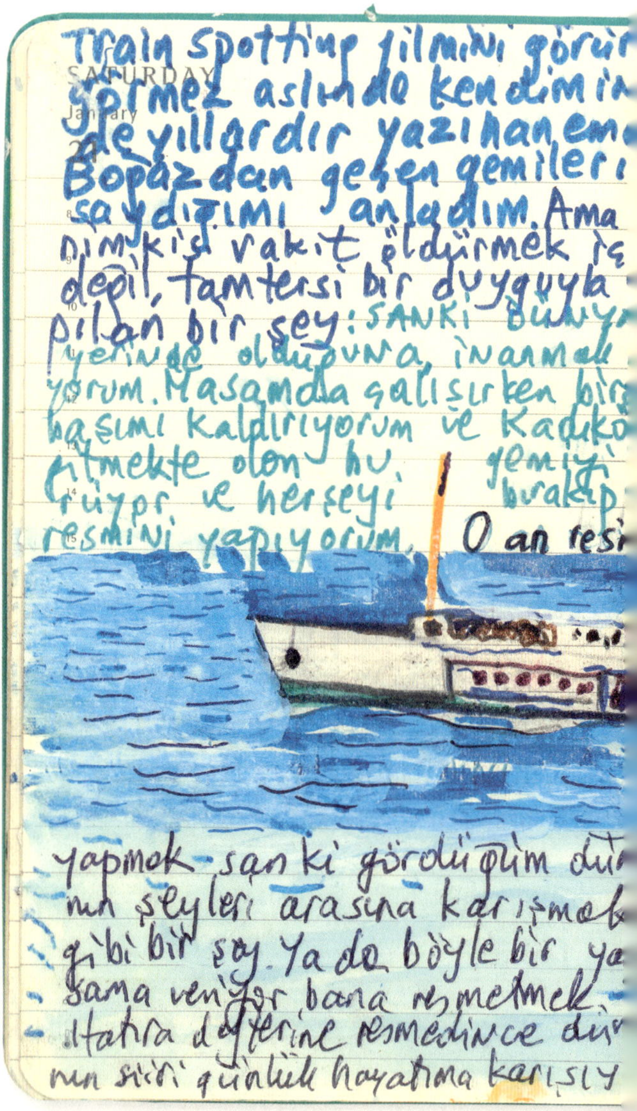


Lavorando alla scrivania alzo la testa, vedo il battello che parte per Kadıköy e, mollando tutto, lo disegno. Disegnare, in questo istante, mi sembra un modo per mescolare la mia esistenza alle cose del mondo. O illudermi di farlo. Disegnare su questo taccuino è far entrare la poesia del mondo nella mia vita quotidiana.

Mi piace che Joseph Cornell, nei suoi diari, abbia potuto annotare: oggi fa bello. Racconta alcuni dei suoi sogni, spesso ricorrenti. Ma il sogno sognato e il sogno che traduciamo in parole sono ancora la stessa cosa? I sogni non sono un'ecfrasi. I sogni non li si racconta, li si sente… Per rendere su carta l'impressione di un sogno ci vuole l'acquerello.

I miei grandi scrittori diaristi: TOLSTOJ; THOREAU; WOOLF; CORNELL. Annotare tutto come Thoreau. Per tornare alla stessa pagina del diario, come un battello al porto.

Tutti i pontili sperduti
Rumore delle onde che lambiscono la riva

amo andare di notte sui pontili sperduti

ascoltiamo il rumore dei nostri passi
sentiamo i piccoli particolari di Istanbul
il motore del battello
canzoni popolari che escono da una radio accesa

le persone sedute
ai caffè

## L'ULTIMO pontile

il capitano guarda
la tivú in cabina

Avviciniamoci ai battelli ormeggiati per la notte, lavati dai mozzi che passeranno la notte lí

montagne lontane

Al mattino, alle 8.30 alla scrivania, tentando di terminare il capitolo sulle immagini delle Norton… Il *Paşabahçe* arriva a Katabaş dalle isole. Riparte un'ora dopo, lo fotografo (verso le 9.30). Al pomeriggio Önder e Murat, parliamo delle teche del museo.

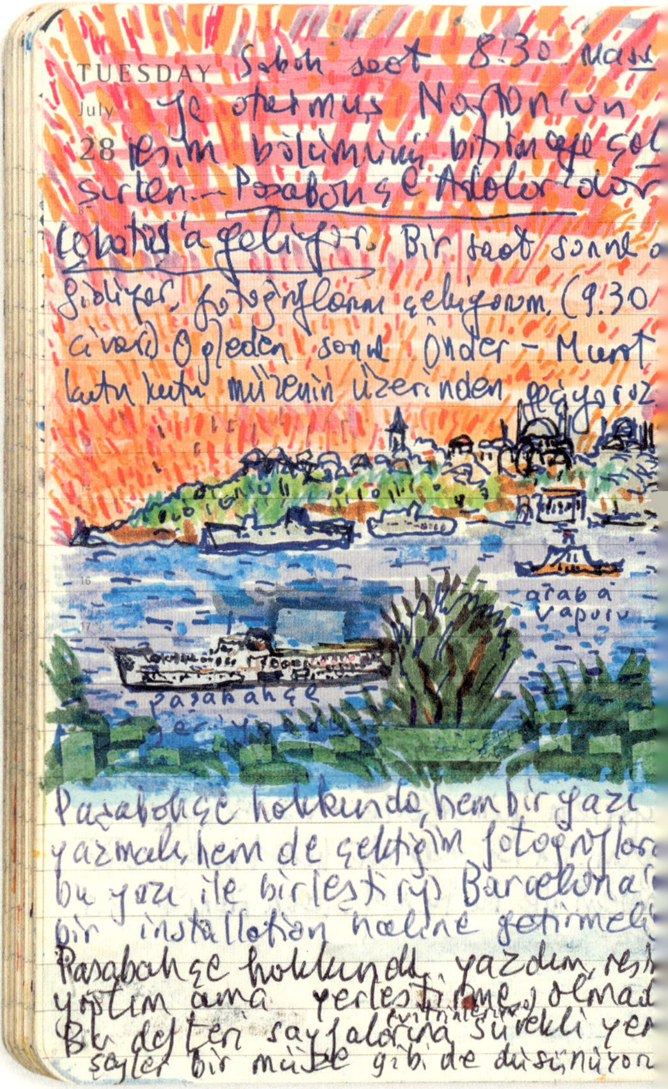


traghetto
per automobili

*Paşabahçe*

A proposito del *Paşabahçe*: da una parte scrivere un testo, dall'altra raccogliere le mie foto e quest'estate farne un'installazione a Barcellona. Ho già scritto sul *Paşabahçe*, ho fatto dei disegni, ma nessuna pubblicazione. Concepisco questo taccuino come un museo nelle cui teche (pagine) aggiungo di continuo nuovi oggetti.

Riprendo il racconto delle nozze religiose di Mevlut e Rayiha, poi della loro fuga e dei primi giorni del matrimonio; vorrei abbreviare quei passi, troppo leggeri e troppo umanistici rispetto al resto del romanzo. Immagino il momento in cui Mevlut, il giorno delle nozze, s'imbatte in Ferhat che torna dal servizio militare, quando vede Rayiha… La scrittura di un romanzo è tanto ricordi quanto immaginazione. Rileggendo ancora una volta queste pagine troppo ingenue e idealistiche, vedo che cosa renderà *La stranezza che ho nella testa* una lettura piacevole e originale: MOLTI NARRATORI, VEDERE E RACCONTARE LE AZIONI SIMULTANEE DI OGNUNO. Per adesso, le atrocità di cui Ferhat è stato testimone durante il servizio militare! È arrivata Rüya. Le ho letto una frase sublime di *Anna Karenina*.

Un momento fa (11.10) ha telefonato CAN ÖZ. Mi ha detto che sta pensando di fare la serie di classici da CAN Yayınlari, e se volessi esserne il curatore. Brutte notizie! Accidenti! Accidenti. Scontro con Esra, la direttrice del museo… Era da settembre che… mi innervosiva perché non sapeva gestire bene le cifre. È stata lei per prima a dire che avrebbe dovuto lasciare… Bella lite al telefono! Alla sera ho chiesto ad Aslı che ne pensava.

L'ho voluto io questo museo. Che fare?

Sono sicuro che c'è un luogo cosí da qualche parte a Gökova, con questo cielo, queste onde, queste montagne. Per adesso li invento. Poi diventerò un battello.

Penso di traverso per tutto il giorno. Allora sono un battello che pensa all'incontrario.

Volere che ogni giorno abbia un senso è un errore… Viviamo momenti, il tempo passa e il sogno che chiamiamo la nostra vita sfuma a poco a poco. Un battello se ne va. Guardalo e sogna, per ricominciare tutto. Se fossi solo un'onda. Sí.

Ero seduto alla scrivania quando tutto questo paesaggio ha invaso il mio essere, come una luce, da sinistra. Restava tempo. Avrei scritto, disegnato.

Stamattina, un altro battello… fischia a lungo. È arrivato un enorme banco di pesci serra, pensavo vedendo tanti pescherecci. Da bambino, quando un simile afflusso di pesci (palamite, pesci serra) risaliva il Bosforo, il giorno dopo si vedevano i venditori ambulanti offrirli a carrettate, e alla mensa della scuola ci servivano pesce con patate al forno. A volte, dove stanno i pescherecci vedo dei delfini. Si avvicinano alla costa. Sul posto ci sono alcuni pescatori

dilettanti. Poi dimentico il mondo e mi perdo nel romanzo. Piú tardi passa un grosso battello suonando la sirena. Ma i pescatori non si spostano, il capitano irritato suona la sirena ancora e ancora. Un altro battello si unisce al concerto. Dalla scrivania vedo i pescatori nelle loro barche. C'è qualche barca con un pescatore solitario. Riecheggia la sirena dei battelli.

Stranissimo essere cosí dentro un romanzo. Come se io fossi il romanzo. Sono un paesaggio. Come se questo taccuino mi proteggesse. Ma potrebbe anche impedirmi di dedicarmi a sufficienza al romanzo. Bell'articolo sulla «Istanbul di Orhan Pamuk» pubblicato dal «New York Times». Avevo girato quattro ore per la città insieme a Joshua. Lo avevo portato nei luoghi che amo, nei vicoli di Karaköy, a Balat, Fatih, Vefa. Ho imparato a far vedere Istanbul agli altri, a raccontare partendo da ciò che vedono. Giornata di sole. Tenera mattinata con Aslı. Alle 9.30 ero al romanzo. Forza Mevlut. Scrivo per tutto il giorno senza interruzione. È come una corsa. Ben presto Mevlut rapirà Rayiha. Alla sera sono da solo. Aslı ha attraversato il Bosforo per andare a trovare i suoi zii.

MOLTO LONTANO

Forza Mevlut. Non dovrebbe tardare a rapire Rayiha insieme a Süleyman. Accorciare assolutamente il capitolo. Scrivo, scrivo e Mevlut non l'ha ancora rapita… Sta quasi per farlo e io comincio a essere stanco. Stasera berrò per rilassarmi. Arriva Aslı… la malattia di suo padre progredisce. È depressa anche lei. Usciamo. Viva le librerie dell'ASLIHAN PASAJI! Abbiamo cominciato a cercare. Comprati cinque o sei libri. Non riuscivo a portarne di piú, gli altri me li consegneranno al museo. Le librerie ci hanno fatto bene… Poi andiamo alla Şehir Meyhanesi. Una trattoria piacevole, affacciata sulla via del consolato greco e dell'hammam di Galatasaray. Beviamo, chiacchieriamo. Complimenti per il romanzo, dice Aslı, procede bene. Per farmi piacere.

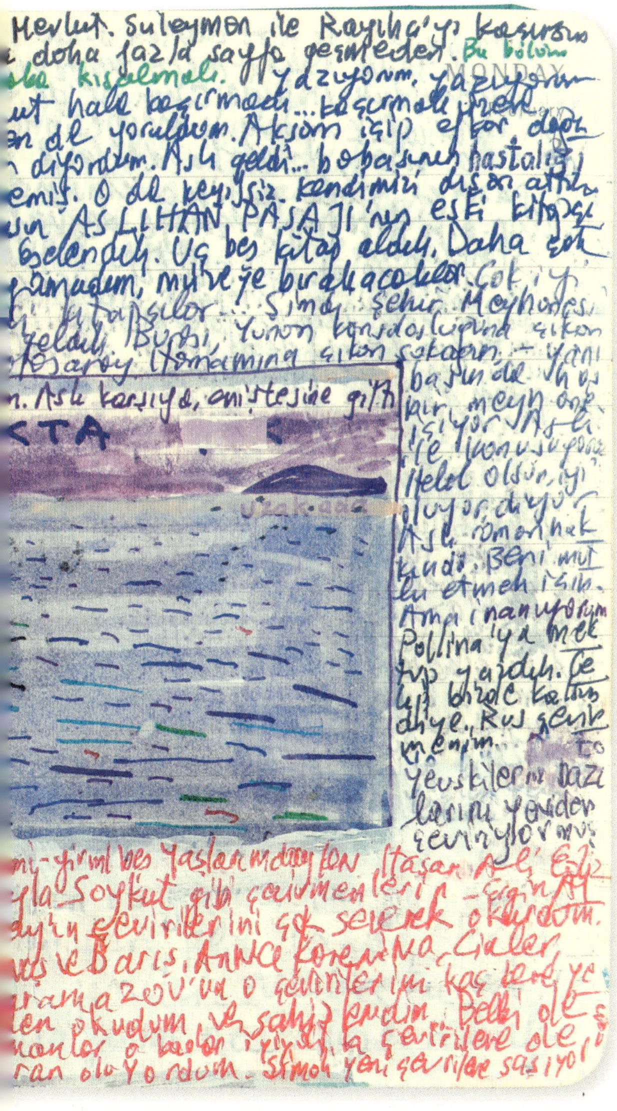

Ma le credo. Abbiamo scritto a Pollina. Perché ci raggiungesse. La mia traduttrice russa. Hanno ritradotto alcuni Dostoevskij. A venti, venticinque anni avevo letto con passione le traduzioni di Ergin Altay – e di altri traduttori come Hasan Ali Ediz, Leyla Soykut. Divoravo *Guerra e pace*, *Anna Karenina*, *I demoni*, i *Karamazov*. Forse era perché i romanzi erano cosí belli che ammiravo i loro traduttori. Che li ritraducano mi colpisce.

La veduta che contempla Ka dal nido d'aquila – o di falco. Là dove si sente al sicuro.

Ma essere arrivato fin qui non significa aver risolto l'ENIGMA… L'impazienza lo invade. Ogni sentimento diventa un colore, che irraggia ovunque.

Il mondo è adorno di bellezza dove camminano gli amanti
Sulla tua soglia guardo il mondo folle ed ebbro.

Bāqī

4 MAGGIO 2019
– tornati a ISTANBUL. Cose da fare
– Lunedí: il romanzo a YKY per la composizione
– metà MAGGIO riunione titolo // luogo, mappa
ROMANZO, circa pagina 260
Fino a inizio GIUGNO / VACANZE: 30 pagine libro = 50 pagine quaderno
GIUGNO: 60 quaderno / 40 libro = totale 330 libro

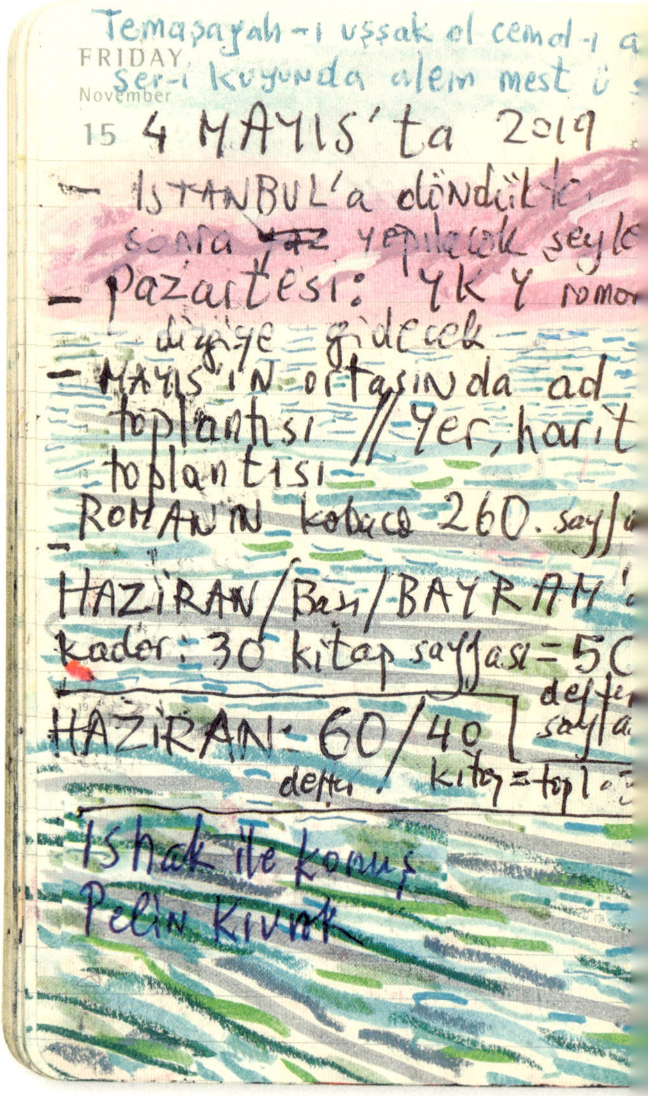


Parlare con Ishak
Pelin Kıvrak

– sono arrivato a pagina 260 del ROMANZO

Anche il primo Kafka che ho lett

È UNA VERA PRODEZ

Un sogno / il protagonista del film quando apre gli occhi.
Guardate il disegno. Lui è in mare…

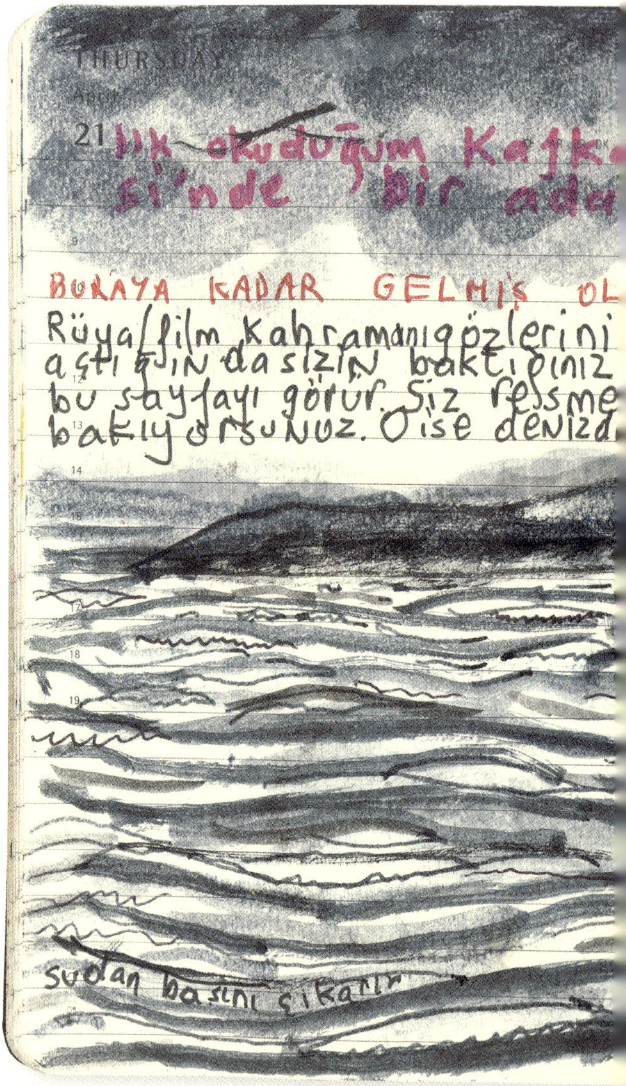


tira fuori la testa
dall'acqua

*Nella colonia penale*, è ambientato su un'isola.



Grazie al rumore delle onde che sembrano bisbigliare, il bagnante, che nuota lentamente verso l'isola, sente di essere vivo.

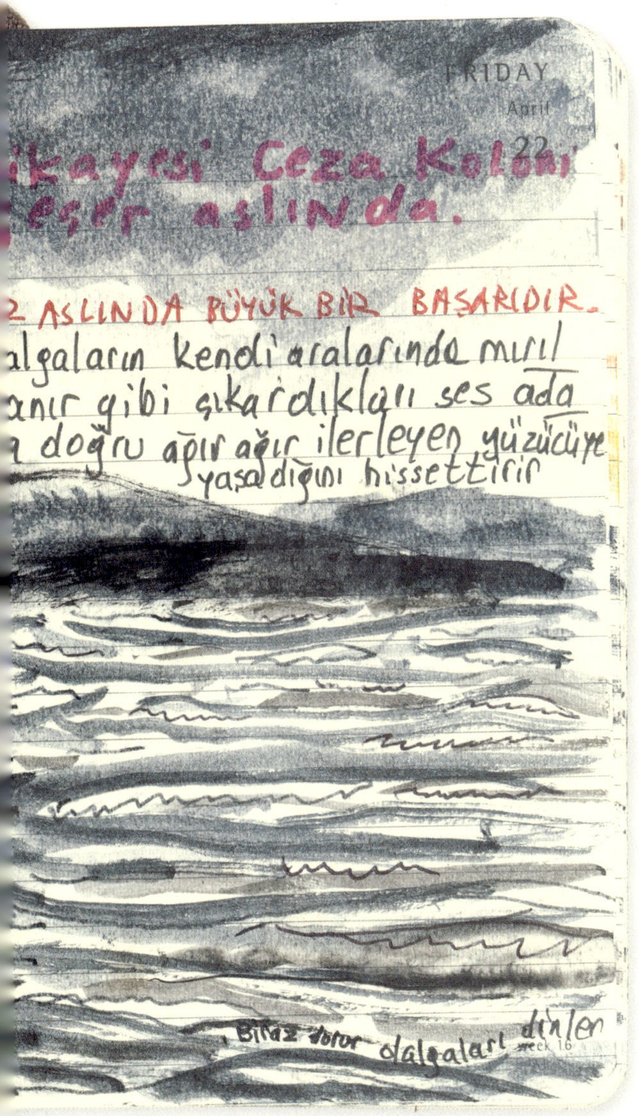


si ferma ad
ascoltare le onde

Cosí potrebbe essere il luogo dove alla fine LA CORRENTE li ha lasciati.

S’impauriscono alla vista di un paesaggio cosí, che non evoca loro nulla di noto…

all'improvviso mi è venut

Brutta giornata: nemmeno riuscito a lavorare. Stupida lite con Aslı. Morale a terra. Ho dilapidato questa bella giornata come fossero spiccioli. Sono solo in casa con il mio pessimismo.
E quando si torna sulla stessa pagina, anni dopo, con la matita (rossa) in mano, non ci si ricorda piú delle liti né dell'infelicità di quella giornata. Dovevo essere qualcun altro, ci si dice. Per la verità, sono un altro ogni giorno.

amo scriverci sopra
dopo

mi sembra bello

lí c'è un po' di
corrente

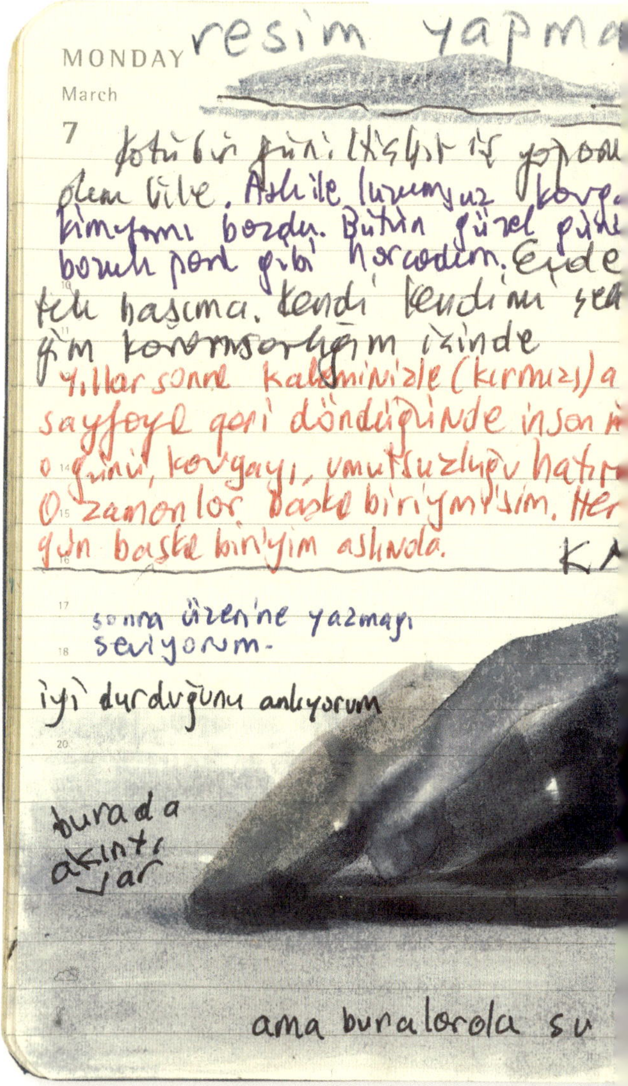


ma qui l'acqua scorre velo

Visita di Rüya al pomeriggio. Lavorato al romanzo insieme, nel buonumore. Lei legge Nadine Gordimer… Io leggo e prendo appunti su Defoe, Camus, la quarantena ecc. Alla sera, cena in casa con Rüya, zuppa di lenticchie ecc., poi scelto un film dalla raccolta di DVD: film belga, la ragazza che cerca di convincere gli amici a rifiutare che il capo venga pagato troppo, sbalorditiva… cosí umana… Ci richiama alla nostra umanità!

UN DISEGNO PESSIMISTA

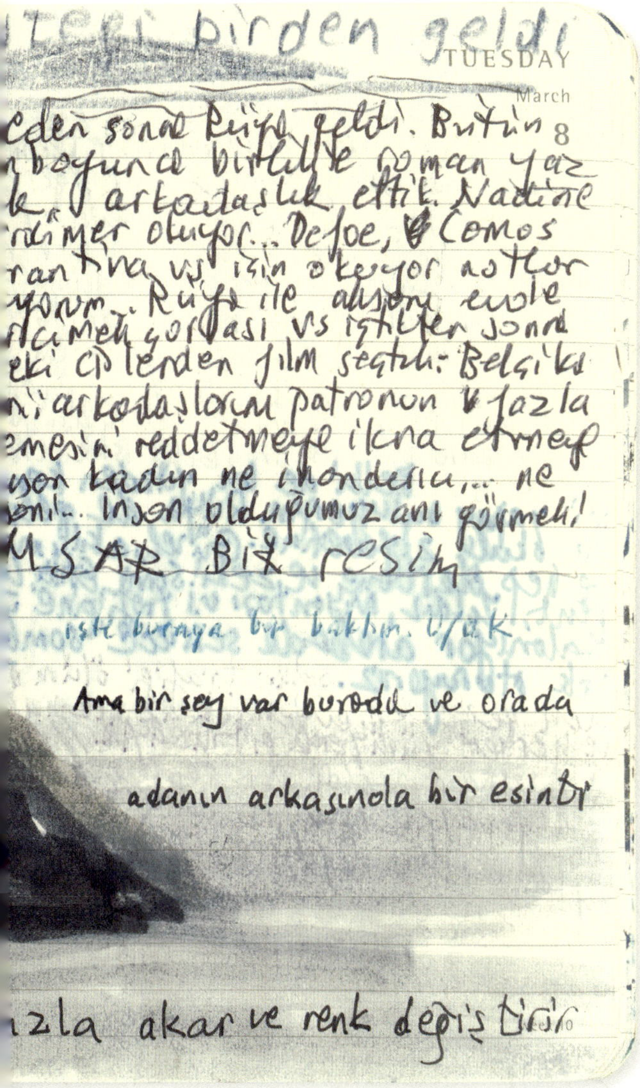


è lí che guardo.

Ma c'è qualcosa
qua e là

una brezza dietro
l'isola

cambia colore

Svegliato dal caldo in piena notte. Desiderio di scrivere romanzi senza vedere nessuno per anni… Messo totalmente in pausa il romanzo per due mesi. E anzi… dal 15 marzo… Tre mesi. Voglia di scrivere, di rinchiudermi da solo con il testo. Voglia di dimenticare i giornali (tutti parlano della diffusione del video a luci rosse di Deniz Baykal), le elezioni nel Regno Unito (disfatta di Gordon Brown e del Labour), e tutto il resto, per vivere in un mondo immaginario, vasto, profondo… (Mezzanotte, sul Bosforo risuona la sirena di un battello). Questi tre mesi senza scrivere, senza lavorare al romanzo, mi hanno convinto in modo definitivo che sono un romanziere e nient'altro. Scrivere un romanzo – per me – è sentire in modo piú profondo di quello che può riuscire a rappresentare la pittura…

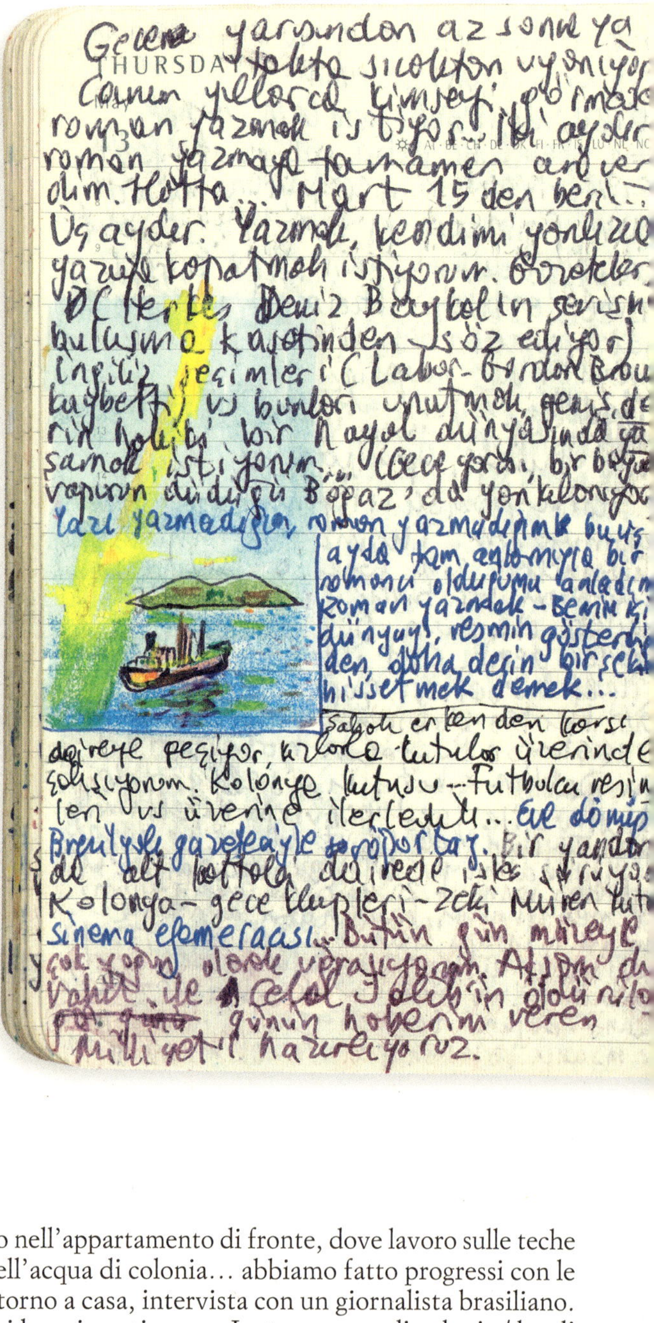

Passato stamattina presto nell'appartamento di fronte, dove lavoro sulle teche con le ragazze. Quella dell'acqua di colonia… abbiamo fatto progressi con le foto di calciatori ecc. Ritorno a casa, intervista con un giornalista brasiliano. Intanto al piano di sotto i lavori continuano. La teca acqua di colonia / locali notturni / Zeki Müren. Cimeli cinematografici. Intenso lavoro al museo per tutta la giornata. Alla sera Vahit e io prepariamo l'edizione di «Milliyet» datata il giorno dell'assassinio di Celâl Salik.

Il mio umore definisce la mia personalità. Ogni nuova disposizione di spirito fa di me un uomo nuovo. E una volta diventato quell'uomo nuovo non riconosco piú le mie vecchie idee, mi incuriosiscono... Il centro intorno al quale gravitano i miei pensieri si è spostato radicalmente. Quindi sono di continuo un altro.

Brivido marino nell'accostarsi silenziosamente all'isola... Dalle rocce sale un odore di calcare e umidità. Avvertire che le strane grida degli uccelli sfumano a poco a poco, sapere che molti occhi osservano il battello che si avvicina...

Aspettiamo il mattino per andare su quell'isola... dicevamo.
Il mattino è giunto.

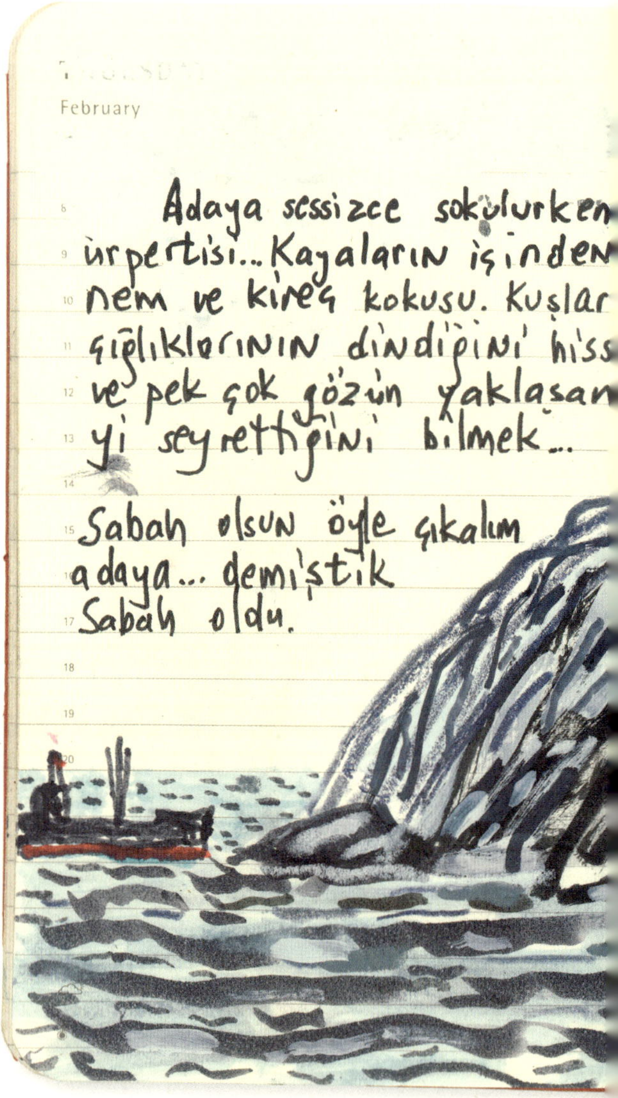

izin
en
naf
week 7

Un'ora e quindici minuti prima di lunedí. Partito in taxi da Cihangir, verso l'imbarcadero di Bostancı. Cihangir caldo e umido. Odore di polvere. Passata Merve, l'informatica. Prima abbiamo trasferito su un hard disk esterno forse 30 o 40 000 fotografie scattate in questi ultimi due anni, poi abbiamo cercato foto per illustrare *Romanzieri ingenui e sentimentali*. Orhan in mezzo a intellettuali a Harvard, Orhan che tiene la sua conferenza Norton, cose del genere. Dispiacere e rimorsi all'idea che il mio malumore di ieri abbia potuto ferire la cara Bahar. Ieri sera, sul battello da Bostancı a Büyükada, con una lieve brezza, mi sono tolto il cappello. Non ci fa caso piú nessuno, se ne infischiano, e anch'io. Perlomeno durante il tragitto verso le isole… o sull'isola stessa… I problemi di sicurezza appartengono al passato.

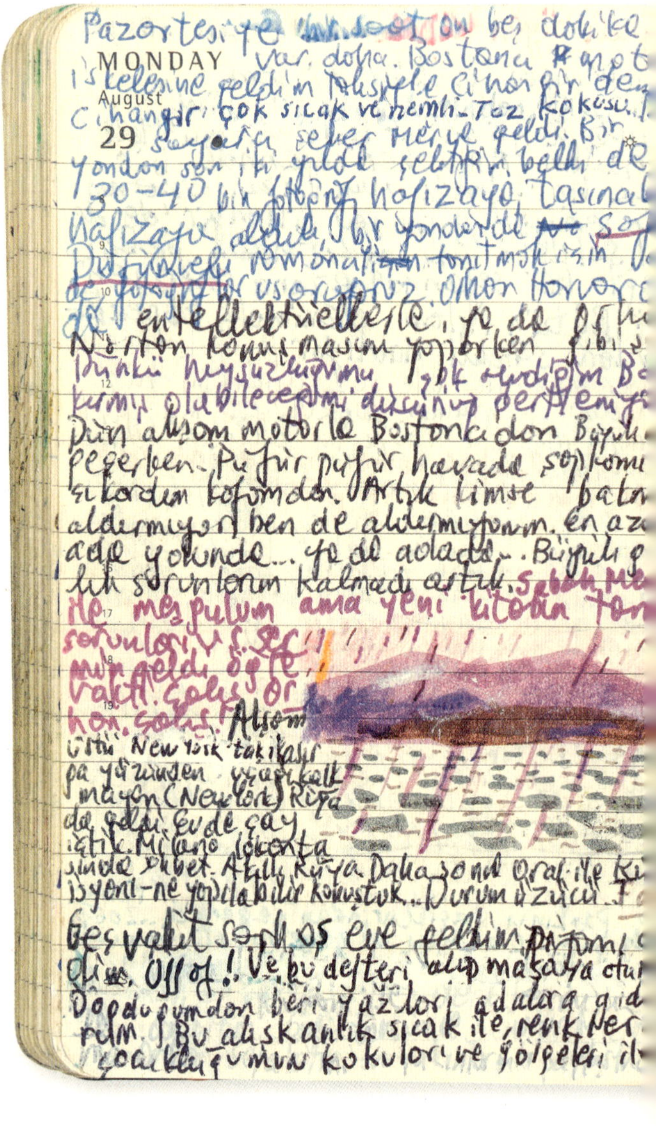


Al mattino mi occupo di Mevlut, ma c'è da scrivere l'introduzione al nuovo libro ecc. A mezzogiorno è passata Sermin. Lavora, Orhan, lavora! In serata è venuta Rüya, perché il suo aereo per New York non era potuto decollare a causa della bufera (a New York). Preso il tè insieme. Conversazione al ristorante Milano. Intelligente Rüya. Poi parliamo della rivolta curda con Oral – che cosa si può fare… La situazione è desolante. La borghesia turca fascistoide è incapace di un atteggiamento moderato, incapace di trattare i curdi da fratelli. E le probabilità che impari a farlo sono molto basse. Rientrato tardi, ubriaco, indossato il pigiama. Ahi! Ho preso questo taccuino e mi sono messo alla scrivania. Da sempre vado sulle isole d'estate. Un'abitudine in sintonia con il caldo, i colori, gli odori e le ombre della mia infanzia. Che vergogna!

Al mattino, freddo! Tempo uggioso. Alla scrivania, ancora in pigiama, lavoro cosí bene a Mevlut che ho dovuto riaprire questo taccuino per tornare a me. Mattina dell'Id al-fitr. Silenzio. Gabbiani. «Calma, Orhan!» avevo scritto qui. Dovrebbe essere il titolo di questi taccuini. Se un giorno saranno pubblicati. Alcune parti, le paure, le angosce, le rabbie politiche… dovrebbero aspettare ancora prima di essere pubblicate, ma si può già fare una scelta. Però quando scrivo non ci penso. Prendo questi appunti perché sono felice. Perché non voglio dimenticare. Mi basta una pagina che racconta dettagliatamente la mia giornata perché mi sembri piú reale, piú vissuta. // Sono al punto in cui Mevlut, dopo aver venduto gelati, fa l'amore con Rayiha al buio.

L'isola tremendamente affollata. Gente che viene… Gente che va. Calessi, curiosi alla finestra, giovani che ridono sempre, venditori: di granturco, di gelati, di simit. Un uomo vende infradito a chi scende in spiaggia. Altri vendono Coca-Cola e limonate in bacinelle di plastica. Fiumana ininterrotta di bambini. Molta gente immusonita. I bambini che litigano, le madri, i padri. Alle 22 è l'assalto ai battelli che tornano a Bostancı. Di notte Büyükada è di nuovo vuota e imperscrutabile… Strana atmosfera. Il mondo è cosí ricco, cosí rigoglioso che in confronto i miei appunti su questo taccuino, le mie esperienze, le persone, i sogni e tutto il resto sono solo una goccia d'acqua nell'oceano. Voglio scrivere su tutto, senza fermarmi, per ore, giorni…

Una volta, a casa a Cihangir, descrivevo dettagliatamente a un giornalista inglese tutto ciò che vedevamo dal balcone. L'Asia dall'altra parte. Bisanzio, città vecchia, Santa Sofia, il Mar Nero, la torre di Leandro, Moda…

Mare calmo, immobile, senza vento. Cielo coperto di nubi. Se si schiarisse, l'aria si scalderebbe e potrei entrare in acqua. Soddisfatto della lezione di ieri alla Columbia, su Turgenev. Avevo letto *Padri e figli* forse cinquant'anni fa. Oggi il romanzo mi piace ancora di piú, ho avuto l'impressione di trovarmi in mezzo alla grande famiglia di aristocratici, insieme a loro nella tenuta in campagna.

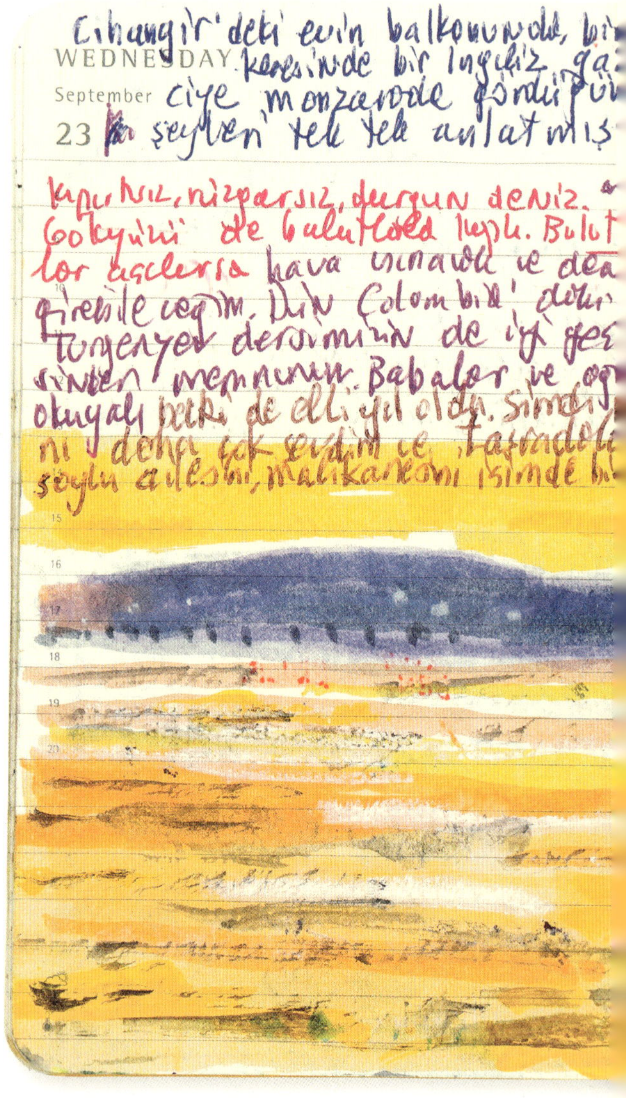

E QUELLE MONTAGNE LONTANE?» mi aveva chiesto indicando le isole dei Principi (Büyükada, Heybeliada, Burgaz, Kınalı).

Lavoro strenuamente per terminare il ROMANZO, un ardore prodigioso. In realtà rimando il momento, di cui avverto la necessità, d'interrogarmi sulla creazione in corso. Stamattina, all'alba, tutto era giallo. Mentre scrivo… sento Aslı che si muove nell'appartamento, ascolto i suoi passi, interpreto, cerco di indovinare il suo umore. Come Kemal.

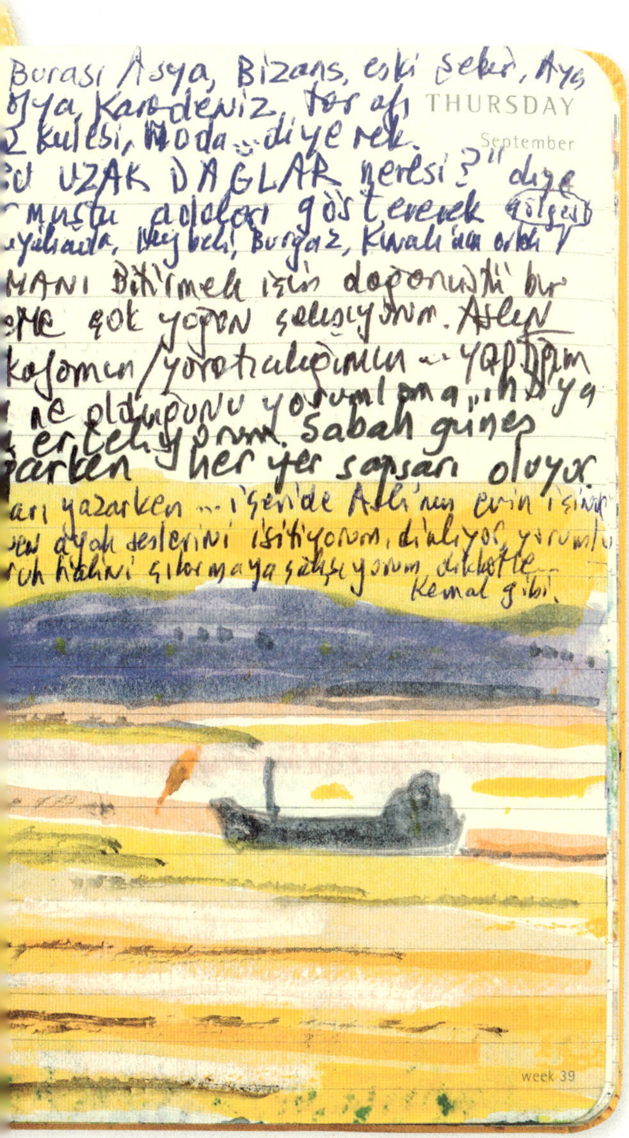

la bellezza di questo paesaggio non consiste in ciò che si vede ma nell'emozione che ispira. Mi piacciono i vecchi battelli arrugginiti, le barche a vela dimenticate al largo in mari lontani, i rematori disseminati sulle rive rocciose delle isolette, le foschie che lambiscono i piedi delle montagne lontane, il mare coperto di nebbia, mi piace percorrere con gli occhi dal basso in alto questo paesaggio, le montagne davanti a me, altre montagne dietro;

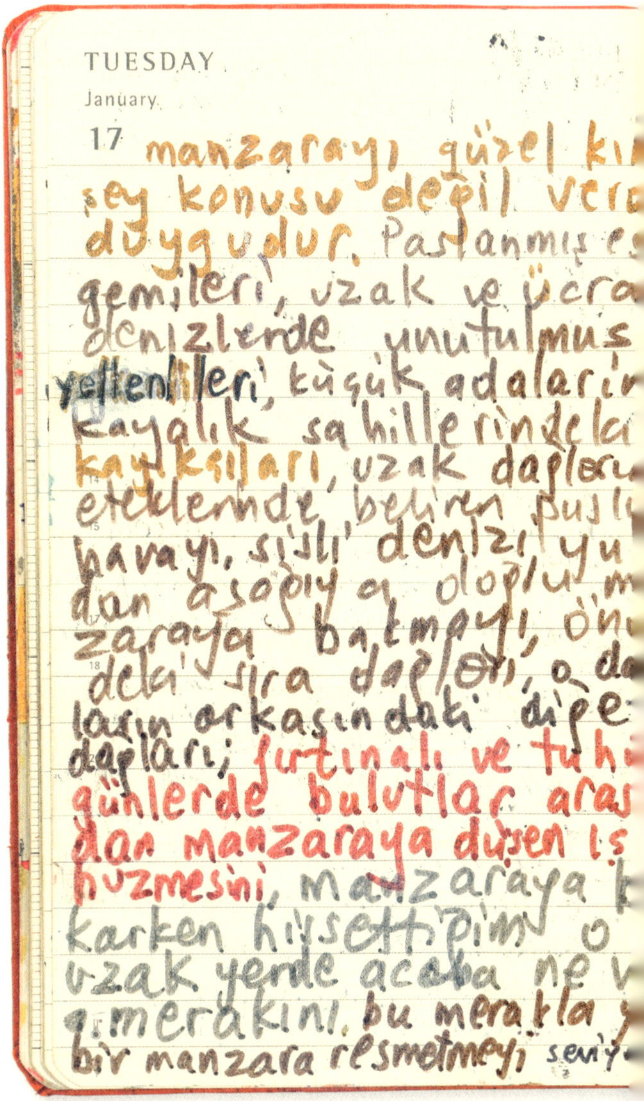


i raggi di luce che sbucano fra le nubi nei giorni strani di temporale, e che cosa c'è di preciso laggiú, in quel luogo lontano che immagino guardando il paesaggio? è questa curiosità a piacermi, questa sete che mi spinge a inventare un nuovo paesaggio.

January
18

Il pittore K., uno dei personaggi principali (il protagonista) del mio nuovo romanzo, organizzerà una mostra di opere immaginarie di pittori immaginari. Il romanzo dei 252 quadri si trasforma a poco a poco in 252 progetti/o sogni…

ILLUSTRAZIONE SULLA COPERTINA DEL VOLUME FIRMATA BUHARI

In questa mostra, centrale nel romanzo, a essere esposti saranno i progetti di K., non i suoi quadri. In particolare: la PITTURA PAESAGGISTICA ottomana. Proprio come faccio io ora, K. esaminerà attentamente i dettagli delle miniature conservate nel museo di Palazzo Topkapı per analizzare la pittura paesaggistica dei miniaturisti ottomani/stambulioti. Ho cominciato a interessarmene quando a Topkapı sceglievo le opere per l'edizione illustrata del *Mio nome è rosso* e per una mostra. Lí il mio occhio era stato attratto da questa miniatura che ornava la copertina di un volume, realizzata dal successore di Levni, Buhari, influenzato dall'OCCIDENTE. Che cos'era questo palazzo circondato da giardini? Un luogo immaginario, un luogo reale? Molto probabilmente un palazzo immaginato a partire da luoghi reali!

Passando in rassegna, per l'edizione ILLUSTRATA DEL *MIO NOME È ROSSO*, per la mostra di YKY a Galatasaray e chissà per cos'altro ancora, i cataloghi/libri provenienti dal Palazzo Topkapı o dalla Direzione nazionale dei musei, continuo ad aggiungere volumi alla mia lista. È il mio lato da collezionista, fantasista, inventore di libri e di musei. Ma alla fine i sogni non si realizzano e sono triste.

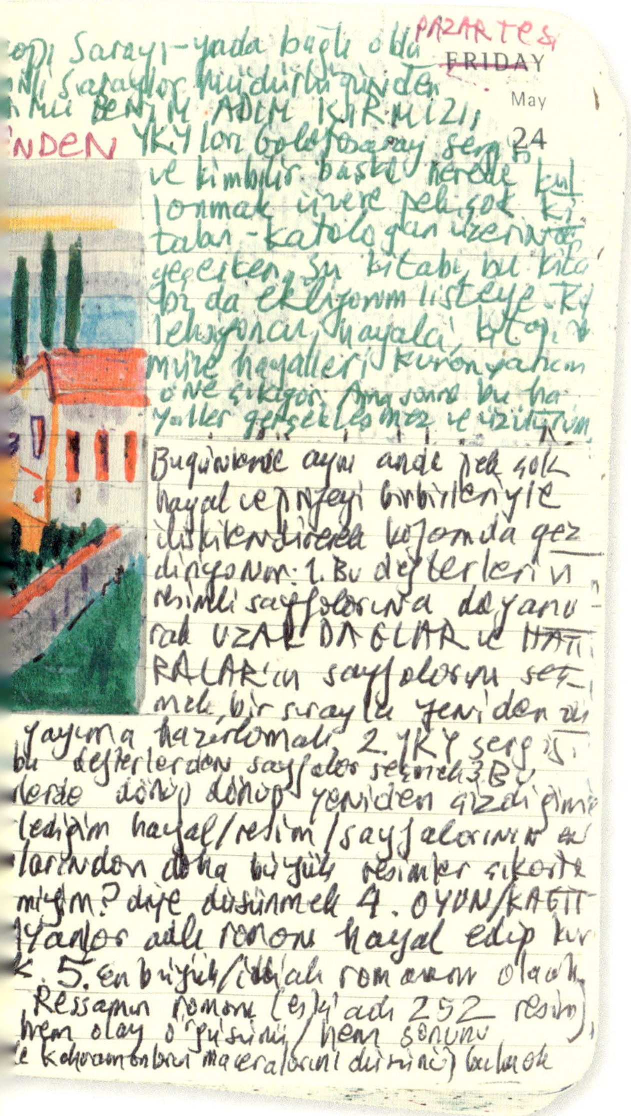


Giro d'orizzonte di tutto ciò che ho in mente in questo momento, affinché i progetti coincidano con i sogni: 1. Scegliere in questi taccuini le immagini che comporranno *RICORDI DI MONTAGNE LONTANE*, riordinarle e preparare il tutto per la stampa. 2. Fare una scelta di pagine per la mostra YKY. 3. Ripercorrere i taccuini riflettendo se alcune delle pagine piú oniriche/illustrate su cui sono tornato piú volte, disegnandoci sopra e memorizzandole, potrebbero essere un buon punto di partenza per dipinti piú grandi. 4. Immaginare e abbozzare il romanzo intitolato *I GIOCATORI DI CARTE*/ *IL GIOCO*. 5. Concepire al tempo stesso la trama narrativa/la fine e le avventure dei personaggi del *Racconto del pittore* (vecchio titolo: *252 quadri*), che sarà il mio romanzo piú importante/ambizioso.

Sto soffrendo di una forma di depressione intellettuale? Una forma di follia passeggera dovuta al troppo lavoro? Ieri inviata finalmente a DÜNDAR la lista delle immagini che vorrei recuperare in formato digitale dalla biblioteca di Palazzo Topkapı. Consultando un libro su Behzād… mi rendo conto che potrebbero non esserci dipinti dello stesso Behzād a Topkapi. Tranne qualche pennellata indistinta qua e là. Storie, pagine strane, quadri. Sorprendente quanto mi catturi questo mondo.

Osservate le ombre degli alberi. Problemi di prospettiva

Aslı al telefono con Sedef mentre parlo con Edhem Eldem, a cui espongo le mie ultime idee: pubblicare un dialogo sul rapporto STORIA/LETTERATURA. Parlando di vari argomenti, Nuovo storicismo/reale/immaginario con tanto di esempi presi dai principi ottomani, Murad V, ecc.

Giornate passate a osservare lo *Shāhnāmeh*, le miniature di Palazzo Topkapı, con gli occhi pieni di tutti i tesori dell'arte ottomana. Sento che sto entrando a poco a poco nel mondo di queste immagini. Felicità di potersi perdere nella pittura. Sono forse l'uomo piú sensibile a tutto questo universo dimenticato!

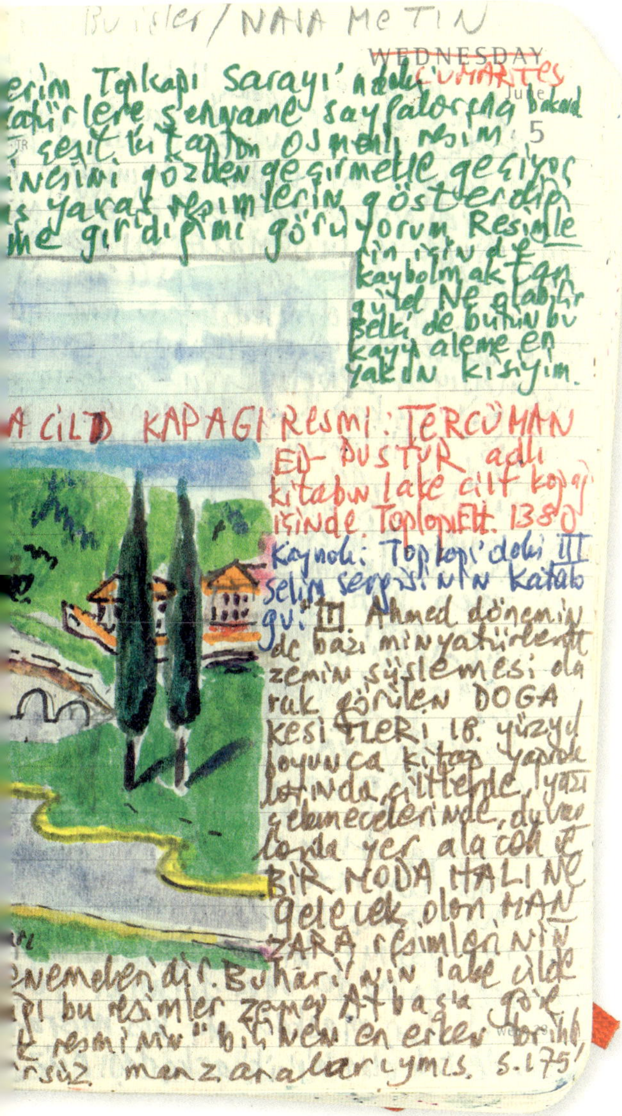


ALTRA COPERTINA DI VOLUME FIRMATA BUHARI: illustrazione trovata in un libro con legatura laccata intitolato *IL CODICE DEL TRADUTTORE*, numerato 1380. Fonte: catalogo della mostra su Selim III a Topkapı. All'epoca di Ahmed III compaiono in certe miniature SQUARCI DI NATURA che fino a quel momento ornavano gli sfondi, e che durante il XVIII secolo si diffonderanno nei libri, sulle copertine, sui muri, come prime manifestazioni della pittura di PAESAGGIO ottomana che diventerà una MODA. Stando a Zeynep Atbaş, p. 175, i disegni di Buhari sulla copertina del volume laccato sarebbero le piú antiche rappresentazioni di paesaggi, senza presenza umana, della «pittura turca».

*LE NOTTI DELLA PESTE* DEVONO COMINCIARE COSÍ

i pittori che dipingono le nuvole
mostrano le nuvole dietro le montagne lontane
sfere di nuvole ancora piú lontane

sull'immagine che non ho saputo terminare scrivo

acqua

ogni
goccia

Paesaggio visto da un battello al largo di un'isola.
E dietro le montagne dalle pareti scoscese, tutto un mondo nuovo.

acqua

acqua

a parola

parola

Alzarsi dal letto, con la mente ancora rivolta agli ultimi brandelli di un sogno, e scendere alla riva per tuffarsi in mare dall'alto del pontile… In quell'istante i miei sogni sembrano confondersi con il mare.

Alla sera, visita a Büyükada di Annie Terrier, che da trentacinque anni organizza il festival di letteratura di Aix-en-Provence. Aneddoti su Günter Grass, Philip Roth… Peccato che lei non parli inglese. L'11-13 ottobre, spero, vedrò l'atelier di Cézanne. Pensieri cupi, idee nere. I ricordi si aggirano nel mio animo come squali.

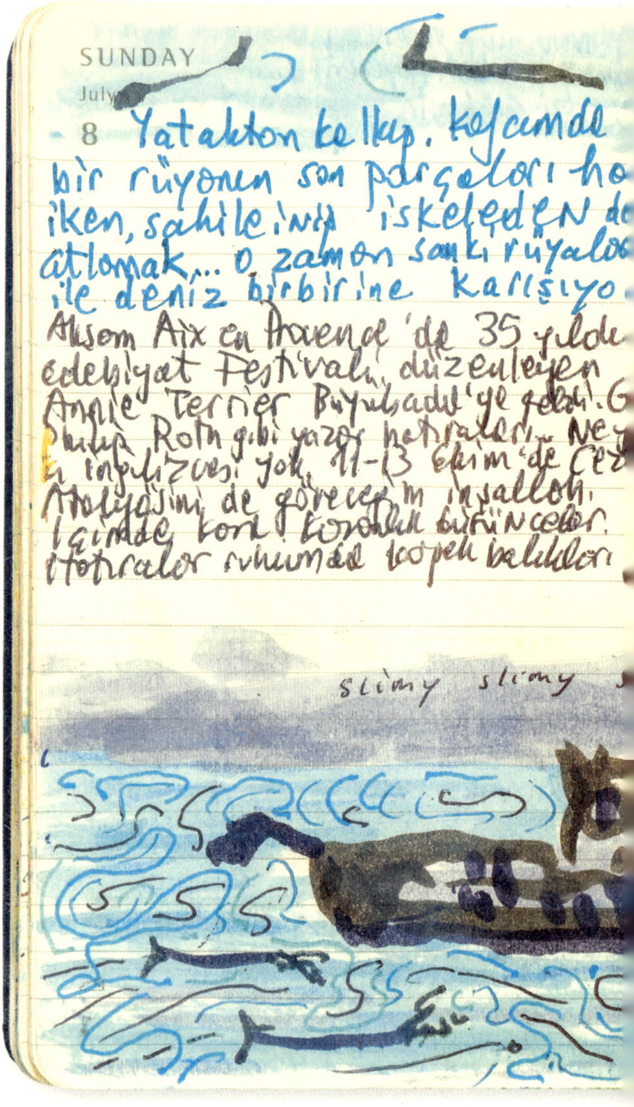


slimy slimy sli

Nuotando in mare. Di colpo, la sensazione di essere seguito da uno squalo… Se smetto di pensarci lo squalo mi dimenticherà. Ma nessuno dei due dimentica l'altro. E i mostri sono lí, mi fanno la posta. Vedo le loro pinne, girano… Quando ero bambino, a Tuzla uno squalo aveva divorato un sub, o piuttosto: l'onorevole medico sub aveva avuto la pessima idea di pescare con la dinamite. Il mare, nel suo ricordo, era tutto appiccicoso…
Mare tutto appiccicoso. Viscosità?

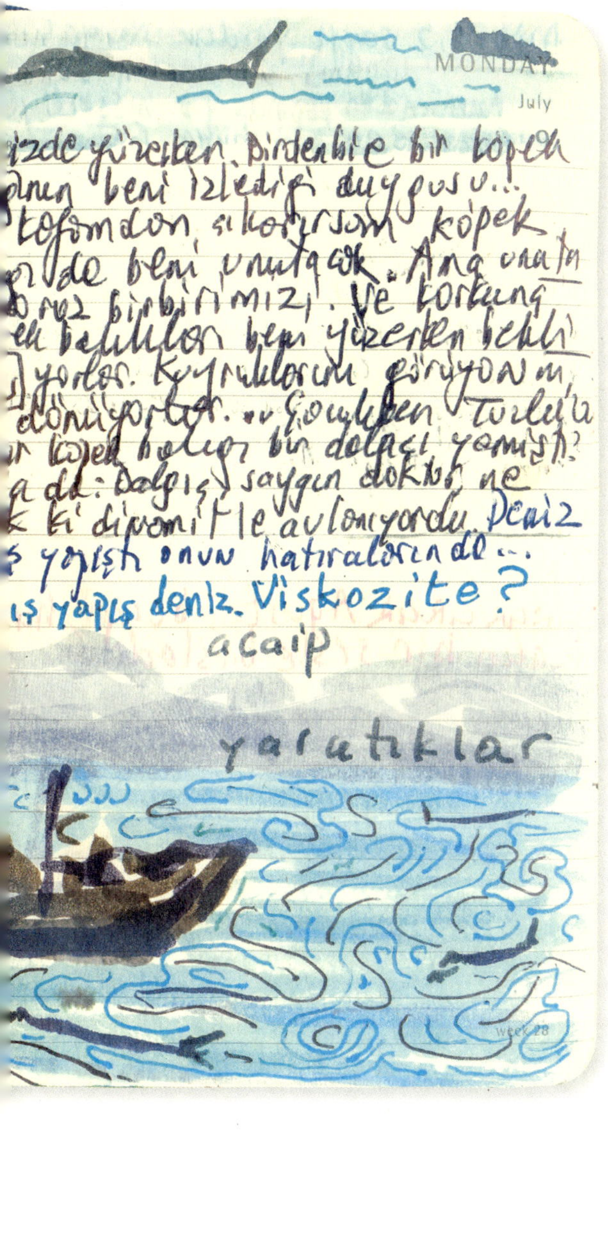


terribili

creature

Il desiderio di dipingere è paragonabile al desiderio sessuale, mi lascia vivere la mia vita, con la mente e l'animo in pace, poi di colpo monta, mi monta dentro, e devo subito avventarmi sui pennelli, sui colori.

L'idea che ci sia da qualche parte, molto lontano, un'altra vita, un altro mondo, la cui esistenza ci è suggerita dai paesaggi visti in sogno, lontani e selvaggi, questa idea ha dettato la mia vita e riempito i miei pensieri.
Lavoro senza sosta. Strano. Come se avessi qualcosa da dimostrare. Ma amo questi romanzi che mi ribollono in testa, devo scriverli, e tanto meglio sí, se la gente vede il mondo come l'ho visto io nei miei romanzi. Poi, zuppa di lenticchie di Sermin, pollo alle melanzane, vino bianco. Un po' troppo presto. M'invade brutalmente il desiderio di disegnare.

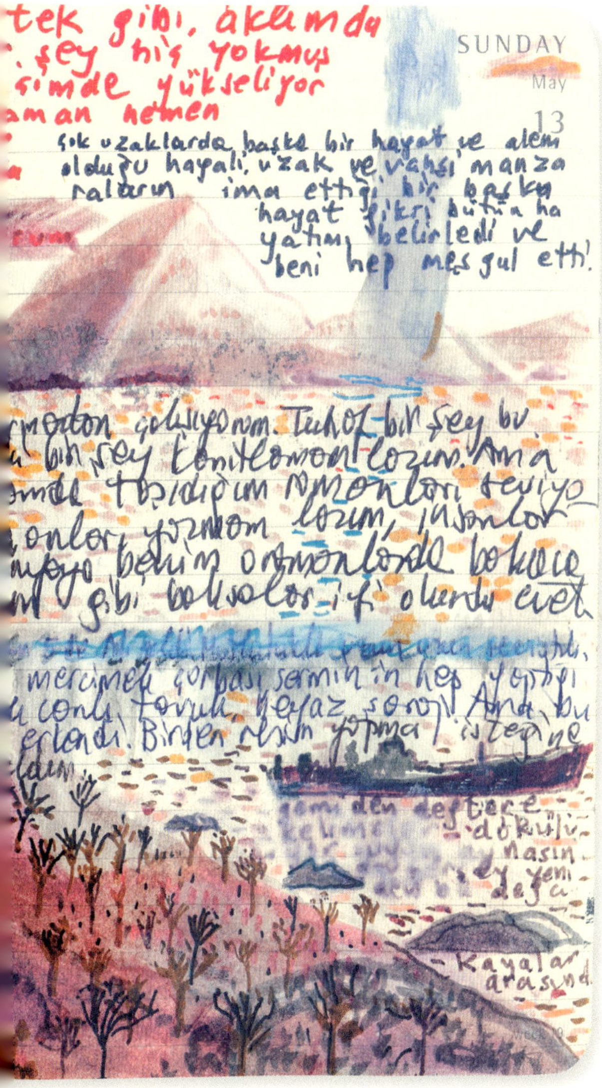


le parole si riversano dal battello sul quaderno, nello specchio delle acque

fra gli scogli

In pittura, il talento di rendere un paesaggio enigmatico viene dall

vuoto

rifuggite la pigrizia dell'anima

le strade di sinistra sono piú lisce

capacità di intuire che esiste un altro mondo, nascosto all'interno del nostro.

il paesaggio è il temporale dentro di me

contrade ventose

tu sei ancora piú vento

Cosa vedevo stamattina bevendo il caffè in terrazza: ho subito preso i miei colori per fissarne l'immagine. Fatto straordinario, perché raramente disegno al mattino. Le immagini permettono di fissare nella memoria il tempo. A ogni secondo un disegno, qualche riga di testo. Era il primo momento della giornata. Poi arriva il secondo, e un secondo disegno. Si procede cosí. Vivere è vedere.

vedo passare questo battello sei volte al giorno

Forse sarebbe stato
piú saggio non parlarne a
nessuno

a te decidere
quando l'immagine è terminata

IL MONDO È COSÍ SEMPLICE
PER LA VERITÀ TUTTO È COSÍ SEMPLICE

A ogni momento il suo disegno! Messi uno accanto all'altro ci offrono il racconto illustrato di una giornata, di un anno, di una vita. Una vita è l'inchiostro di una serie di disegni. Curiosità per l'immagine che seguirà. È perché è curioso della prossima immagine che l'uomo non vuole morire. Con la morte le immagini scompaiono, comincia l'ombra. L'uomo vuole vedere, sempre: ecco perché tutti i disegni sono belli.

ritoccare l'immagine finita
rovinarla e rimproverarsi

montagne lontane

desiderio di scrivere

15 marzo: e-mail // Claudio, // Parigi?
Ali Betil // Baricco // Ropac
Libri firmati per Selçuk Demirel, testo Gamboni per Onur, Ropac
– paga numero 9 // Christina //
– The Peck *Shāhnāmeh* / Simpson

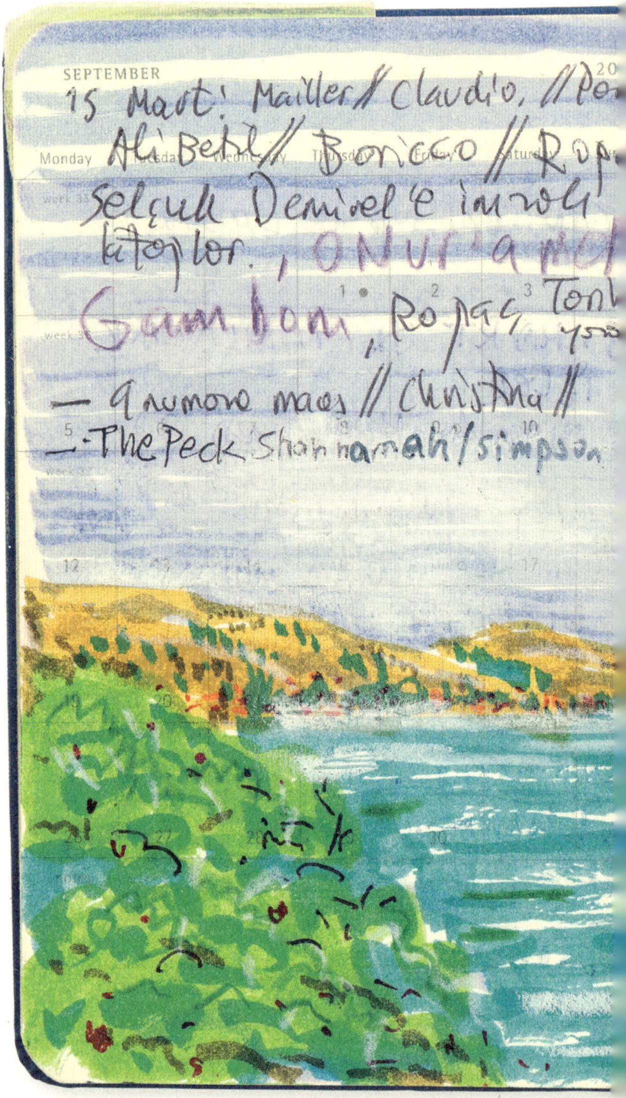

Bülent Bey, Jin, Sophie
Centro / Torino / Milano
Erol = Questo // Signora Filiz
*Gizli Yüz*

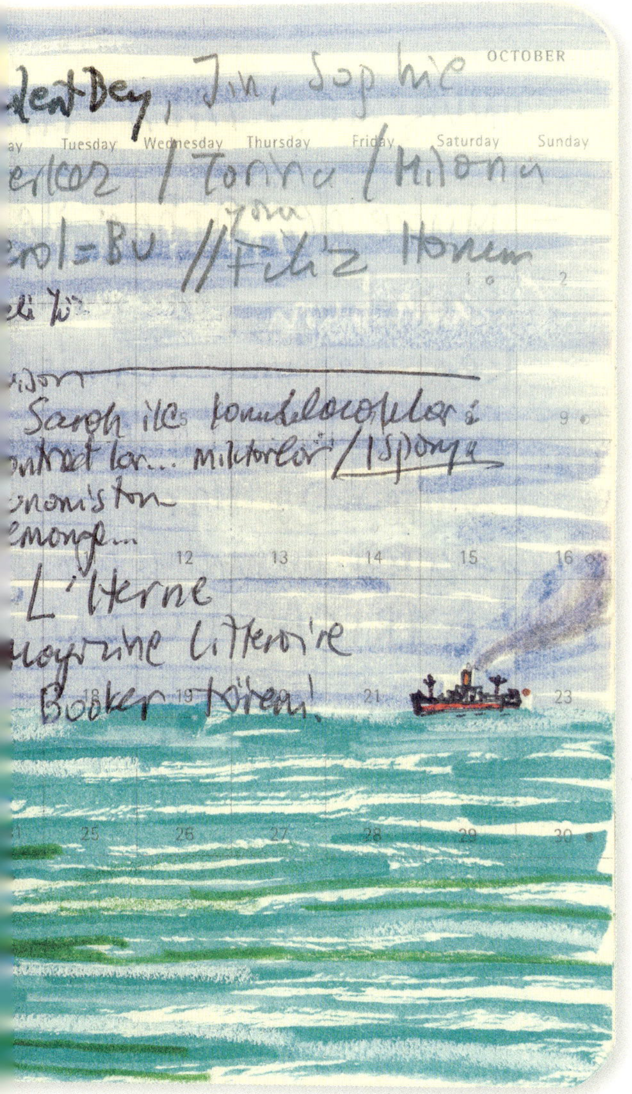


15 aprile
Da discutere con Sarah:
– Contratti… somme / Spagna
– Grecia
– Germania
– L'Herne
– «Magazine littéraire»
Cerimonia Booker.

In sogno, il signor K. rivede il bambino confuso e inquieto che era durante l'infanzia. È triste, lo invade un sordo senso di colpa. Ma per il bambino ben presto prova solo affetto e comprensione.

Conversazione immaginaria fra il pittore e lo scrittore dentro di me…
Devo far scoprire ai lettori il pittore Ahmet Işıkçı. In Turchia la maggior parte della gente non lo conosce neanche di nome. Un giorno si troverà in libreria un libro sulla sua opera – sí. Forse sarò io a scriverlo.

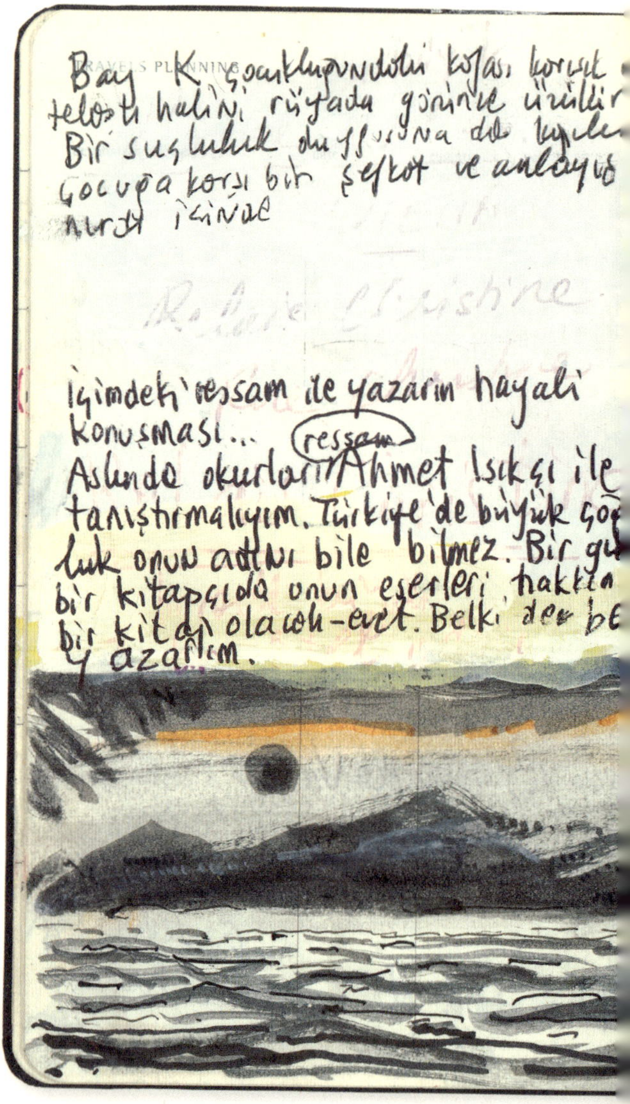

– Musorgskij: *Una notte sul Monte Calvo*
– Mozart
– Čajkovskij
– Mahler: *Canti per i bambini morti*
– Peppino di Capri
– *Vecchi amici*
– Bob Dylan
– Amy Winehouse
le mie scelte per la Bbc – musica letteratura

Scegli i tuoi pezzi preferiti e parlane alla Bbc!

2009

Da giovane ero puntinista! Durante gli anni di liceo e di università, sotto l'influenza di Seurat, dipingevo a pointillé. L'emozione di creare un'immagine con piccole pennellate sovrapposte. La mia mano macchiettava da sola la tela. Le grosse pennellate sono per i puntinisti coraggiosi. Il puntinista timoroso si limita ai puntini. E si perde.

Si perde.

ciò che i vecchi maest

poe

Un tocco di pennello, una pennellata, e ci si sente come i maestri di un tempo… Si sente che a ogni istante un tratto in piú rischia di rovinare l'immagine in corso. Dopo essermi abbandonato a lungo ai vivaci movimenti di pennello smetto e ritraggo la mano.

aestri cinesi guardano per prima cosa

l'inquietudine
si scioglie da solo il mare
maelstrom = Poe

poe

Un vero
puntinista
si

interstizio

occhio

erba

ombra

bruco

dell'acq

piccola

nasconde

qui un uccello

l’ombra

non guardare

montagne azzurre, vette sconosciute,
ricordi lontani, rilievi nebbiosi

sono già passato di qui, sognando di un romanzo

oghi dove non sono mai stato… Ma
i ricordo

ma è finito tutto
non ti vogliamo piú.

Leggo il *Diario* di Delacroix. Serio, lavoratore, ambizioso, colto. Un po' autoritario… Nessun senso dell'umorismo. D'altro canto mi piace che sia appassionato, curioso di tutto… Aslı è uscita presto stamattina. Rileggo testi scritti tempo fa. Dedicarsi al romanzo ascoltando i rumori dei camion della spazzatura, degli aerei, dei battelli a motore.

Discorsi al telefono con Aslı, con Sermin, per tutto il giorno. Poi scrivo, scrivo.

Il clima si è riscaldato. Nuotato dalle 11 alle 11.30. Preoccupandomi all'idea che il romanzo, ancora una volta, è piú lungo di quanto volessi.
Invito a casa di Murat Seçkin… Edhem, Nüket, Aslı Çavuşoğlu. Con questi amici sono felice. Se solo avessi potuto parlare un po' di arte con Aslı Çavuşoğlu…

Scrivere un capitolo del romanzo di cui sognavo da tempo. SCRITTE LE FANTASIE DI RIFORMA CARCERARIA del nostro buon SAMI PASCIÀ. La scusa: trovare una nuova struttura di quarantena. Letto da qualche parte che Abdul Hamid sceglieva gli ispettori delle carceri fra i suoi soldati/ufficiali in pensione.

Della FANTASIA DI COSTRUIRE PRIGIONI MODERNE e della fondazione di una società MODERNA… IMPOSIZIONE forzata della MODERNITÀ ecc.
Mi piace questo tema. E ciò che ho scritto oggi… L'ispettore generale delle carceri di Abdul Hamid si porta appresso i progetti di un carcere moderno…

Peccato che il calcio sia diventato cosí brutto. Non lo guardo neanche piú. Alla sera, seguita un po' la partita in tivú. I giocatori non sanno fare che passaggi a centrocampo. L'Inghilterra avrebbe potuto segnarne dieci. Ma stranamente hanno preferito accontentarsi di uno.

uccell
a Büyükada

parole

uccello vento

uccelli

uccello
uccello
vento

gli uccelli
volano

un uccello

acqua / pasto / taxi 3886
7000
11000

e

volano

uccello

gli uccelli

Ho aspettato a lungo, sperando che lettere e parole sbucassero fra i rami, le foglie che tremavano al vento.

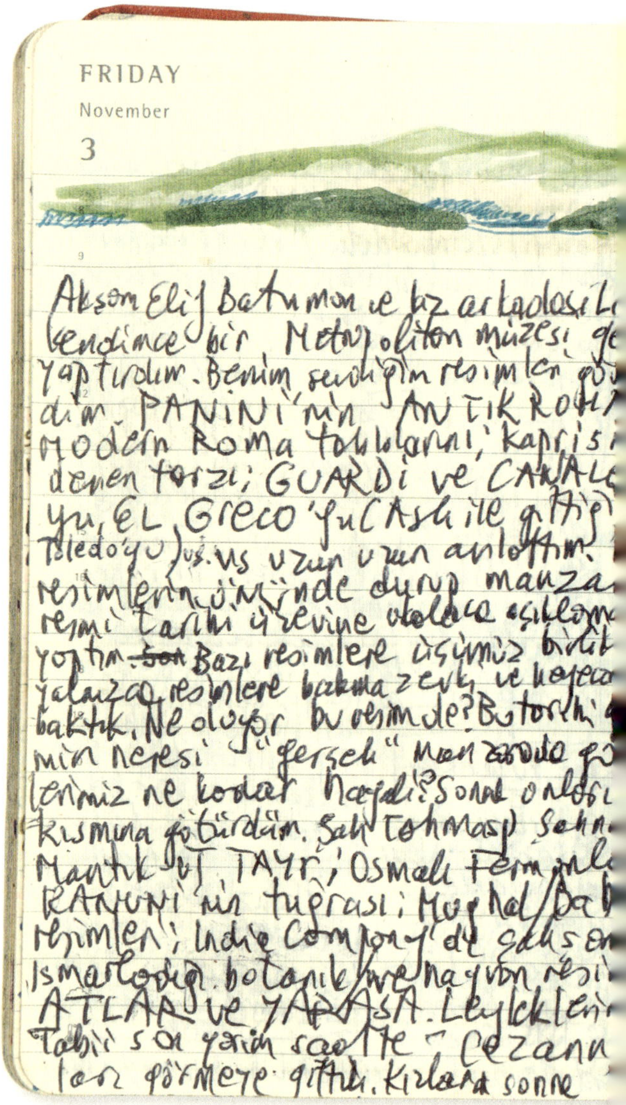


Alla sera portate al Metropolitan Museum Elif Batuman e la sua amica Linds
Ho mostrato loro le mie opere preferite. I quadri di PANINI, la ROMA ANT
e la ROMA MODERNA; stile detto capriccio; commentati per loro GUARD
CANALETTO, EL GRECO (Toledo dove sono andato con Aslı) ecc. ecc. Lung
spiegazioni pontificanti sulla storia della pittura paesaggistica davanti a c
ti quadri. Davanti ad altri raccoglimento contemplativo, per il solo piac
degli occhi. Che cosa c'è in questo quadro? Quanta parte di immagina
nella pittura cosiddetta «realistica» di questo paesaggio? Poi ho mostr
loro la sezione sull'Islam. Lo *Shāhnāmeh* dello scià Tahmāsp, *La conferen*

Assassini, banditi, maniaci, TUTTI I CATTIVI sono alle calcagna del bambino. Folla enorme. Il signor KA fugge, grondante di sudore, capisce che piú cerca di scappare, piú gli inseguitori aumentano. Quando si rende conto che il bambino visto in sogno non è altri che se stesso fugge ancora di piú, con dentro il senso di colpa.

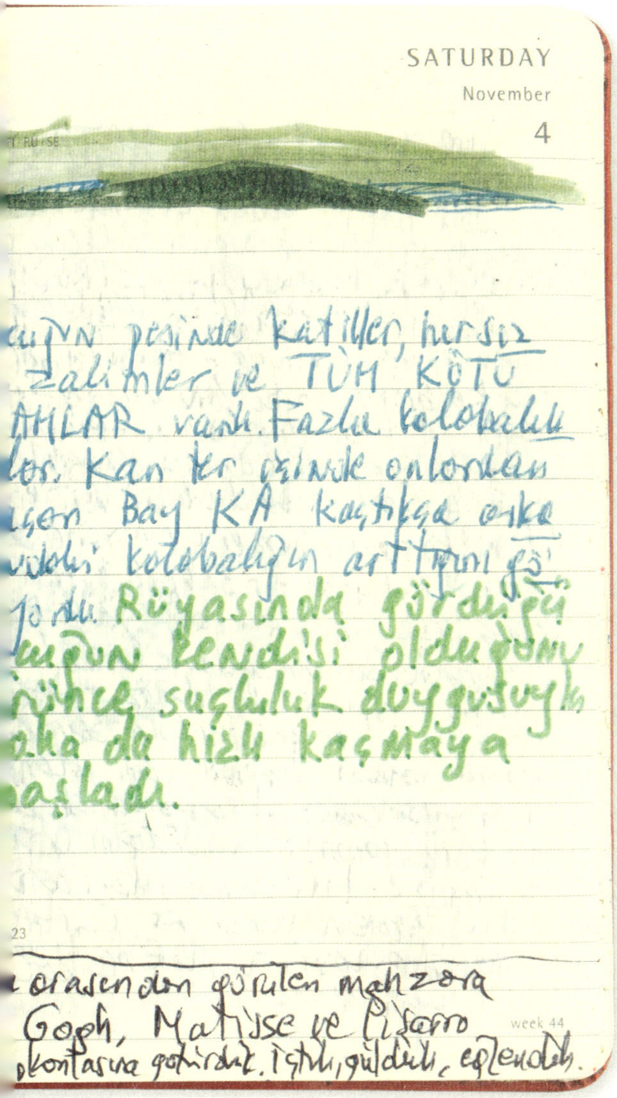


*li uccelli*; firmani ottomani; tughra del MAGNIFICO; opere moghūl/Babur; VALLI E PIPISTRELLI, tavole animaliste e botaniche commissionate dai dindenti della Compagnia delle Indie. Paesaggio che sbuca fra le zampe delcicogne. Ovviamente, l'ultima mezz'ora dedicata a Cézanne, Van Gogh, atisse e Pissarro. Poi cena con le ragazze al ristorante D'Orsay. Abbiamo vuto, riso, scherzato.

William Blake è probabilmente il piú grande fra tutti gli scrittori disegnatori oppure, diciamo, fra gli scrittori che sapevano pensare al tempo stesso TESTO e IMMAGINE. Non so se avrei voluto scrivere come lui. Ma come lui avrei voluto passare la vita a vedere e concepire insieme, sulla stessa pagina, testi e immagini.

Se penso ai miei contemporanei la cui opera fa interagire testo e immagine, penso a Raymond Pettibon e Cy Twombly. Avrei voluto saper dipingere come loro, sí. No, no, avrei voluto dipingere come me, ma come loro avrei voluto poter dedicare tutta la vita alla pittura. Associando parole e immagini sulla stessa pagina.

Qui creerai il tuo mondo e ti crederai lontano da tutti i mali. Non si vuole sapere che il male sta arrivando sull'isola. All'annuncio delle brutte notizie ti tapperai le orecchie.

macchie casuali

Se lontano,
all'orizzonte c'è un'isola,
va tutto bene

Quando ero piccolo, capitava che si levasse il *lodos*, a fine estate. I battelli restavano in porto. Tutti parlavano di tempesta e io sognavo che durasse, perché potessimo rimanere ancora a lungo sull'isola, tagliati fuori dal mondo, senza tornare a scuola. Il giorno d'inverno del 1973 in cui ho abbandonato gli studi all'Università tecnica di Istanbul, avendo rinunciato a diventare architetto, mi sono rifugiato sull'isola di Burgaz.

ricordati

È a Sedef
che ho scritto
quasi tutto
*Il mio nome è rosso*

2017 B

semp

The MET
The Met
The Met
The
The Met
The
Met
The

Ist. svedese

sempre sempre

Gerhard Steidl →
(pomeriggio)

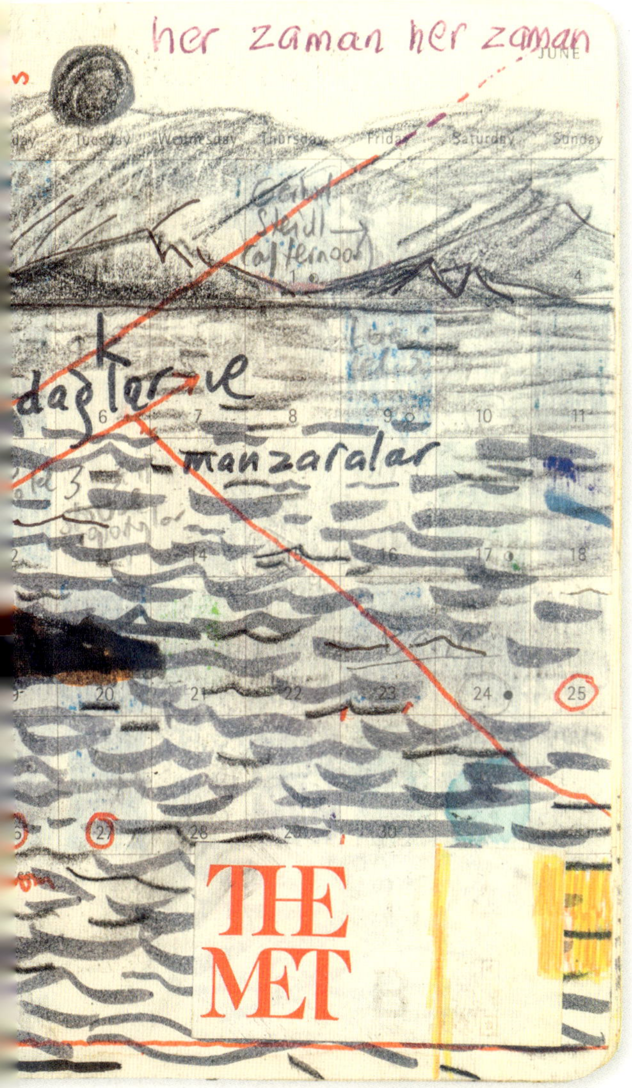


montagne e paesaggi

esta

L'orecchio mi fa sempre piú male. Stamattina morale a terra. Tutte le cose della vita mi sembrano piú faticose con questo dolore all'orecchio. Ieri ho comprato gocce e tappi di silicone per il mare nella farmacia di Spetses. Ficcati i tappi nelle orecchie entrando in acqua stamattina… Nuotato bene. Continuato il quinto capitolo del libro. Scritto l'aneddoto delle ragazze che leggono Proust mentre sono in coda per iscriversi all'università. In realtà l'aneddoto riguarda me, ma funziona meglio con Proust. Grande stanchezza a mezzogiorno. Proposto a Kiran di fare un giro in auto, quindi siamo andati a Ermioni. Ero molto felice.

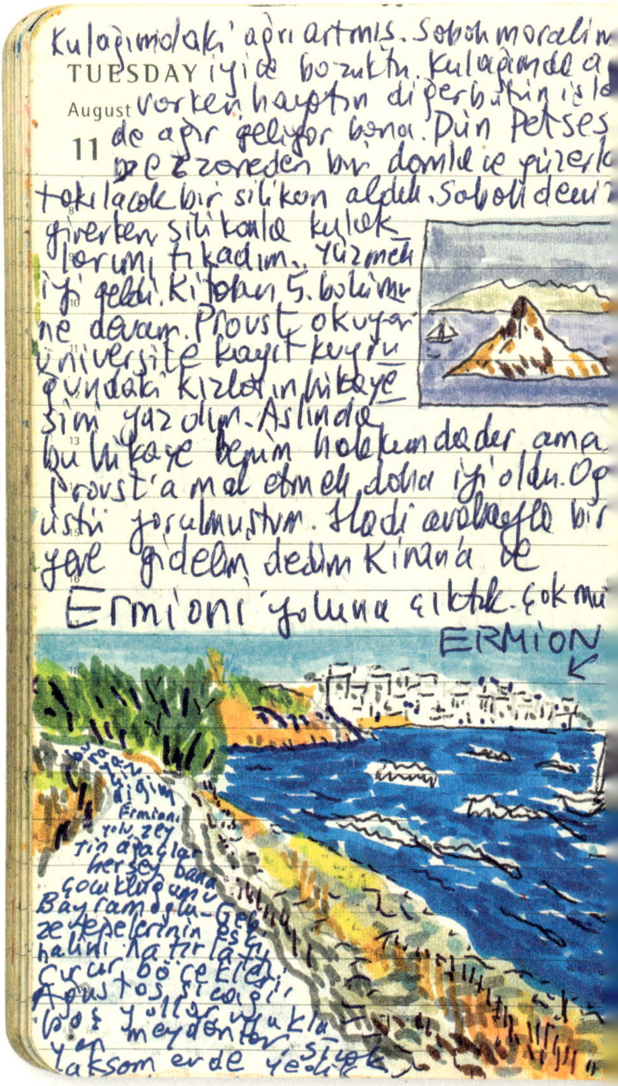


ERMIONI

sulla
strada
di Ermioni,
che disegno
qui, gli ulivi
e tutto il resto
mi ricordano la
mia infanzia e le
colline di Bayramoğlu e
Gebze com'erano una volta. Cicale, afa d'agosto,
strade vuote, piazze addormentate,
caldo, alla sera cena in casa.

Al mattino, alle 8, nuotato con Kiran al largo. Poi tento di finire il quinto capitolo delle Norton, invano. Ieri sera l'ho tradotto in inglese per Kiran, frase per frase. Certi passi sono troppo leggeri, altri troppo personali. Buttate via due pagine e ricominciato. Alla sera, nervosismo ripensando a quelle due pagine. Strappare delle pagine, una sciagura. Questo mi ha ricordato il mio lavoro di romanziere. Lavorando alla scrivania a volte mi alzo per leggere qualche pagina di Calvino *(Lezioni americane)*, Borges (antologia di testi) e T. S. Eliot (*Selected Prose*).

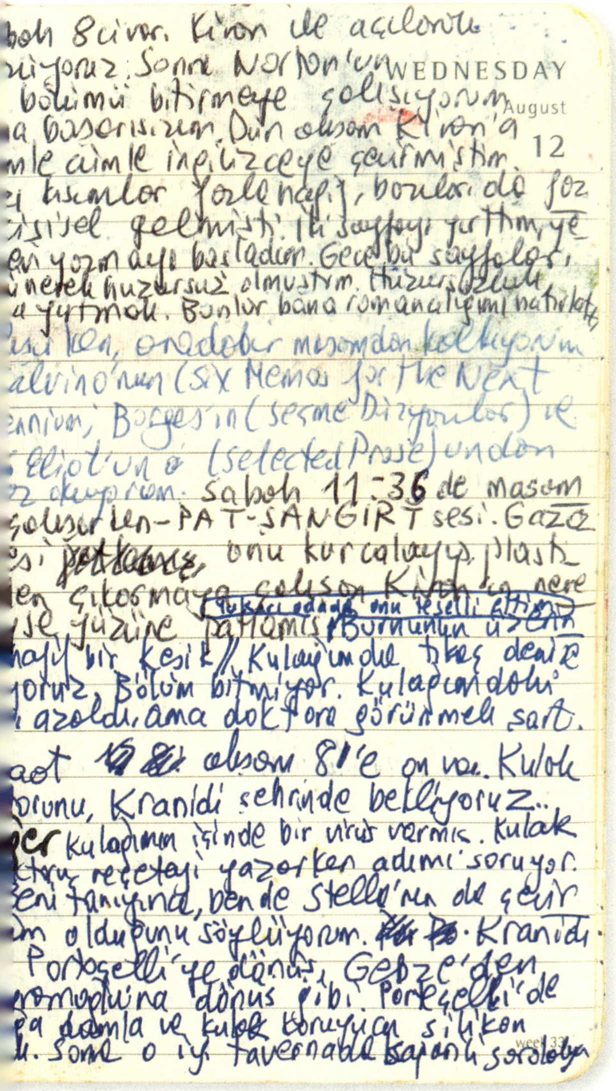


Alle 11.35, mentre scrivevo: rumore di ESPLOSIONE. La bottiglia di limonata è quasi esplosa in faccia a Kiran che cercava di togliere l'involucro di plastica. L'ho consolata nella camera di sopra. Ha una lieve ferita al naso. Entriamo in mare, con i miei tappi nelle orecchie. Il capitolo non è terminato. Il dolore all'orecchio è un po' diminuito, ma devo andare da un medico. Otto meno dieci di sera. In attesa da un otorino a Kranidi… Pare che io abbia un virus all'orecchio. Al momento di compilare la ricetta il medico mi chiede come mi chiamo. Sa chi sono; gli dico che Stella è la mia traduttrice. Ritorno da Kranidi a Porto Heli, come un ritorno da Bayamoğlu a Gebze. Comprati altra soluzione fisiologica e tappi a Porto Heli. Poi sardine ai capperi nella buona trattoria.

Scrivere romanzi non lascia piú tempo per questo taccuino e per pensare alla vita.

La massima felicità è dimenticare se stessi in un romanzo. Vivere di continuo con i propri personaggi. Sono molto soddisfatto del mio romanzo.

stelle

THURSDAY
October
13

il ruscello va, scorre
come un mare
avvicinandosi ad acque scure

La notte è densa. Il fiume è scuro
Vedo la notte dentro di me

A URBINO HO PENSATO ALLE *NOTTI DELLA PESTE*. NEI GIORNI PIÚ PROSPERI DEL
SUA STORIA LA CITTADELLA DI URBINO OSPITAVA QUASI 5000 ABITANTI. IL M
CASTELLO DELLA PESTE DEVE ESSERE UN LUOGO COSÍ. Nel mio castello, cat

la città ideale

i la cui presenza risale ai tempi dei crociati, una squadra di archeologi; uno
:icco, i suoi fedeli e il figlio di un Giovane turco; operai che lavorano alla rete
roviaria. Devo iniziare dalla parte che piú desidero SCRIVERE…

2014

ho avuto la sensazione che potrebbe
essere il modello – l'immagine fantasmatica
delle *NOTTI DELLA PESTE*

di notte sarà
un luogo tutto diverso

come se questo luogo non fosse reale
come se l'avessi immaginato per *Le notti della peste*

MANTOVA
PALAZZO DUCALE

l'universo era molto
tranquillo

tutti tutti
eravamo seduti lí

la piazza silenziosa

Impressioni di Amber. Immagino che *Le notti della peste* sia ambientato in un forte come questo, mezzo reale e mezzo immaginario. Quando arrivo in un posto come il Forte Amber, la mia «immaginazione romantica» trasforma subito i luoghi in scene di romanzo e mi invade l'entusiasmo.

due scimmie

Girando per il Forte Amber penso alle *Notti della peste* e a due personaggi, un cieco e uno zoppo. Il cieco, che vaga nei corridoi del castello, tenterà di misurare tutto, di ritrovare l'ubicazione di ogni luogo, e disegnerà mentalmente la mappa del labirinto, che vedremo anche noi.

BOMBAY: mattina, Taj Hotel, Kiran e io parliamo di pettegolezzi facendo colazione a bordo piscina. Clima umido, colonne, piscine, palme e felicità. Bevuto un succo di mango. // Kiran è tornata in camera. Io penso, da solo. Fare questo museo è una BUONA idea. Ovviamente devo fare anche BARCELLONA. Alle 10 inizio dell'intervista nella parte storica dell'hotel. 2 ore e mezza di colloquio con i tre maggiori giornali indiani, «Hindustan Times», «The Hindu» ecc. Ritorno in camera, dove mi sono sdraiato sul letto per aggiungere una pagina alla prefazione di *Rosso*. Kiran scrive il suo romanzo. Da fuori ci arrivano l'aria, l'odore, il rumore di Bombay. Alle 14 passa a prenderci Jerry, ci porta a vedere i vicoli, i vecchi quartieri, un'enorme cisterna ecc. Visita da un libraio antiquario. Volumi della Everyman's Library, nell'odore di polvere e di muffa. Alla sera, a cena da Hurshid, siccome il cibo non arriva, mi saltano i nervi e metto il muso, proprio come a Barcellona.

pasto

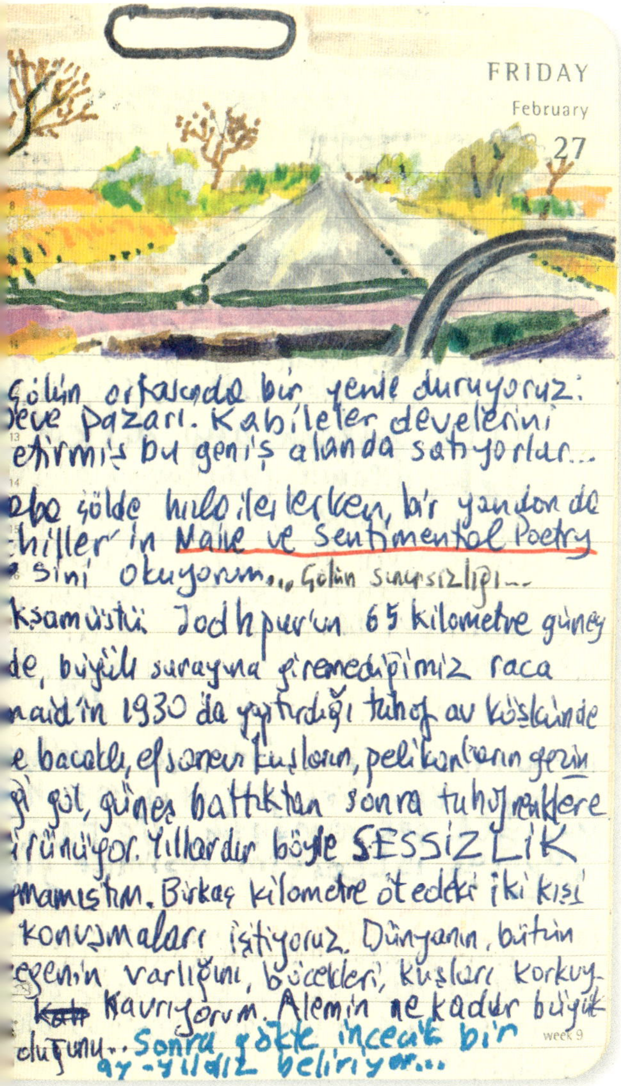


Ci fermiamo in mezzo a un deserto: mercato dei cammelli. Le tribú hanno portato i loro animali e li vendono qui, in questo spazio interminabile... Mentre l'auto attraversa il deserto leggo *Sulla poesia ingenua e sentimentale* di Schiller... Immensità del deserto... Alla sera, 65 chilometri a sud di Jodhpur, intorno allo stravagante padiglione di caccia costruito nel 1930 dal ragià Umaid, di cui non abbiamo potuto visitare il grande palazzo, un lago, pieno di pellicani e uccelli da favola con le lunghe zampe sottili, si adorna di strani colori al crepuscolo. Era da anni che non sentivo un tale SILENZIO. Possiamo sentir parlare due persone a vari chilometri di distanza. Mi spaventa immaginare l'infinità dei pianeti, tutte le creature di questo mondo, insetti, uccelli... Sapere l'universo cosí vasto... Poi sulle acque del lago compaiono una stella delicata e una mezzaluna...

Agra! Piacere di girare per i vicoli… Escogitiamo complesse strategie per sfuggire alle guide e ai venditori insistenti… Al Taj Mahal. Qualche appunto: luce soffusa. Eleganza. È al Taj Mahal che doveva pensare Kemal. Colpito, compenetrato della potenza e raffinatezza dell'edificio… Tempo nebbioso. Per lo piú turisti locali… La celebre storia d'amore sarà stata esagerata per pudore, per nascondere, a noialtri uomini d'oggi, il carattere megalomane di questo delirio architettonico. Il Taj Mahal resta tuttavia un gioiello assolutamente originale, incomparabile. Rende orgoglioso un intero continente. Umiltà di fronte a tanta grandezza! Piacere degli occhi. Ci avviciniamo pian piano, con rispetto.

queste forme ottagonali sono molto meno frequenti tra gli ottomani.

Al pomeriggio passeggiamo nei pressi del forte di Agra. Vista sul Taj Mahal in lontananza. La luce della sera che scende, rosa e arancione. Come assomiglia al Palazzo Topkapı il forte di Agra, con i suoi angolini segreti, l'harem, le sale del Divano! Si resta sbalorditi dall'incredibile potenza dei figli di Akbar. Tanta potenza e ricchezza in confronto alla miseria e al caos che vediamo per le strade… Pensiero nella camera d'hotel: forse Mevlut filosofo quanto il Pierre di *Guerra e pace*, strano, surrealistico e simbolico quanto *Alice*. Tre, quattro giorni prima, a Jaipur, ho detto che «i miei libri sono tradotti in 58 lingue, ma la cosa piú difficile è stata pubblicare il primo in Turchia». Dramma familiare al giovane scrittore ambizioso che ero allora. Ma in Turchia la stampa bugiarda di destra l'ha trasformato in: «Si lamenta all'estero che non gli lasciamo pubblicare i suoi libri…» Ci ho fatto l'abitudine…

Le dimensioni, le contraddizioni, le proporzioni epiche, la ricchezza culturale, la variopinta varietà dell'India mi sono state utili per riflettere sulla storia di Mevlut. // Visita del colossale mausoleo di Akbar, ai margini di Agra. Imponenza, vastità, serenità. Le ceramiche, i motivi sui muri, le immense porte che ricordano Esfahan… All'esterno l'incessante frastuono delle motociclette e degli ingorghi di Agra. // Abbiamo proseguito il viaggio verso Delhi. Ora, a 100 chilometri da Delhi, aspettiamo in auto, a bordo strada, nel parcheggio di un ristorante per turisti. Il nostro autista è andato a bersi un tè. // Arrivo a Delhi alle 17. Scesi al Taj Mahal Hotel, vicino al quartiere in cui Kiran ha vissuto da bambina. In lontananza, il Parlamento, le torri degli edifici governativi. Nebbia, smog, molto inquinamento. Che sia il freddo a farmi tossire? Non so. //

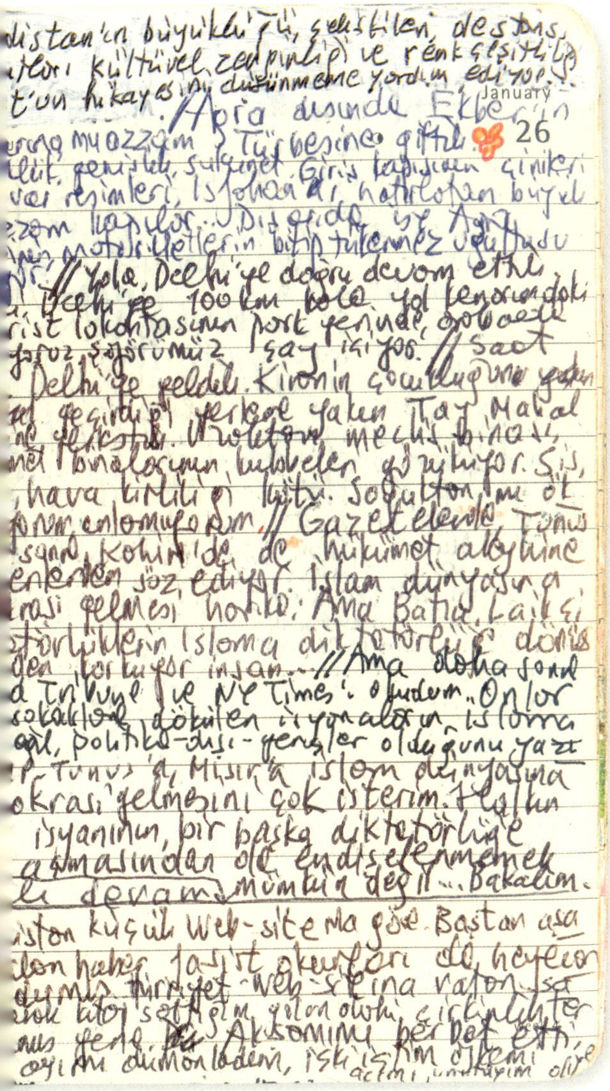


I giornali parlano delle manifestazioni contro il potere, dopo la Tunisia, anche al Cairo. L'arrivo della democrazia nel mondo musulmano è una novità meravigliosa: ma si teme che le dittature laiche e pro-occidentali si trasformino in dittature islamiche… // Poi letti l'«Herald Tribune» e il «NY Times»… Anche lí si scrive che i rivoltosi che invadono le strade non sono islamisti, ma giovani estranei alla politica. Desidero cosí tanto veder instaurarsi la democrazia a Tunisi, in Egitto, in tutto il mondo musulmano. Impossibile però non temere che la legittima rivolta del popolo spiani la strada a una nuova dittatura… Vedremo. Continuano gli attacchi. Stando a un piccolo sito web. Queste false informazioni, inventate da capo a fondo, hanno eccitato i fascisti turchi. Sul sito di «Hürriyet» si scrivono porcherie, del tipo che vendere la mia patria mi ha aiutato a vendere i miei libri. Questo mi ha rovinato la serata, ho dovuto ubriacarmi di vino per dimenticare la rabbia e il dispiacere.

Alzato alle 9.15. Maledettamente in ritardo. Alle 10 ero sotto la tenda del festival. Discorsi di apertura, uomini politici. Chi si inebria del piacere di parlare, chi si fa firmare libri guardando tutto ciò da lontano… Sheldon Pollock, della Columbia, curatore della biblioteca dei classici indiani. La sua concezione dei classici non è quella di Sainte-Beuve o di T. S. Eliot: è diversa. Felice che Sheldon abbia introdotto l'argomento. «Preservare i classici cosí come le lingue morte è senz'altro necessario; però i classici non devono esistere solo nei musei, ma anche per strada» gli ho detto. Sheldon risponde che non dobbiamo preservare i classici e i grandi testi dimenticati in funzione o meno della loro «universalità» (Sainte-Beuve, T. S. Eliot), ma per altri motivi, ovvero: 1. I classici ci ricordano che ci sono vari modi di essere umani (*Different ways of being human* è l'espressione che ha usato).

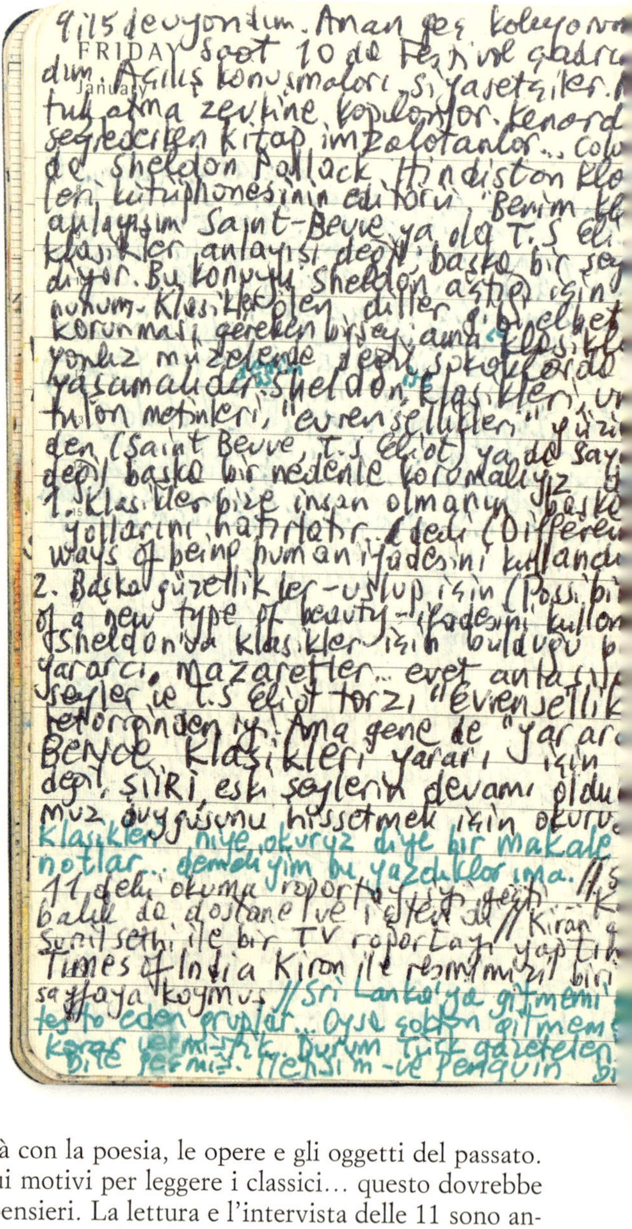


2. Altri stili – altre bellezze. (*Possibility of a new type of beauty* / La possibilità di un nuovo tipo di bellezza, ha detto cosí). Gli alibi utilitaristici trovati da Sheldon per difendere i classici sono… comprensibili, certo, e sempre meglio della retorica dell'«universalità» alla T. S. Eliot. Ma restano «utilitaristici»! Quanto a me, credo che leggiamo i classici non perché sono utili, ma per provare un senso di continuità con la poesia, le opere e gli oggetti del passato. Appunti per un articolo sui motivi per leggere i classici… questo dovrebbe essere il titolo per questi pensieri. La lettura e l'intervista delle 11 sono andate bene… Il pubblico è stato amichevole e sincero. // Arrivata Kiran, ho fatto un'intervista televisiva con Sunil Sethi. Foto di Kiran e me pubblicate in prima pagina sul «Times of India». // Gruppi protestano contro il mio viaggio in Sri Lanka… Ma da tempo ho deciso di non andarci. La questione compare persino sulla stampa turca. Ho chiesto a Iletişim e Penguin di fornire qualche chiarimento. Al pomeriggio passeggiata nel brutto palazzo del ragià! Ritorno in hotel. Voglia di essere solo e scrivere il mio romanzo.

Ieri sera a cena, all'hotel Rambagh, Kiran e io abbiamo conosciuto Coetzee e sua moglie. Ci siamo incrociati di nuovo stamattina a colazione. Amo i suoi romanzi e gliel'ho detto. I giornali parlano solo del festival. Da parte mia, nessuna voglia di conoscere i pettegolezzi né di parlare dei classici con John Makinson. Kiran è andata a una tavola rotonda. Sul balcone dell'hotel tento di riprendere in mano il romanzo che non ho piú toccato dal 12 dicembre, circa quaranta giorni. La stampa ha scritto che non eravamo andati in Sri Lanka. Il romanzo, il romanzo, non pensare ad altro! Kiran di ritorno a mezzogiorno, discussione a pranzo: accordo trovato con John Makinson riguardo a una collaborazione fra Penguin e Iletişim per i Classici. Ne parlerò in aprile ad Asuman… // Poi, alle 15, appuntamento al palazzo, nella tenda del festival. Ascoltata Kiran. Poi l'incontro intitolato «Out of West», che è stata una mia idea.

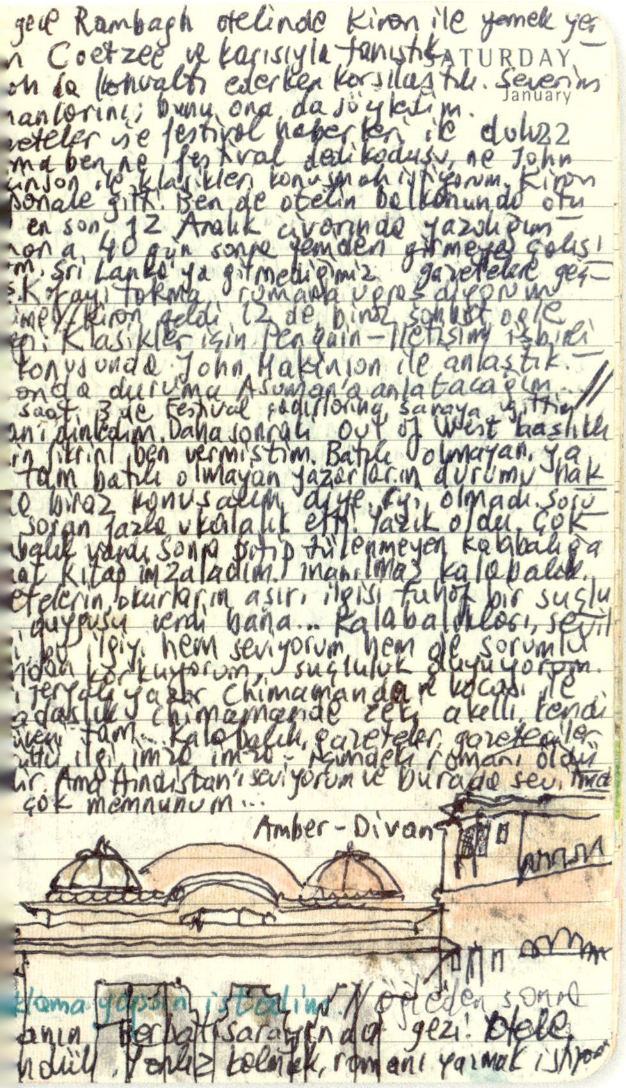


Amber – il Divano

Si trattava di interrogarsi sulla posizione degli scrittori non occidentali, o non completamente occidentali. Non un granché. Troppa pedanteria nelle domande. Peccato. Tanta gente. Poi un'ora di firmacopie a una folla che non finiva mai. Ho provato uno strano senso di colpa di fronte a tutte quelle persone, alla fame eccessiva dei lettori, della stampa… Non nego che tanto interesse mi lusinghi, amo quelle persone, amo essere amato da loro, e al tempo stesso questa responsabilità mi spaventa, mi sento in colpa. Ho fatto amicizia con la scrittrice nigeriana Chimamanda e suo marito. Una donna intelligente, piena di fiducia in se stessa. Folla, stampa, giornalisti, firme, tutta questa attenzione rumorosa: di che uccidere il mio romanzo. Eppure adoro l'India, sono felicissimo che qui mi amino…

Panorama dal forte di Jaigarh. La mia immaginazione ebbra della veduta dei forti, delle montagne che circondano Jaipur-Amber: vorrei fondermi in questo paesaggio.

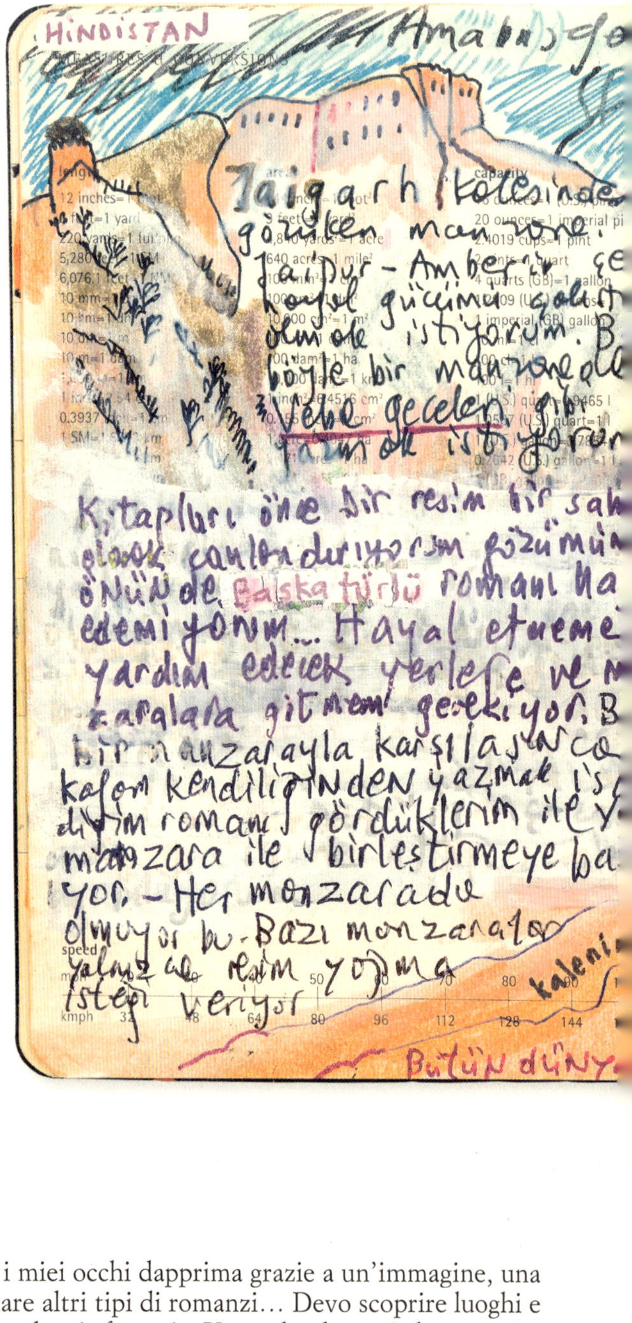


I libri prendono vita sotto i miei occhi dapprima grazie a un'immagine, una scena. Non posso immaginare altri tipi di romanzi… Devo scoprire luoghi e paesaggi che faranno lavorare la mia fantasia. Una volta davanti al paesaggio, il processo di fusione tra il romanzo che desidero scrivere e la veduta che mi si presenta si mette in moto da solo. Non funziona ovunque. Certi paesaggi mi fanno solo venire voglia di disegnarli.

perché voglio scrivere un romanzo come *Le notti della peste*, ambientato
ı paesaggio di questo genere, reale o immaginario…

Voglio scrivere le scene che si svolgeranno in quei paesaggi

Nei labirinti del forte

2011
ntano dal mondo

Siamo usciti dall'hotel tardi, e ho dimenticato la macchina fotografica. Tornati al forte di Amber, dove ero già stato otto anni fa. Le grandi sale del Divano tipiche della tradizione moghūl, ottomano-persiana (Iran); le porte dipinte; il giardino interno! Come all'Alhambra, c'è una fontana – piccola; mormorio dell'acqua che scorre. // Il motivo della felicità che s'impossessa di me nel labirinto del forte di Amber: se lo sapessi! Gallerie, scale, sale, cupole, colonne, tutto sembra ravvivare una memoria nascosta in profondità. Se immagino un romanzo come *Le notti della peste*, è un luogo come questo, l'intrico delle stanze del palazzo, del Divano, dell'harem ecc. ecc., che dovrei inventare, nei minimi particolari! Se solo non avessi dimenticato la macchina fotografica… mi sarebbe dispiaciuto di meno. Le gallerie interne, le finestre nascoste, le scale strette…

Ah, devo proprio scrivere questo romanzo delle *Notti della peste*. La cosa migliore è forse trasporre l'azione e il castello in Mingheria. E forse anche imparare a memoria il labirinto del forte di Amber… Poi siamo tornati in hotel, dove abbiamo cenato con Coetzee, Roberto Calasso e consorti. Già scritto altrove su Coetzee.

Un altro titolo per *Le notti della peste* potrebbe essere LA CURIOSITÀ DEI CIECHI. In inglese *The Curiosity of the Blind*…

Sono a Fatehpur Sikri. Splendida. Da far venire le lacrime agli occhi. Sogno di ambientarvi le mie *Notti della peste*. Scattate foto. Siamo entrati in questa città fantasma verso le 16 (lite fra l'autista e alcuni negozianti a Jaipur – quattro ore per arrivare), e per due ore ho scattato centinaia di foto, un'enorme felicità. Prima, passeggiata nel cortile della moschea, che assomiglia molto alla Jama Masjid di Delhi. Akbar fece costruire la città in quindici anni, fra il 1569 e il 1585, per poi abbandonarla quasi subito, senza averci mai vissuto, o quasi. Il mistero che circonda il motivo di quell'abbandono potrebbe essere trasposto nelle *Notti della peste*. Siamo andati in giro in una sorta di ebbrezza, in questo luogo che non smette di ossessionarmi dalla prima volta che sono venuto in India, e che sarebbe il posto ideale per ambientare quelle *Notti della peste* di cui sogno. Nelle *Notti della peste* qualcuno scrive la storia di un luogo che assomiglia a Fatehpur Sikri, dove Akbar giocava a pachisi – un gioco simile agli scacchi. Strani edifici che non si sa a che cosa servissero, perché fossero stati costruiti… Mentre fa visitare i luoghi a turisti ottocenteschi divaga su vari argomenti, le favorite di Akbar, i dibattiti filosofici, il Diwan-i-Khas, gli alloggi e la biblioteca di Akbar… Akbar l'analfabeta, di cui si dice che portasse con sé ovunque andava tutti i suoi libri, cinquantamila manoscritti. E ALLA SERA se li faceva leggere. Idea di realizzare un modellino dettagliato di un luogo immaginario che dovrebbe assomigliare a questo, dopo aver immaginato il viaggio di Akbar in Mingheria. Poi fantasticare sul romanzo guardando quel modellino… Gli edifici della zenana allineati fianco a fianco… Un incastro di harem. Comunicanti fra loro. Le guide non sanno decidere se la loro architettura debba di piú all'influenza indú o a quella islamica/moghūl. La teoria secondo cui Akbar avrebbe lasciato Fatehpur Sikri perché le cisterne d'acqua si erano prosciugate. I muri di arenaria rosa-rossa. Quanto sono felice qui…

*Il mio nome è rosso*! Prefazione per Eveyman. Cominciare o concludere alla prima persona singolare… oppure entrambe le cose. // Contemplando le miniature del Prince of Wales Museum… Ricordo della mia prima visita qui, nel 2004. L'estasi davanti alle note esplicative che accompagnavano le miniature… L'impressione di sentir parlare le immagini. // Al mattino, intervista per 6 o 7 grandi giornali nel cortile e nel giardino dell'hotel Taj Mahal. Ma avevo sempre in mente le miniature. Sono passati piú di dieci anni dalla stesura e pubblicazione del *Mio nome è rosso*. Mi basta vedere le miniature – i dipinti, piuttosto – della Herat di Babur del XVI secolo, o dell'Iran, perché la mia immaginazione si metta in moto. Come se stessi sempre scrivendo quel romanzo.

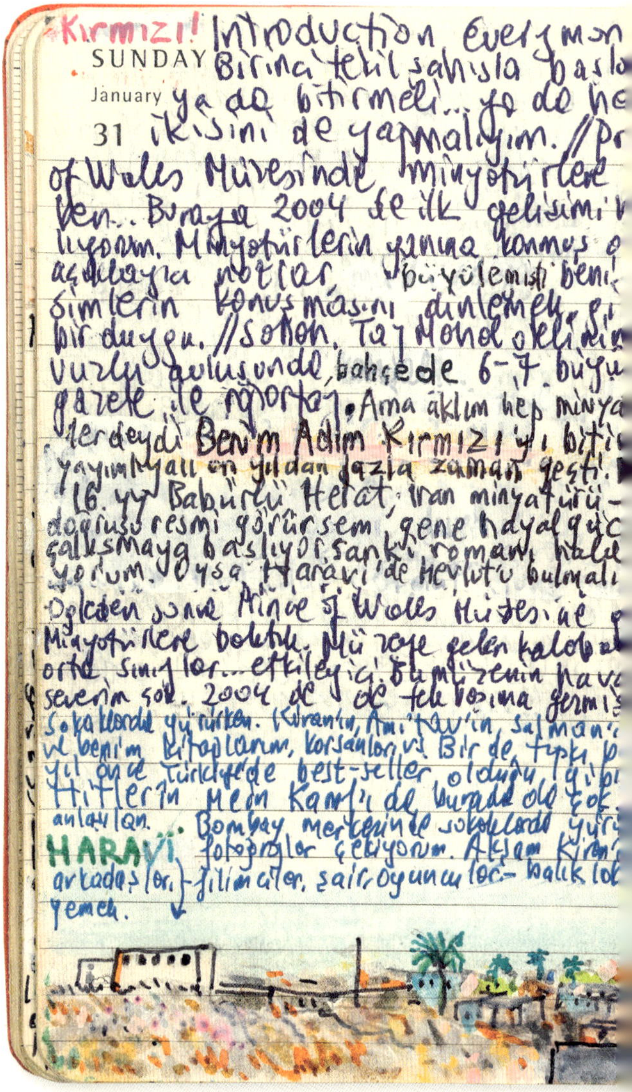


DHARAVI

A Dharavi, invece, è Mevlut che cerco. Di pomeriggio, al Prince of Wales Museum. Contemplate le miniature. Numerose classi di scolari in visita… impressionante. L'atmosfera di questo museo mi piace tantissimo. Nel 2004 lo avevo scoperto da solo. Camminando per le strade vedo sulle bancarelle i miei libri accanto a quelli di Kiran, di Amitav e di Salman: copie illegali ecc. Sembra che si venda bene anche il *Mein Kampf* di Hitler – come in Turchia alcuni anni fa, un vero best seller… Dopo una lunga passeggiata a piedi per le vie di Bombay scatto delle foto. Alla sera, cena in un ristorante di pesce con amici di Kiran – cineasti, poeti, attori.

Prima colazione con Kiran di fronte alla piscina nei giardini dell'hotel Taj. Alcuni giornali, in particolare il «Times of India», hanno pubblicato articoli su di noi, ma decorosamente, con rispetto. Nel frattempo i giornali turchi, invece, hanno scritto che avevo annullato il contratto dopo aver restituito i soldi alla fondazione. (L'ho capito dalle domande che i corrispondenti mi hanno inviato dalle redazioni di «Milliyet» e di «Hürriyet»... Una fortuna essere all'estero, mi risparmia di dovermi occupare di quelle cose). Spero che gli architetti che lavorano al museo non battano la fiacca. Felicissimo di essere in India, di potermi rilassare e distendere a Bombay. Progetti di romanzi: 1. Il venditore di boza. / 2. La commentatrice (la ragazza che scrive commenti sui siti Internet) / 3. Il pozzo // 4. 252 quadri e racconto del pittore // 5. Il curatore // 6. Memorie dei ciechi (romanzo storico e astorico) / Sei... grandi romanzi.

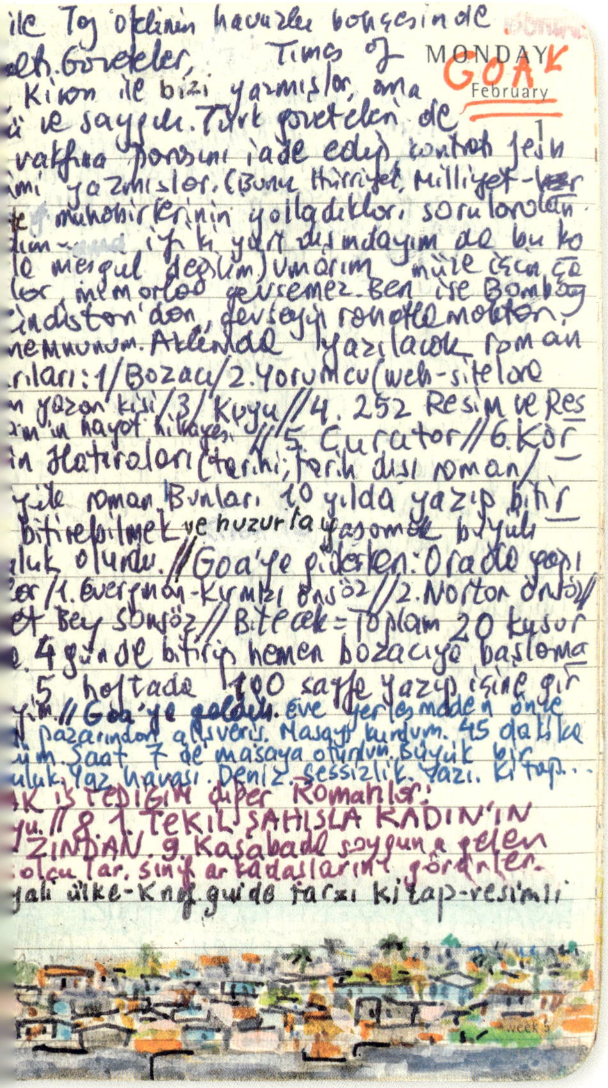


GOA

Poter scrivere e portare a termine tutto ciò in 10 anni, e vivere in pace, questa sarebbe la grande felicità. // Partendo per Goa, lista delle cose da fare: 1. Everyman – prefazione *Rosso* // 2. Prefazione Norton // postfazione *Signor Cevdet* // Restano in tutto = 20 pagine e rotti. Finire tutto in quattro giorni poi cominciare la storia del venditore di boza, scrivere 100 pagine in 5 settimane per entrarci dentro davvero. // Arrivati a Goa. Spesa al supermercato di Neptune prima di prendere possesso della casa. Apparecchiata la tavola. Nuotato 45 minuti. Alle 19 alla scrivania. Grande felicità. Tempo estivo. Mare. Silenzio. Scrittura. Libro... Altri romanzi che vorrei scrivere: 7. Il pozzo // 8. LA VOCE NARRANTE FEMMINILE / 9. Ex estremisti di sinistra rivedono i compagni di classe mentre fanno un'incursione in un paesino di provincia / 10. Il paese immaginario – libro illustrato nello stile delle guide Knopf.

A Bombay, l'ombra del grattacielo dell'hotel Trident si allunga sul mare. Mattina nebbiosa. Matias, l'amico di Rahul, conosciuto a Goa, ci porta a Dharavi. Qui Bau, il capo di una comunità religiosa, critica davanti a noi il progetto di modernizzazione del quartiere. Non ci chiedono niente, dice, considerano Dharavi un serbatoio di voti, tutti sono pronti a ricevere un alloggio gratuito dallo stato. Ma di alloggi e di lavoro ce ne sono già. Sarà la disoccupazione generale! Ha ragione, lo ascoltiamo. Poi passeggiata per le strade di Dharavi. Cinque anni fa il luogo mi era sembrato molto piú povero. Si è arricchito. Bau, evidentemente, vuole mostrarci solo i successi, la ricchezza. L'attività umanitaria di un volonteroso prete cattolico, le vie, il tutto sembra una versione baraccopoli di Nişantaşı: nei vicoli, laboratori tessili al piano terra, abitazioni al primo.

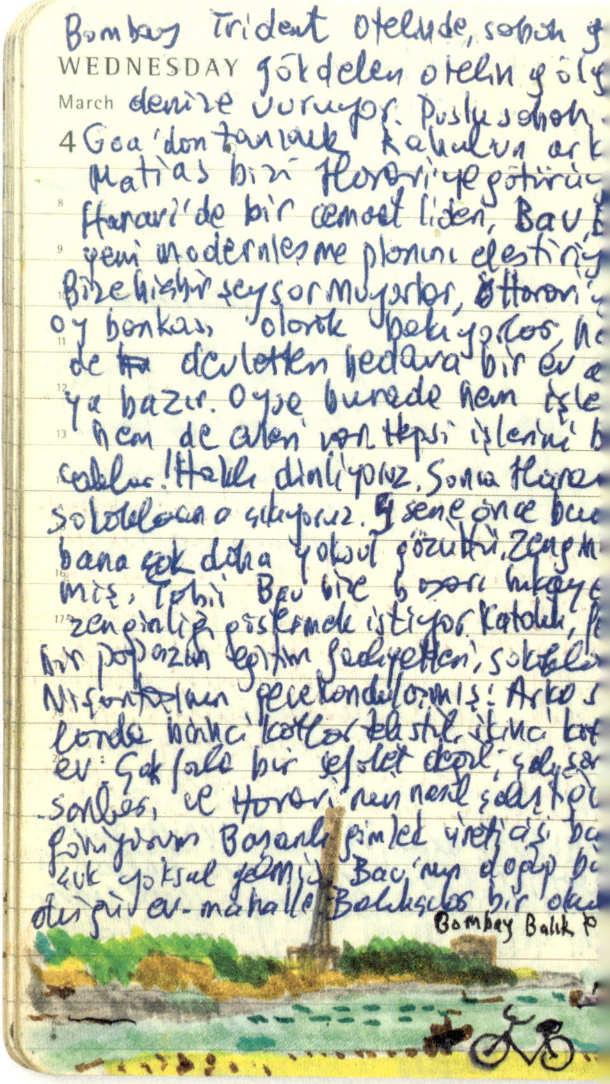


Il mercato del pesce di Bomb

Che cosa vedo a Dharavi: non tanto la miseria nera, ma gente laboriosa, una certa forma di sviluppo. Un camiciaio di successo era arrivato qui poverissimo. La casa dove è nato e cresciuto Bau. Pescivendoli. Una scuola.

Abbiamo scattato foto davanti alla Cathedral and John Connon School, la scuola dove ha studiato Kiran. Piacere di andare a zonzo per le vie di Bombay. I venditori, il traffico, la sporcizia, il rumore fanno pensare alla Istanbul degli anni Settanta. Penso a Mevlut, non solo a Dharavi, la piú gigantesca, la piú formidabile baraccopoli del mondo, ma anche nel quartiere ricco dove ha passato l'infanzia Kiran. Affascinato dalla stazione di Bombay. Dimostra da sola che siamo in una delle piú grandi città del mondo. La folla del mattino ti trascina nel suo vortice pazzesco.

Giornata passata in un baleno. Siamo partiti da casa a mezzogiorno con Xavier in pulmino. Girato ore e ore per la bella Goa.
Come amo i paesaggi di qui. Le palme, le risaie, le case coloniali, i fiumi, le paludi, le mille botteghe, gli autobus, i venditori, i ponti, gli spazi verdi, i bracieri, le lunghe distese vuote delimitate da filari di palme. Dal finestrino abbassato della vettura guidata da Xavier divoro tutto con gli occhi, la vegetazione, le persone. Persino l'aria che entra nel veicolo mi riempie di un'enorme felicità. Visti anche fiumi che si perdono tra le saline, venditori di pistacchi e di ceci, biciclette, vegetazione e risaie. Un ruscello inquinato dalle acque del porto, operai venuti dal sud, una folla di sgangherati chioschetti di cibo. // Poi abbiamo partecipato al ricevimento a casa – in occasione della sua trasformazione in museo – di una ricca signora cattolica appartenente alla vecchia aristocrazia terriera di Goa, deputata al parlamento portoghese ai tempi di Salazar.

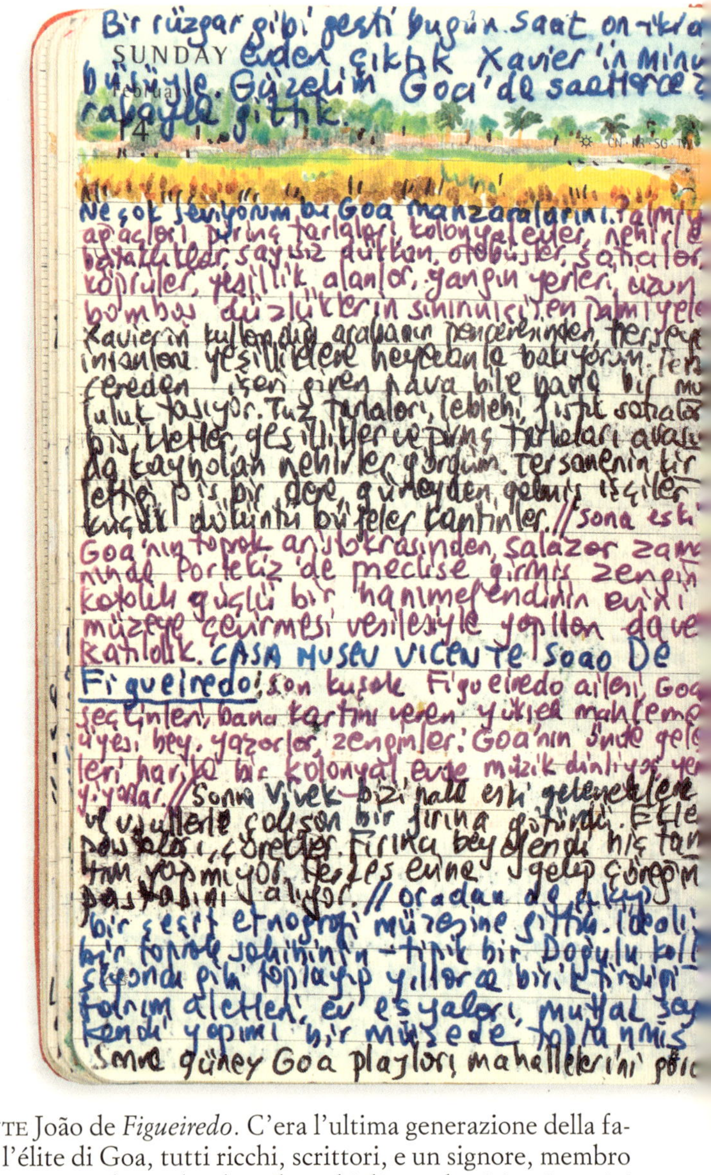


CASA MUSEU VICENTE João de *Figueiredo*. C'era l'ultima generazione della famiglia Figueiredo, l'élite di Goa, tutti ricchi, scrittori, e un signore, membro dell'Alta corte di giustizia, che mi ha dato il suo biglietto da visita: i patrizi di Goa, che mangiavano e ascoltavano musica nella loro sublime casa coloniale. // Poi Vivek ci ha portati in una pasticceria tradizionale. Bignè, dolcetti. Il fornaio non ha bisogno di farsi pubblicità: tutti entrano da lui a comprare i suoi dolci. // Usciti da lí siamo andati a visitare un museo etnografico. Un proprietario terriero idealista ha raccolto – nel corso di un lungo e paziente accumulo, tipico del collezionista orientale – attrezzi agricoli, oggetti domestici e utensili vari di cucina, in un museo che ha costruito lui stesso. Poi visti le spiagge e i quartieri di Goa Sud.

Al mattino mi occupo del mio venditore di boza.

Scritto tutto il giorno con questa veduta sotto gli occhi. A volte alzo la testa dal foglio per guardare questi colori. Di tanto in tanto bruciano rifiuti nello spazio tra la riva e il nostro muro rosso. Si forma una nebbia azzurrina, centinaia di cornacchie volano via gracchiando. Lontano, un peschereccio avanza nella foschia.

Ieri sera al momento di addormentarmi, e ancora stamattina, impressione di essere prigioniero di una trappola ordita da tutte le mie preoccupazioni, le mie angosce. Mancanza di fiducia nel custode della casa, storie di furti, interruzione di corrente elettrica, tutto ciò risveglia le mie paure esistenziali piú profonde. Preso un sonnifero per addormentarmi. Kiran scherza sulla mia paranoia, ne ride, incapace di prenderla sul serio. «Non scherzare!» le dico, come a Şevket quando ero piccolo. Paure legate anche alle mie inimicizie in Turchia – minacce riguardo al museo ecc. Dormito fino alle 11 grazie al sonnifero. Il mare, il nuoto, qualche idea per la prefazione di *Rosso* mi hanno rimesso in sesto e ridato un po' di gioia. Scritte quattro pagine. Alla sera preparata la cena per Kiran: frittata, insalata ecc. Poi abbiamo guardato il film ispirato al romanzo omonimo di Roberto Saviano: *Gomorra*. Sulla mafia napoletana. Il primo film del genere che non presenti la mafia e l'omicidio come qualcosa di superbo ed eccitante. Bella e serena giornata.

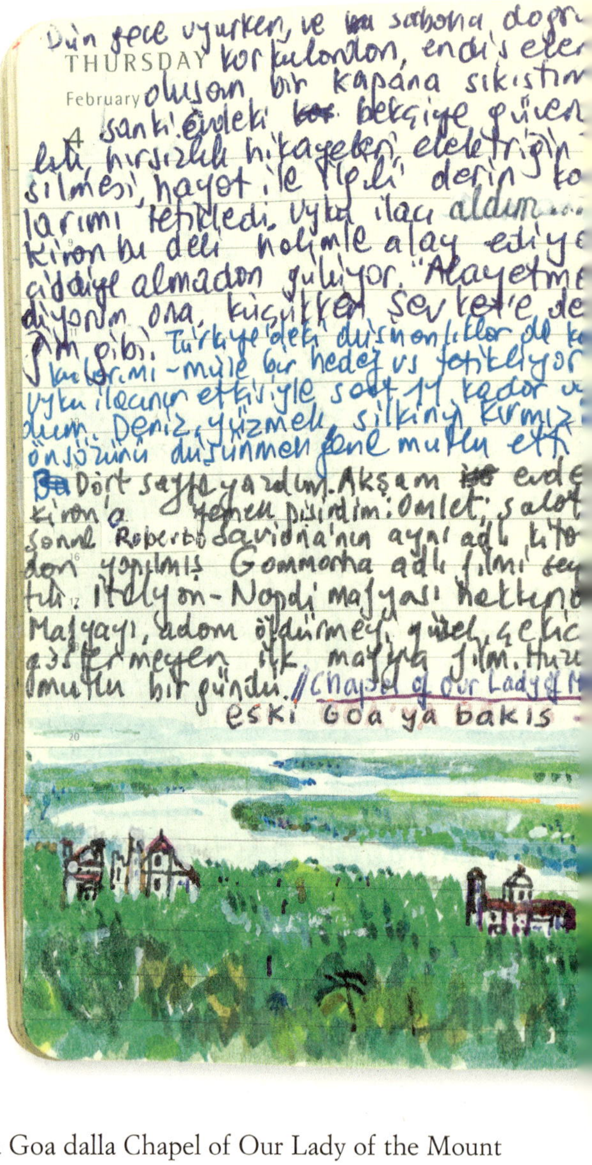


veduta della Vecchia Goa dalla Chapel of Our Lady of the Mount

Ho disegnato ognuna delle cornacchie appollaiate su un ramo a partire dall'osservazione di una sola. Seguiva dall'alto, con evidente curiosità (al mattino verso le 7.40), i due cani Musti e Susti nella loro corsa mattutina sulle assi del pontile. Felicità del mattino a Goa, sulla spiaggia di Candolim… Goa mi ha insegnato a guardare gli uccelli. A volte si vedono delle cornacchie raggrupparsi, e poi di colpo – a centinaia – volare via gracchiando rumorosamente. Fa abbastanza paura. // Nuotato a lungo stamattina, quasi un'ora. Il colore dell'acqua, la spiaggia, di una tale bellezza che mi è venuta voglia di disegnarla. Scattate foto. È da cosí tanto che non disegno piú: ne ho di nuovo il desiderio, un grande desiderio. Alla sera, Vivek e alcuni artisti di Goa hanno inaugurato una mostra dove si leggeva *Il mio nome è rosso*, senza sapere della mia presenza qui.

Poi concerto in una chiesa della Vecchia Goa! Contemplato il paesaggio, cena con Vivek.

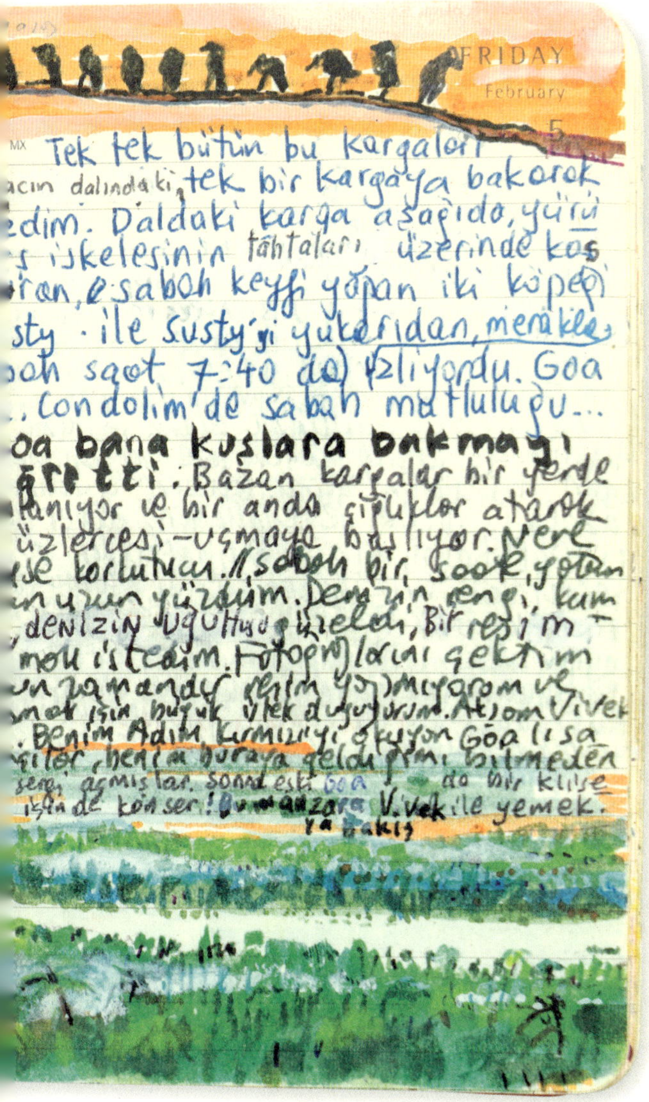

Ho finalmente terminato la prefazione a *Rosso* per Everyman's Classics. Porta con orgoglio il luogo e la data: Goa, India, 2010. Non è stato facile. Ma la voglia di scrivere era cosí ardente che mi ci sono dedicato con piacere, se non addirittura con passione. Il testo definitivo è all'altezza del libro. Da aggiungere sotto forma di post scriptum alla fine di ogni edizione straniera. // Poi in mare, lunga meditazione. E se il mio libro sul romanzo – «Ingenuo e sentimentale» – diventasse nella versione turca «Ingenuo e meditato»? Ho pensato all'introduzione mentre nuotavo. Al pomeriggio, alla fine di una lunga camminata, oppresso dal caldo sulla terra rossa e sotto gli alberi di un verde vivido, sono arrivato all'Internet café per leggere le e-mail. 45 minuti! L'anno scorso lo stesso lavoro a volte mi prendeva un'ora e mezza al giorno. Il carico si è molto alleggerito… Forse perché ho ridotto viaggi e cosí via…

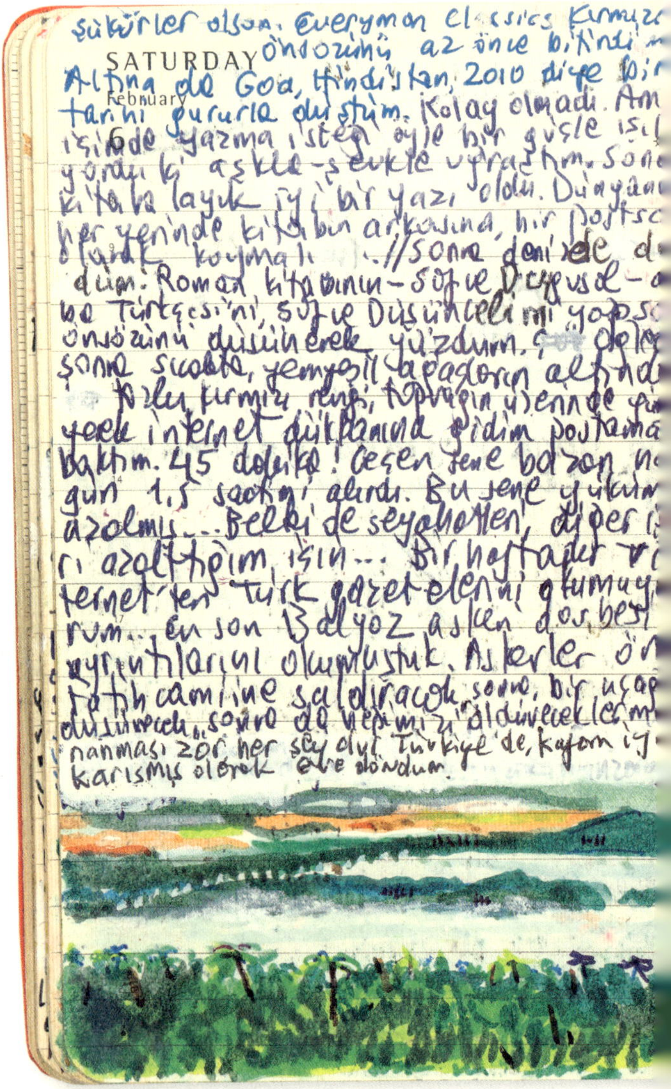


Una settimana che non leggo piú i giornali turchi online… Sono rimasto agli ultimi particolari del colpo di stato militare – il caso Balyoz. I soldati avrebbero previsto di attaccare prima la moschea di Fatih, poi abbattere uno dei nostri aerei, infine ammazzarci tutti. Difficile credere a tutto ciò che accade in Turchia: sono tornato a casa esausto, con l'animo turbato.

Disegno continuamente i paesaggi di Goa, della pianura. Cosa strana però: impossibile mettere questo paesaggio in un romanzo. Grande felicità di disegnare, fra ieri sera e stamattina, il panorama di Goa visto dalla collina. Mi ricorda i paesaggi di Frans Post, che amo molto. // Ha dipinto essenzialmente paesaggi del Brasile nelle regioni colonizzate dall'Olanda... Ne ha visto gli «autoctoni». Io, invece, sono gli arancioni, i verdi che voglio mostrare. Conoscere gli uomini che lo popolano non è una condizione necessaria per provare piacere a dipingere un paesaggio; Caspar David era capace di vedere le persone. Guardare Goa mi riempie di piacere. Ma ambientarvi un romanzo, impossibile. Perché non conosco i suoi abitanti. I romanzi parlano delle persone. / Sento il motore di un battello allontanarsi verso il largo. Reminiscenza delle estati felici dell'infanzia. //

Arriva Kiran con occhi atterriti: Rana, il giardiniere, le ha detto che in giardino c'è un enorme cobra. L'animale è sacro, non ha mai aggredito nessuno. I giorni di festa Rana gli dà persino dolci e latte. // Continuata poi l'introduzione del mio saggio sul romanzo. Scrivo con calma, con scioltezza, come in conversazione con me stesso. Poi siamo tornati al mare a nuotare ancora un po'. A fine giornata è passato a prenderci in auto Xavier; cena con Amitav Ghosh e sua moglie di fronte alla spiaggia di Little Vagator, a nord della celebre spiaggia hippie di Anjuna. Splendido panorama. Amitav è davvero di buona compagnia. Scruto le profondità della notte.

Fiero di ciò che ho scritto fin qui della storia di Mevlut, ma ancora indeciso su come proseguire il romanzo. Mi si presentano due opzioni:
1. Essere kafkiano, metafisico: trasformare il romanzo in un racconto d'identificazione con il cane.
2. Renderlo affresco stambuliota e di Beyoğlu – dei suoi gecekondu – che copra trent'anni. La seconda opzione è piú attraente.
Solo in casa – Kiran è andata a pranzo da sua zia Lina –, immagino e abbozzo la trama degli AVVENIMENTI.

È evidente che ho molta voglia di mettere nel romanzo anche un po' dell'opzione 1, la storia metafisica-cane-religione. // L'asse narrativo centrale che ho trovato – il *plot* – è che il problema principale di Mevlut, dopo essere stato aggredito dal cane ed essere riuscito a licenziarsi, sarà guadagnare soldi. Si sistema in un buon alloggio, in affitto.

Risveglio in piena notte, alle 2.30 del mattino, sul divano al piano di sotto. Non so che ora sia. Mormorio del mare. Quando mi scorgono dietro la zanzariera, il custode e i cani… lanciano un grido rispettoso. Poi mi sono riaddormentato. Alzato alle 7, ho fatto tè e caffè. Poi mi tuffo nella storia di Mevlut. Dei ladri gli si avvicinano alle spalle mentre scende le scale di Gümüşsuyu. Poi Kiran e io andiamo al mare, ho nuotato una mezz'ora. Ritorno a casa. Hanno bloccato Mevlut. Descrivo l'aggressione a Mevlut consultando gli appunti presi durante la conversazione con Mehmet, venditore di boza. Scrivo molto serenamente. Senza sforzo. // Nel disegno di questa pagina ho rappresentato un incendio, il fumo che sale dai falò di erbe e di spazzatura che mi colpisce sempre in India. // Questo pomeriggio con Kiran. Caldo. Sdraiati fianco a fianco. Chiacchieriamo del piú e del meno, con leggerezza. Ognuno di questi istanti mi ricorda i pomeriggi d'estate della mia infanzia.

Se amo tanto Goa è perché vi ritrovo le estati, la pigrizia della mia infanzia, le lunghe giornate passate a nuotare in mare.
Ieri, al ritorno dall'Internet point con Kiran, bruciavano erbe e foglie sotto i baniani. Abbiamo guardato il fuoco attecchire. Sono felice qui. La sera, alla libreria Literati, festa in onore di Dayanita, la fotografa, il cui libro è uscito in Germania. Prosegue a casa sua, vino, discorsi, battute. Un altro mondo. Vogliono assolutamente parlare di fantasmi. La notte. Le stelle. Torniamo a casa. Rileggo il passo in cui Mevlut si fa rapinare. Storia di fantasmi!

Si direbbe che ho perso la capacità di concentrazione, la bravura che avevo di restare immerso in apnea dentro un romanzo. Oggi, quindi, mi sono imposto la legge marziale. Vietato alzarmi dalla sedia, obbligo di scrivere una certa quantità di testo in un tempo assegnato, tutti metodi usati in passato. Ciò che rende felici è guardare la pagina vuota, i tuoi appunti, quello che hai già fatto, quello che ti costringerai a scrivere ancora, e scoprire che funziona davvero. In altre parole, che l'immaginazione permetta sempre di fuggire questo mondo per entrare nell'altro, meraviglioso, del romanzo. Ma stamattina avevo la mente ancora troppo distratta dai discorsi con Kiran… sulla casa in cui abiteremo quest'anno, per quanto tempo ecc.

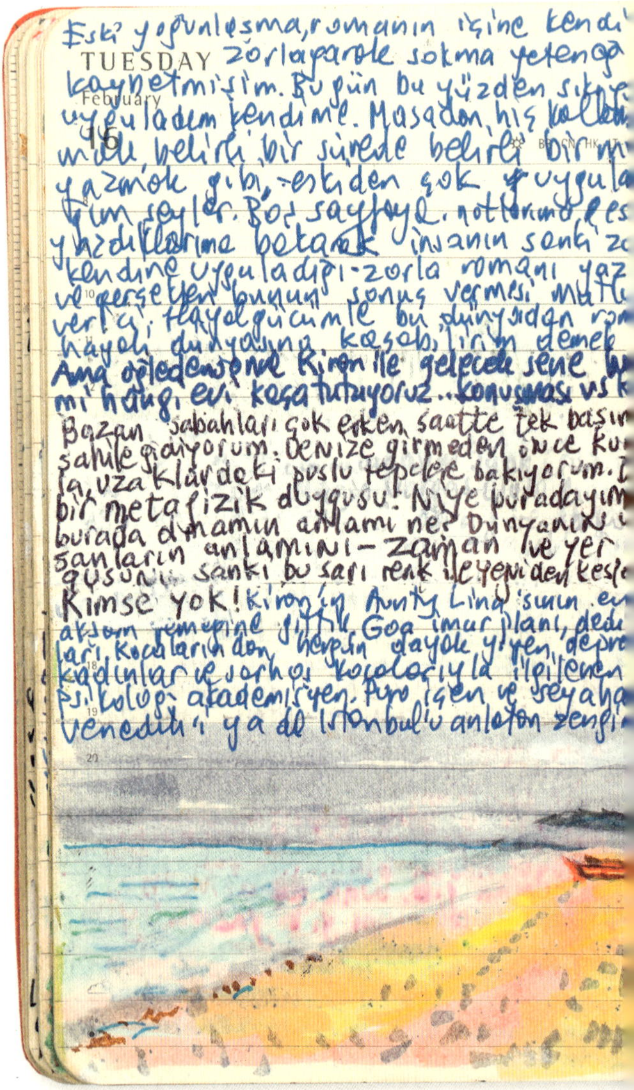


Al mattino a volte vado in spiaggia da solo, prestissimo. Prima di entrare in acqua guardo la sabbia, le colline lontane aureolate di foschia. Potente impressione metafisica: perché sono qui, che cosa significa questa presenza? Sensazione di riscoprire, come grazie a tanto colore giallo, il senso del mondo e degli uomini – del tempo e dello spazio. Nessuno! Siamo andati a cena da Lina, la zia di Kiran. Progetti urbanistici di Goa, chiacchiere e pettegolezzi. Donne depresse picchiate dai mariti, uno psicologo accademico che cura i mariti alcolizzati… Una coppia ricca che racconta i suoi viaggi a Venezia e a Istanbul fumando sigari.

Quando si scrive un romanzo ambientato nel passato e che copre un lasso di parecchie decine d'anni, la cosa piú difficile è dosare bene il TEMPO. Il presente – il momento della narrazione – è estensibile cosí all'infinito che si potrebbe arrivare facilmente a un romanzo di varie migliaia di pagine. Perciò, pesare il tempo a ogni istante: descrivo l'arrivo di Mevlut nel dedalo delle vie di Beyoğlu, dove va con la scusa di recarsi al nightclub Güneş. Sosta dopo tre pagine. Sonnellino, e poi, riprendendo al risveglio, impossibile continuare.

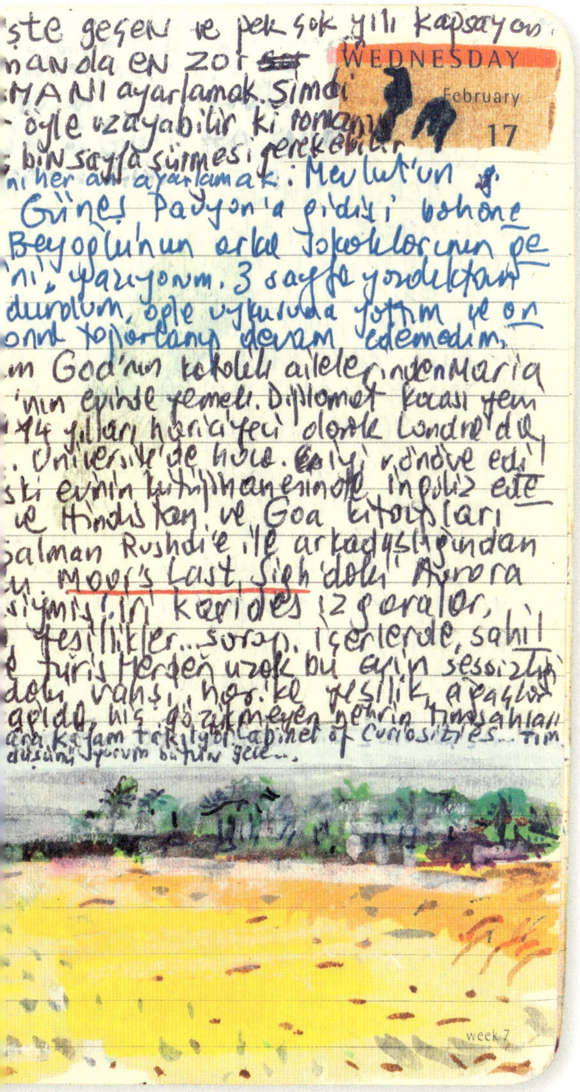


Alla sera, cena da Maria Aurora, proveniente da una famiglia della comunità cattolica di Goa. Suo marito è appena morto! Aveva passato quattordici anni a Londra, come diplomatico. Lei insegna all'università. Nella biblioteca di quella vecchia dimora restaurata benissimo, un misto di letteratura inglese, libri sull'India e Goa. È orgogliosa di essere amica di Salman Rushdie. È lei l'Aurora dell'*Ultimo sospiro del Moro*! Favolosi spiedini di gamberetti, insalata, verdure… e vino. Fuori, a circoscrivere il silenzio di quella casa in disparte dalla costa e dai turisti, una vegetazione selvaggia e opulenta, mille alberi, coccodrilli che si aggirano nella loro ombra. I coccodrilli mi ossessionano. Gabinetto delle curiosità. Sogno coccodrilli per tutta la notte…

Alla sera, cena con Amitav Ghosh e sua moglie Debbie in un ristorante birmano di Bomras. Nel bel mezzo del banchetto di sardine alla griglia ho voluto intavolare con Amitav un discorso piú personale, parlare di letteratura; non proprio un successo. Tanto per raccontare un po' che cosa sto scrivendo in questo momento gli ho accennato alla pagina sulla truffa dei contatori dell'elettricità. Mi ha interrotto subito. Che importanza ha, diceva, dal momento che alla fine i soldi recuperati con quel genere di furti tornano alla «comunità locale»... Rispondo che in Turchia, dove la frode elettrica è moneta corrente – idem in India –, il problema, benché non «inquietante» per tutti, è perlomeno preoccupante per me. In quanto cittadini del Terzo mondo e in quanto «intellettuali famosi in Occidente» tendiamo a vedere e a rappresentare il Terzo mondo come eterna vittima.

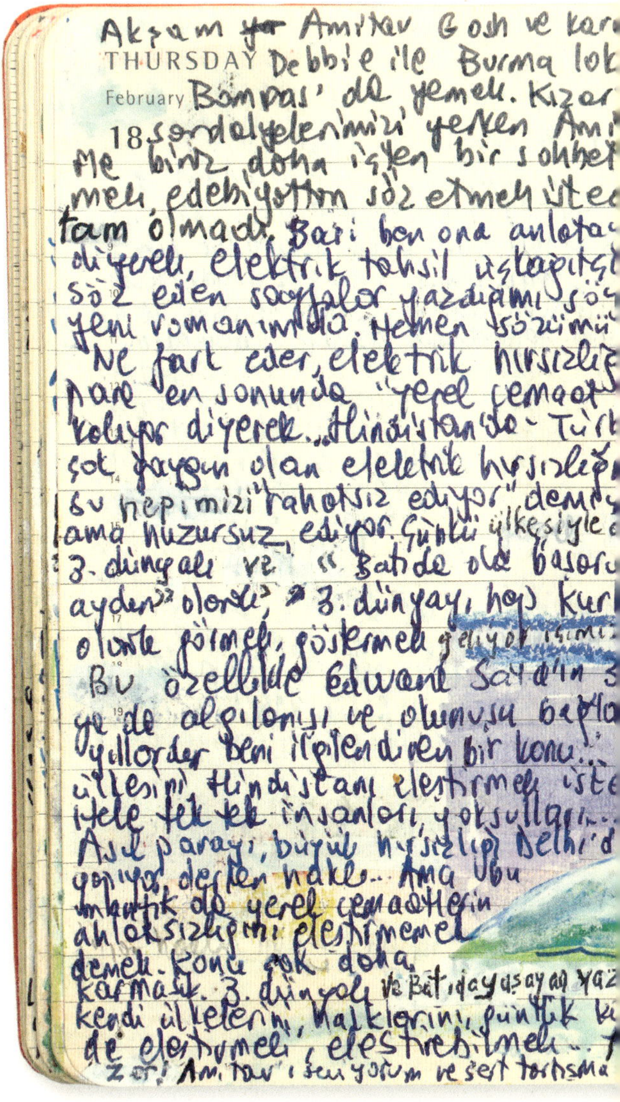


Il tema mi interessa da anni, specie in relazione con l'accoglienza delle tesi di Edward Said nel Terzo mondo!... Amitav, invece, si rifiuta di criticare il suo paese, l'India. E soprattutto i suoi abitanti, in particolare i poveri... Ha ragione, certo, quando dice che i piú grossi delinquenti stanno a Delhi, che è lí che ci sono i veri soldi... Ma questo ragionamento ha il difetto di togliere di mezzo qualunque critica all'immoralità delle comunità locali. L'argomento è piú complesso. Gli scrittori del Terzo mondo cosí come quelli che vivono in Occidente devono essere in grado di criticare il loro paese, il loro popolo, la loro cultura sociale, nei minimi aspetti della vita quotidiana... Però, come si vede, persino parlarne è un problema. Amo troppo Amitav per aver voglia di litigare con lui!

Tutta la giornata con Kiran. Stamattina in piedi alle 7, ancora prima che sorgesse il sole, ma il tempo di entrare nel romanzo e il mio vantaggio si era esaurito. Alla sera ancora visite, ospiti prestigiosi, vari invitati, con la loro meschinità, le loro contraddizioni – tutto ciò che è capace di distrarre dalla scrittura. Alle 14.30 partenza per l'Internet café con Kiran, attraverso i vicoli. Il mio amore per le vecchie case coloniali, i baniani, i muri ammuffiti dai monsoni, il cane che ci segue e ci spaventa un po', i bambini in bicicletta che si fermano a parlare con noi. Scrivo male. //

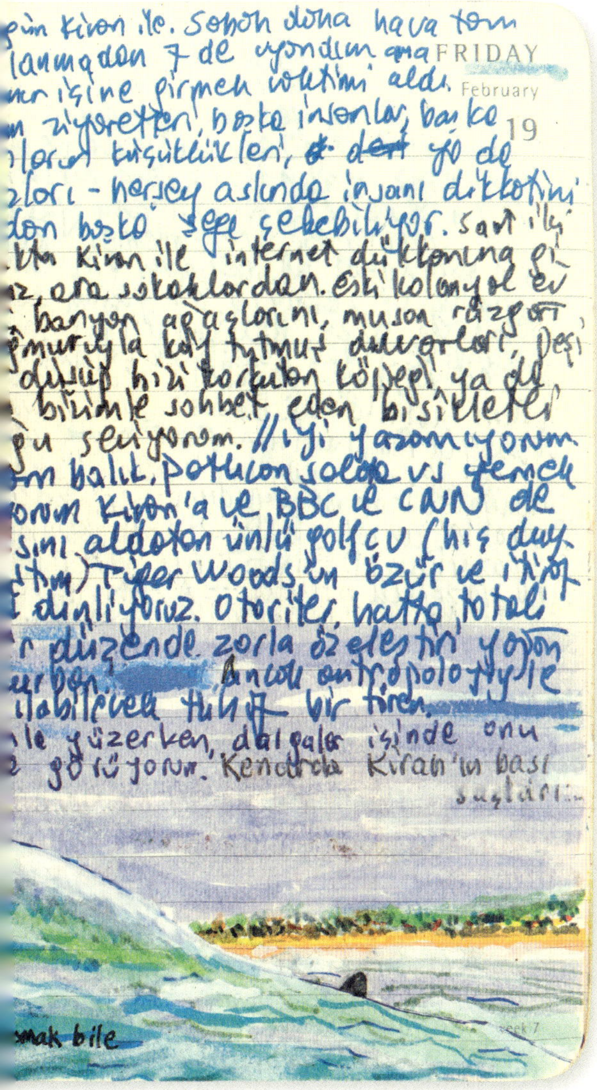


Alla sera preparo la cena per Kiran, pesce, insalata di melanzane ecc., poi sulla Bbc e la Cnn assistiamo in diretta alle ammissioni e scuse di Tiger Woods (mai sentito nominare), un famoso golfista che ha tradito la moglie. Sistema autoritario, se non totalitario, in cui la vittima è costretta a fare autocritica! Strano cerimoniale, comprensibile solo attraverso un approccio antropologico. Nuotando con Kiran, come la vedo fra le onde.
La capigliatura di Kiran emerge dalle acque…

Ieri sera preso mezzo sonnifero, addormentato alle 23; stamattina alzato presto: di buon umore, allegro e determinato; pieno di entusiasmo, scrivo il dialogo fra Mevlut e il suo amico al negozio di kebab. Splendida mattinata di sole su Goa. Felicità di vivere, piacere di scrivere e inventare. Dopo aver finito di scrivere queste pagine non potrei concedermi una piccola pausa, diciamo verso le 7 di sera?

L'occhio del *Libro nero*: riflettendo sull'opportunità di fare un grande paesaggio della Vecchia Goa, un'ispirazione improvvisa – un nuovo capitolo, un capitolo poetico. Mevlut che immagina – sogna – che un occhio lo osservi e lo insegua. Disegnato questo occhio scrivendo il capitolo: [disegno dell'occhio]. Voglia di aggiungere al testo piccoli disegni come questo, in parallelo con la stranezza che Mevlut porta in sé, IN PARALLELO CON LA NARRAZIONE DI MEVLUT E CON LA SUA STRANEZZA.

Essere immerso in un romanzo, viverci in sintonia ogni giorno… Non posso vivere senza questo. Se il mondo non diventa testo, se non chiama a essere scritto… difficile abitarlo. La mia ammirazione per Rousseau s'infiamma di nuovo. Scrivere, contemplare il paesaggio, penetrare nella vita degli altri…

Voglia di dipingere la natura di Goa. Il delta del fiume, le chiese, le chiatte che trasportano il terreno ferruginoso dell'entroterra, gli alberi; ma è soprattutto la sensazione dei colori che voglio rendere. L'arancione della terra; l'azzurro della foschia che avvolge le montagne lontane. Gli angolini verdi in cui si rifugiano il fresco, gli uccelli. A un certo punto i colori si trasformano in emozioni. O piuttosto: guardando questo arancione cosí speciale, color ferro, e il verde degli alberi, è una specie di calore – o un'impressione di movimento – che sento diffondersi dentro di me. Colori-emozioni. Poiché qui hanno l'abitudine di bruciare sistematicamente la spazzatura, anche il piú umile paesaggio è sempre pervaso da una nebbia azzurrina che gli conferisce un tocco di mistero e di ambiguità.

Molto curioso degli ultimi sviluppi politici in Turchia. // Gran sole stamattina. Alzato alle 7. Alle 10 nuotato per 45 minuti con Kiran. Poi cominciato a scrivere il capitolo delle prime riscossioni di bollette dell'elettricità di Mahmut e F. Buona sessione, facilità di scrittura, piacere. Constatato con gioia che ho in mano potenzialmente un grande romanzo, lungo, molto piacevole. La mia immaginazione enciclopedica si è messa in moto all'improvviso… Eccitazione! In una specie di ebbrezza ho preso appunti come un pazzo per i capitoli successivi. Tanto mi sembra vasto il panorama delle possibilità, nella scrittura. // Corso fino all'Internet café per leggere le ultime notizie sul tentato golpe dei generali. Inconcepibile! Non direi certo che la Turchia sia un paese democratico, ma comunque, assassinare un uomo in mezzo alla strada, prendere come bersaglio degli scrittori… speriamo che la situazione si calmi.

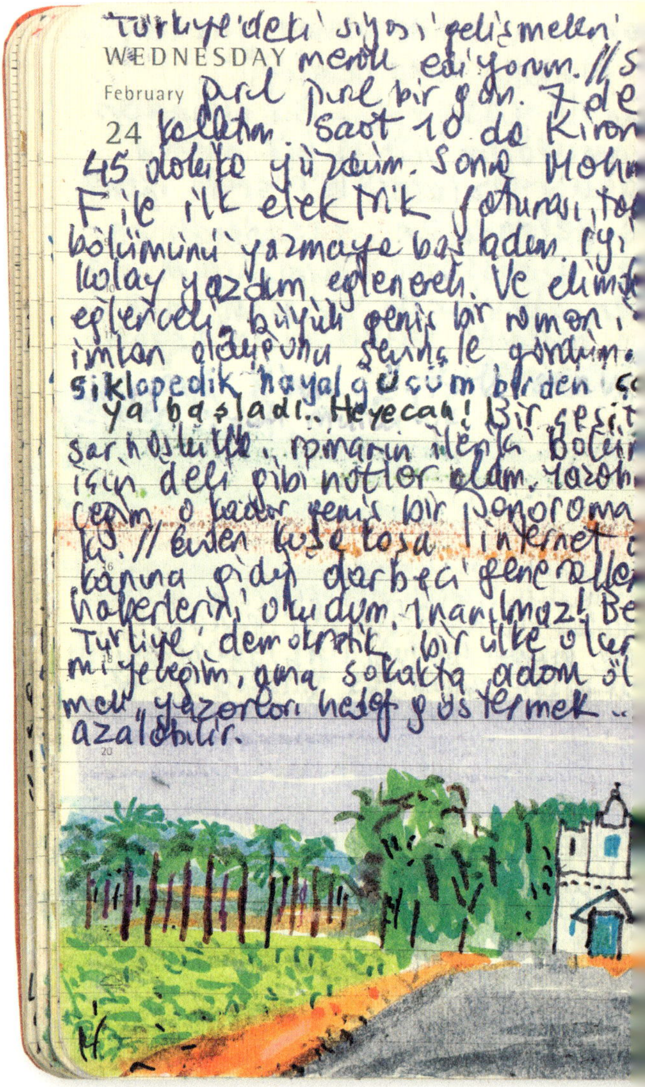

Se solo non avessi tutte queste altre preoccupazioni potrei lavorare al romanzo molto efficacemente, di buona lena… Stamattina nuotato a lungo, grande piacere, dopo di che sono esausto. Passata un'ora all'Internet café a scansire e inviare in Turchia la prefazione per Everyman. Al ritorno, di nuovo a zonzo nel dedalo delle stradine. Case poverissime, gente che dorme per terra, un cane che mi abbaia contro, bambini che fanno a botte, caldo soffocante, vicoli ciechi, un vecchio europeo che dorme nel suo appartamento cementificato, con la moglie innamorata dei parasole. Alla sera, gita sul fiume intorno a Panjim con Vivek, sua moglie, la sua famiglia e alcuni suoi amici… La vista sulla Vecchia Goa incastonata nel verde, magnifica… Il fascino di Panjim rovinato però dagli edifici turistici, dai battelli portati dal Mississippi, dai casinò. Vedi quel faro, è il piú antico di tutta l'Asia, mi dice orgogliosamente Vivek indicando la grossa torre rotonda che sorge nel punto in cui il fiume si getta nel Mar Arabico.

Verso l'alba ho preso un quarto di sonnifero per tornare a dormire. Non ha funzionato bene. Anche questa volta impossibile mettermi in pista prima di mezzogiorno. Calo della riflessione, della scrittura, di energia ecc. Ho nuotato ma non è servito a svegliarmi... Eppure sento che il mio nuovo romanzo potrà rivelarsi molto divertente e scriverlo potrà essere un grandissimo piacere. // Problemi... per inviare la prefazione per Everyman a Hüsnü, a Istanbul. Problemi tecnici... L'ho inviata ieri dall'Internet café. 5 pagine non sono arrivate... Sul mio altro account di posta elettronica leggo i giornali turchi, Tarkan in stato di fermo per cocaina; i generali sono stati rilasciati senza essere arrestati; Kiran mi raggiunge all'Internet café.

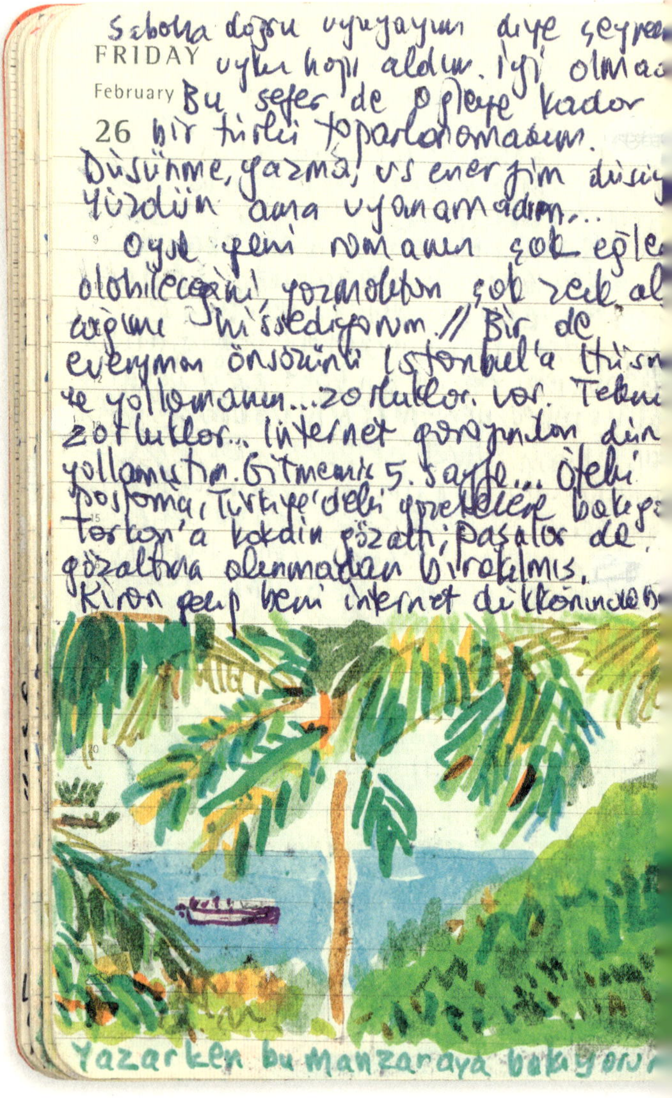


La veduta che contemplo mentre scrivo...

Ecco piú o meno la veduta che si ha della spiaggia dal mare… Ma non è ciò che vedo nuotando.

la casa è dietro questi alberi

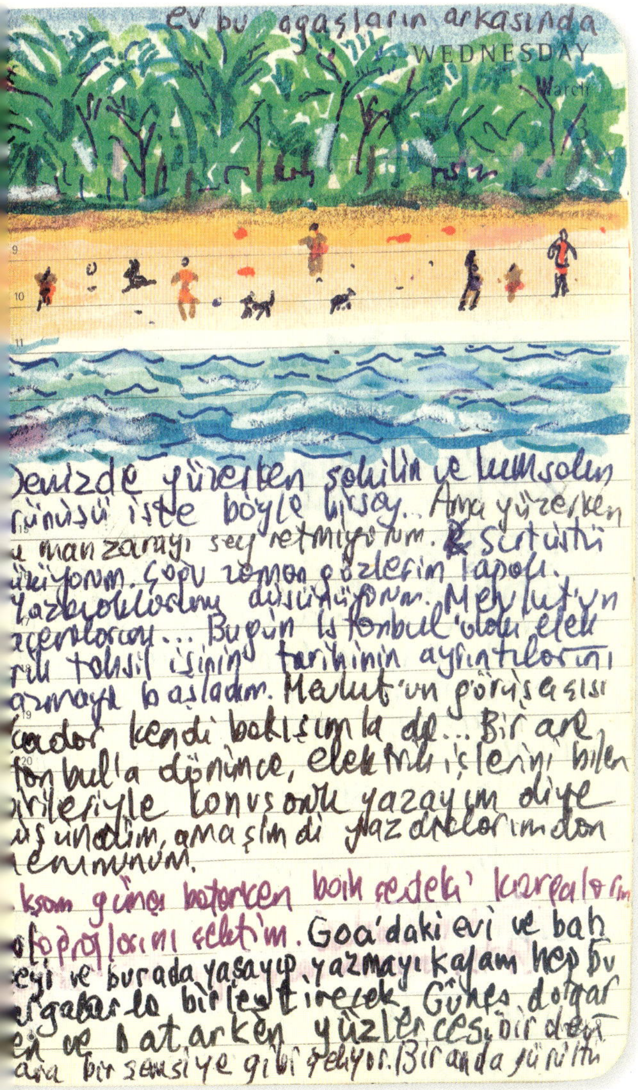


Nuoto sul dorso. Gli occhi, per lo piú, sono chiusi. Penso a ciò che sto per scrivere. Le avventure di Mevlut… Oggi, cominciato a scrivere in dettaglio il passo che tratta della riscossione delle bollette dell'elettricità a Istanbul. Dalla mia prospettiva e allo stesso tempo attraverso lo sguardo di Mevlut… Per un momento ho pensato che lo avrei scritto una volta tornato a Istanbul, parlando con un esperto della questione, ma alla fine il risultato mi soddisfa.

Alla sera, fotografate le cornacchie del giardino nel crepuscolo. Le cornacchie, nella mia immaginazione, resteranno sempre legate alla casa di Goa, al suo giardino, alla permanenza e alle ore di scrittura qui. Al tramonto e al sorgere del sole volano via a centinaia, formando come un grande ombrello nero. Un istante di frastuono.

PENSIERO NOTTURNO: bisogna che il romanzo del CURATORE, per certi versi, metta in gioco la politica, sul piano globale. Agli artisti del Terzo mondo piace tanto vedersi come «oppressi» piuttosto che criticare il loro paese… Oppure sventolare idee come la creazione di un governo mondiale – e ovviamente: schizzo panoramico del mondo.
Alle cinque del mattino rileggo le pagine che ho scritto, molto soddisfatto. C'è lí… un mondo, un universo immenso…
1. La stranezza di Mevlut, nella sua testa, religione, metafisica.
2. La città come foresta caotica.
3. Storia dell'altra Istanbul
4. Storia dei venditori ambulanti…

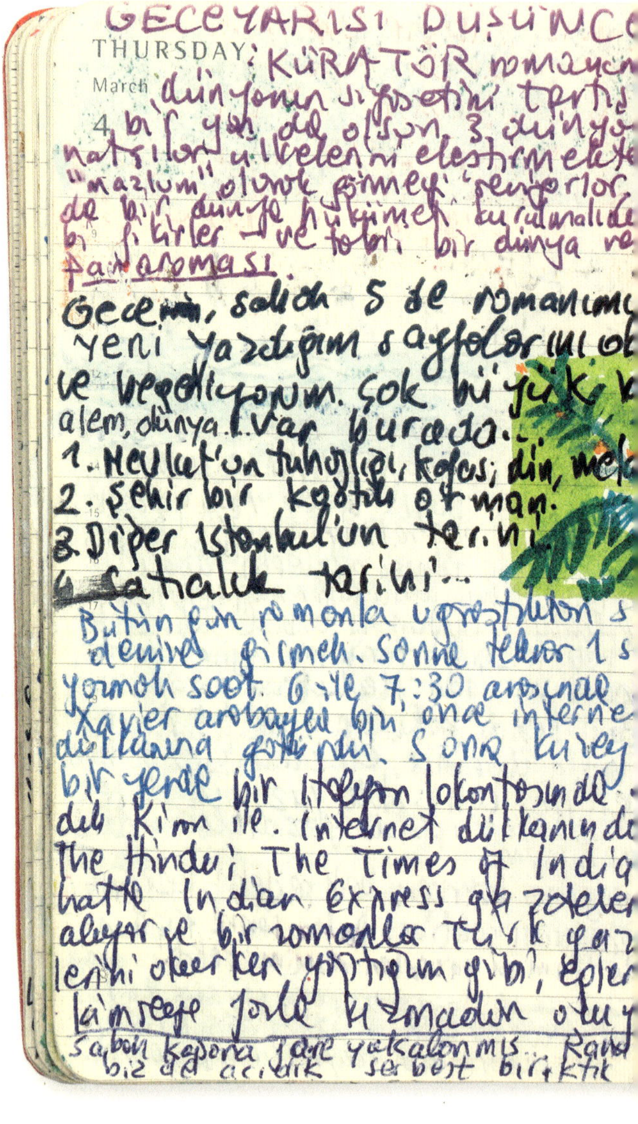


Entrare in mare dopo aver lavorato al romanzo per tutta la giornata. Poi nuotare 1 ora in piú, dalle 18 alle 19.30. Xavier ci lascia all'Internet café. Poi cena con Kiran in un ristorante italiano, da qualche parte a nord. Recuperati i giornali indiani, «The Hindu», «The Times of India», persino l'«Indian Express», che leggo per un bel pezzo, senza irritarmi troppo come mi capitava con i giornali turchi, con piacere. Stamattina, un topo preso in trappola… Rana era impietosito, noi pure, lo abbiamo liberato.

Mi alzo di notte pensando al nuovo romanzo, alla storia di Mevlut. SODDISFATTO DEL MIO NUOVO ROMANZO. LA STORIA DI UNA CITTÀ DI 10 MILIONI DI ABITANTI COME NESSUNO L'HA ANCORA RACCONTATA...
Gli immigrati arrivati recentemente in città, i venditori, i gecekondu; le truffe dell'elettricità, le guerre nelle baraccopoli ecc. ecc. Ultimi giorni a Goa, ma non troppo dispiacere. Il migliore effetto delle 5 settimane passate qui: in modo insperato sono tornato al mio romanzo, alla storia di Mevlut. Ora ci sono dentro in pieno. Certo, forse dovrò fare i conti con la stanchezza e lo sfinimento del cantiere del museo, ma ho ritrovato il MIO ROMANZO. E mi sembra magnifico, originale.

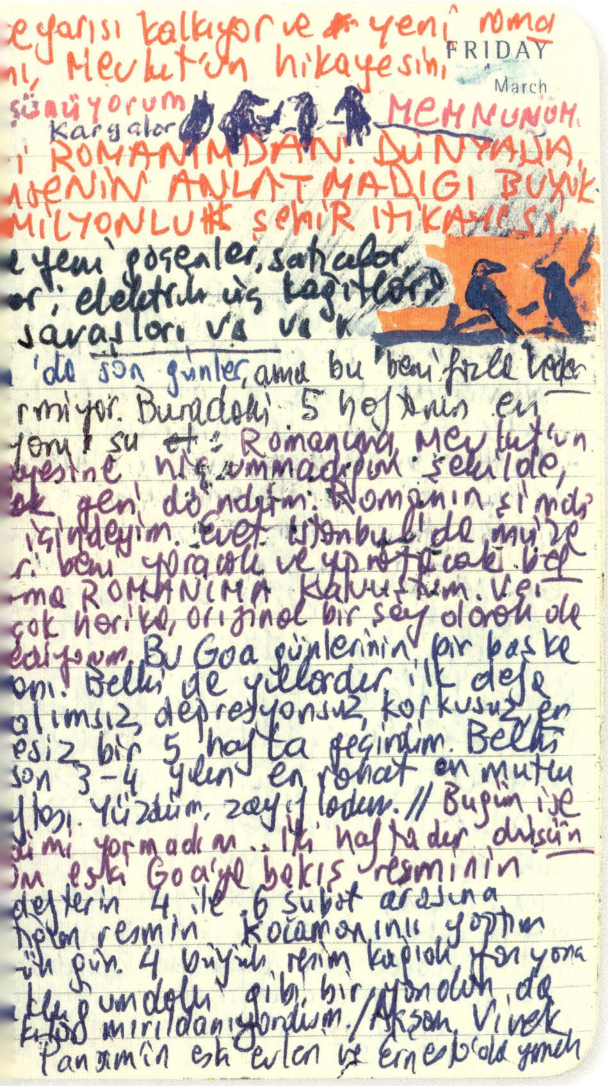


Altro lato buono del soggiorno a Goa: per la prima volta da anni, o quasi, ho passato 5 settimane senza nausee, senza depressione, senza paura né preoccupazioni. Le 5 settimane piú tranquille e piú felici della mia vita da forse 3, 4 anni. Ho nuotato, sono dimagrito. // Oggi niente stanchezza... Passata tutta la giornata a rifare in grande il disegno della Vecchia Goa eseguito sul taccuino fra il 4 e il 6 febbraio, cosa a cui pensavo da due settimane. 4 grandi pagine fianco a fianco. Canticchiando, come da bambino. / Alla sera, vecchie case di Panjim con Vivek, cena da Ernesto.

Ieri sera nuove idee per il romanzo. Mevlut dovrebbe essere direttamente coinvolto nella costruzione del gecekondu, fin dai suoi anni di scuola… Bisogna che la costruzione e la demolizione dei gecekondu sia una storia che Mevlut vive e con cui si confronta personalmente. Non può essere soltanto una vecchia storia che suo padre gli racconta per caso. / I primi giorni a Goa non sono riuscito a entrare nel romanzo. Devo riprendere e ripensare le prime 250 pagine, trama e cronologia. I DELFINI! Finalmente sorpreso e fotografato un delfino che balzava fuori dalle acque (alle 10.15).

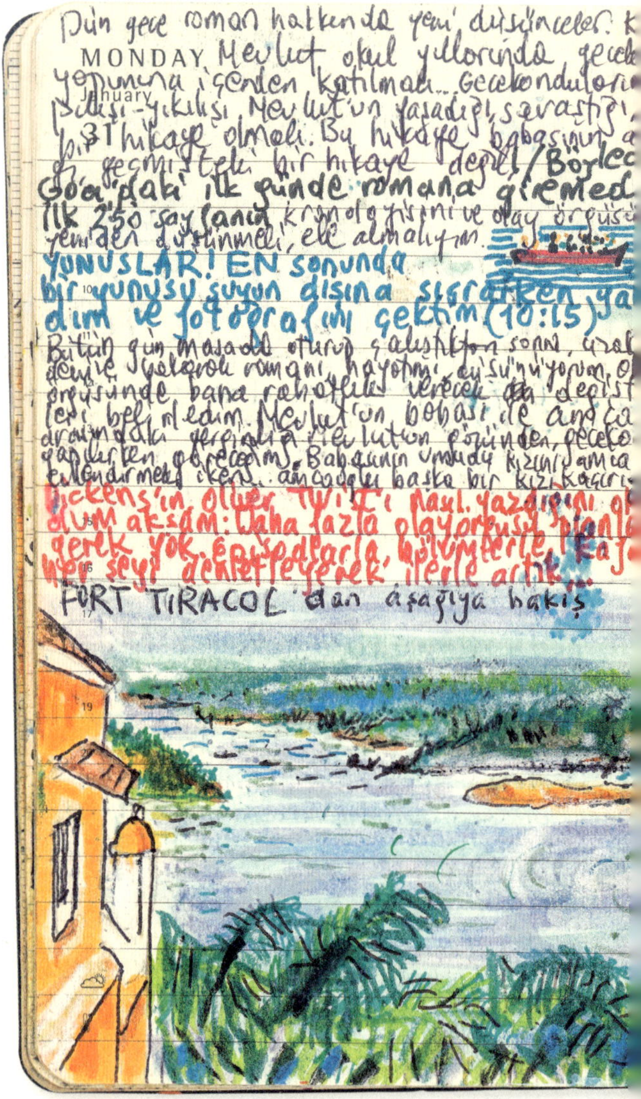


veduta dal
FORTE DI TIRACOL

Guardo il mare all'orizzonte, penso al romanzo e alla mia vita, dopo una giornata tutta passata alla scrivania. Decisa una serie di cambiamenti da apportare al *plot* per ritrovare un po' di tranquillità. Vedrò la tensione fra il padre e lo zio di Mevlut attraverso gli occhi del figlio, al momento della costruzione del gecekondu. Mentre suo padre spera di maritare la figlia con un cugino, questi corre dietro a un'altra. Stasera leggevo qualcosa a proposito del metodo di Dickens per *Oliver Twist*: nessun bisogno di elaborare troppo l'intreccio. Procedere per episodi, capitoli, mantenendo il controllo su tutto ciò che ho in testa…

Alzato alle 7, penso agli anni di scuola di Mevlut guardando i pescherecci in lontananza, la nebbia che sale dalla foresta. Stamattina lavorato dalle 3 alle 5. A letto, sonnecchiando, non smetto di pensare a Mevlut e alla sua scuola. Ma non ho ancora scritto niente. Faccio delle correzioni.

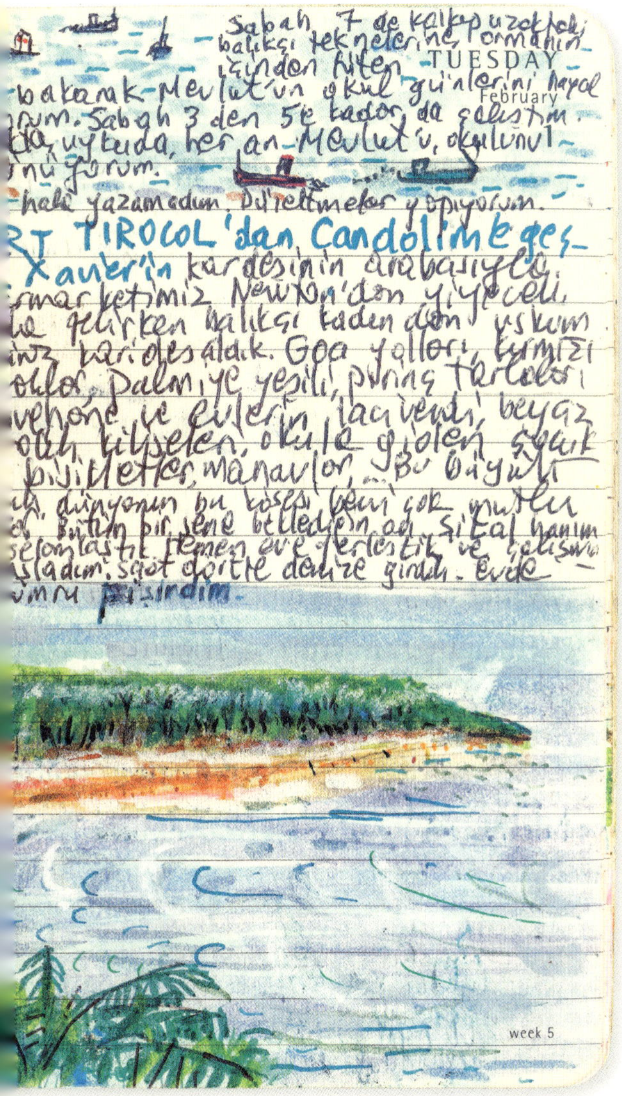


Siamo scesi dal FORTE DI TIRACOL a Candolim. Xavier ci ha portati a fare la spesa al supermercato Newton con l'auto di suo fratello, poi ancora lungo la strada sosta da una pescivendola da cui abbiamo comprato sgombro, fresco e affumicato, gamberetti. Le vie di Goa, la terra rossa, il verde delle palme, le risaie, il blu scuro dei caffè e delle case, il candore delle chiese cattoliche, i bambini che vanno a scuola, le biciclette, i venditori di frutta… L'opulenta allegria di questo angolino di mondo è per me una felicità. Il momento che hai aspettato per un anno intero… La signora Sheetal ci ha dato il benvenuto. Il tempo di sistemarci e mi sono subito messo al lavoro. Alle 16 siamo andati al mare. Al ritorno, grigliata di sgombri.

Coraggio Orhan. Devi credere di piú nella stranezza del tuo racconto e nei sogni di Mevlut. Sii piú te stesso, Orhan. Forza, sogna; spalanca le ali, vola! Ah Mevlut. Devo riuscire a immaginare il mondo di Mevlut – dimenticando tutti gli altri.
Felicità di scendere in cucina a scaldare l'acqua per il tè, di aprire le porte, di accarezzare il cane, poi di camminare nel fresco del giardino, sul pontile di legno, ascoltando cantare le cornacchie e gli altri uccelli. Poi mi siedo alla scrivania e rivedo ciò che ho scritto ieri. Mi piace scrivere dell'esilio di Mevlut in fondo alla classe, del suo desiderio di sedersi davanti, di tutti i guai che accadono nell'ultima fila, ecc. Piacere. Com'è bello essere Mevlut divertendosi!

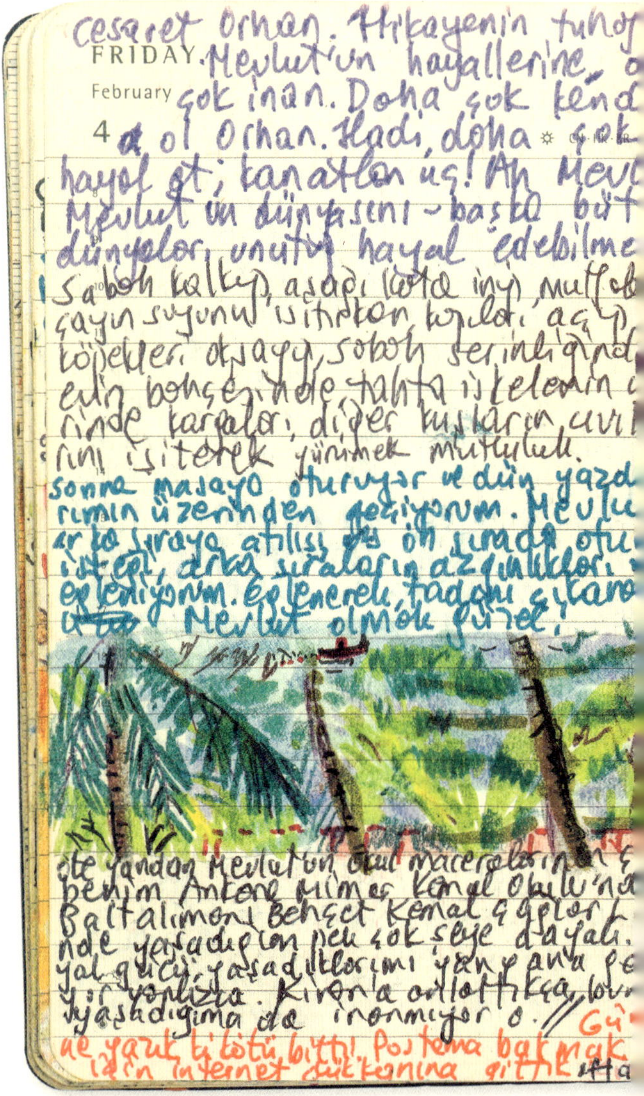


Eppure: le avventure scolastiche di Mevlut sono in gran parte ispirate a ciò che ho vissuto alla scuola Mimar Kemal di Ankara e al liceo Behçet Kemal Çağlar di Baltalimanı. L'immaginazione non fa che ricomporre i miei ricordi. Quando gliene parlo, Kiran non crede che io abbia vissuto tutto questo. // La giornata, purtroppo, si è conclusa male. Siamo andati all'Internet café a leggere le e-mail. Le notizie.

// Le notizie del paese sono sempre brutte, non si ha neanche voglia di leggerle. O qualcuno ti minaccia o certe persone raccontano cose spaventose, si prova vergogna.
Dormito dieci ore, svegliato alle 8. Forza Orhan, scrivi il tuo Mevlut, il mattino è bello, sei in forma, sei forte, scrivi, dai… // Nuotato in mare, fantastico. Mare azzurro. Pulito. Profondo. Sole. Nuotando ho immaginato un paragrafo – un elenco che mostra quanto Mevlut abbia amato la scuola. Lo scriverò oggi. Se lo faccio, potrebbe essere una delle pagine sulla scuola piú originali di tutta la letteratura turca. // Redigo l'elenco. Ma non è bene essere pretenziosi. Mi piace scrivere. In realtà Mevlut sono io. // Ora scrivo sull'amore di Mevlut per le lezioni di storia. Poi rallento. Maledizione. A volte i particolari sono cosí precisi che potrebbe sfuggirmi l'insieme.

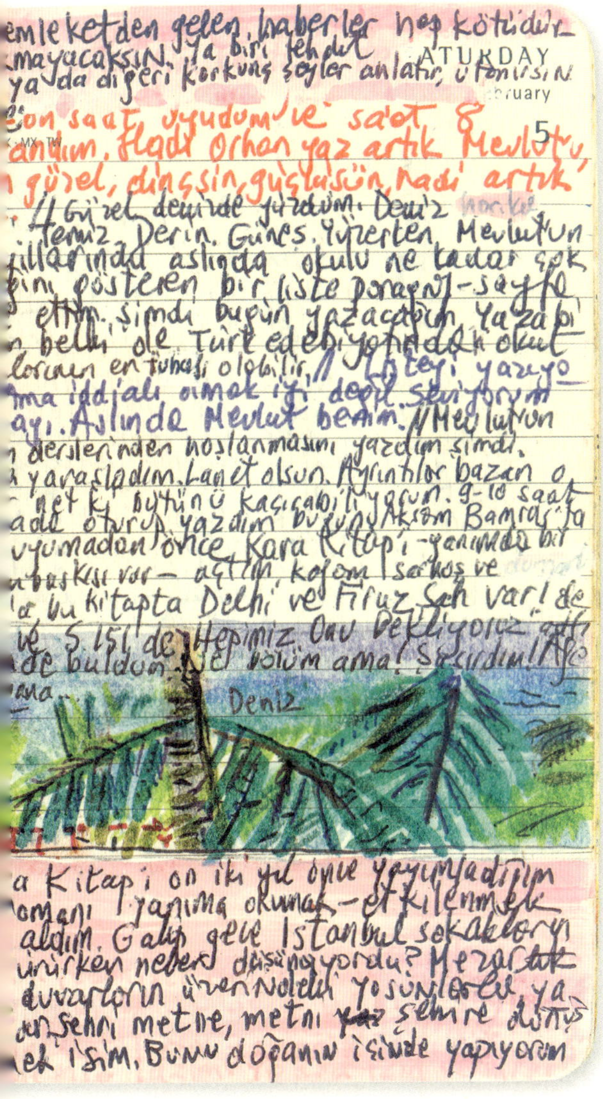

il mare

Oggi lavorato 9 o 10 ore alla scrivania. Alla sera da Bomras. Prima di andare a dormire, un po' brillo, ho riaperto *Il libro nero* – ho con me l'edizione Iletişim –, e ho detto a Kiran: in questo libro ci sono Delhi e Firuz Shah! e ho ritrovato, p. 151, il capitolo intitolato «Tutti aspettiamo Lui». E che capitolo! Ero a bocca aperta! Complimenti a me… Mi sono portato *Il libro nero*, romanzo pubblicato dodici anni fa, per rileggerlo e ispirarmi. A che cosa pensava Galip camminando di notte per le vie di Istanbul? Alle iscrizioni e al muschio che ricoprono i muri, le tombe. Il mio lavoro, trasformare la città in testo, il testo in città. Lo faccio qui, circondato dalla natura.

Alzato tardi. Nuotato quaranta minuti, il mare sublime contro la mia pelle… E pensavo a ciò che avrei scritto oggi. Ora, 11.40, un misto di entusiasmo e di felicità. In mezzo agli anni di scuola di Mevlut ho scritto il discorso che fa Aysel, la bibliotecaria, sulla necessità di leggere libri. Molto divertente. Questo capitolo sulla scolarità di Mevlut è molto piacevole, vivo, ho riso molto rileggendolo. Restano da mescolare a questo tono allegro, disinvolto, un pochino cinico, l'affetto che merita Mevlut, i demoni che lo rodono, il suo mondo metafisico… e *La stranezza che ho nella testa* sarà un romanzo magnifico, lo so. Il mio desiderio di scrivere un romanzo lungo è forte, ma penso che non si debbano superare le 400 pagine. Non deve essere piú lungo del *Libro nero*, che ho sul tavolo – 430 pagine.

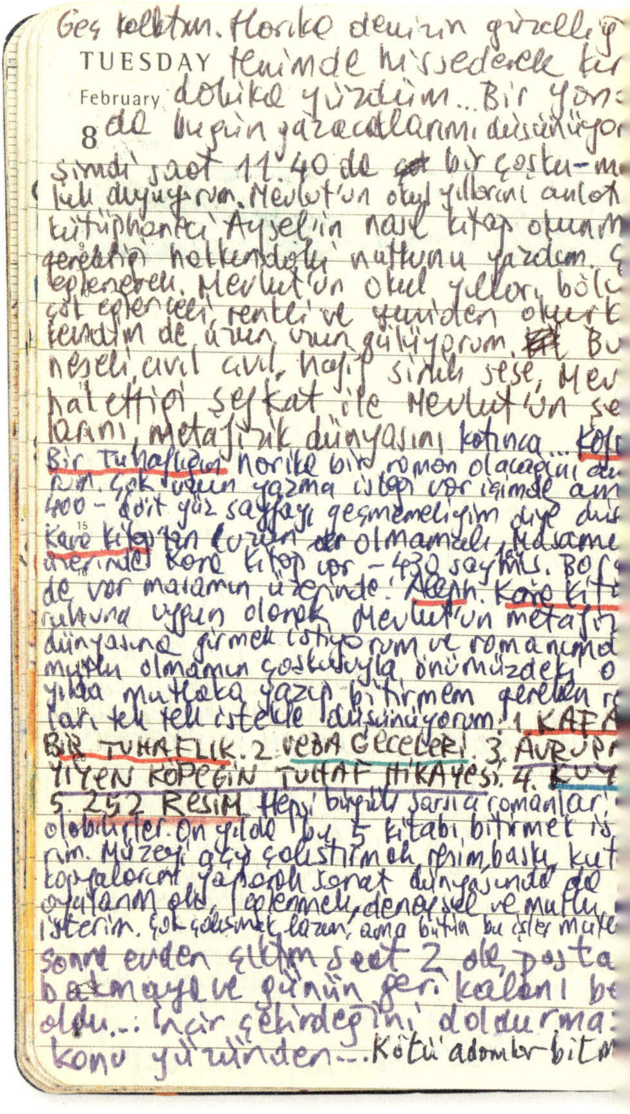


Ho anche Borges: *L'Aleph*. Voglio entrare nel mondo metafisico di Mevlut, nello spirito del *Libro nero*, e, in preda all'entusiasmo che mi dà la stesura di questo romanzo, penso a tutti quelli che dovrò assolutamente scrivere o terminare nei dieci anni a venire: 1. *LA STRANEZZA CHE HO NELLA TESTA*. 2. *LE NOTTI DELLA PESTE*. 3. *LA STRANA STORIA DEL CANE CHE MANGIAVA GLI EUROPEI*. 4. *IL POZZO*. 5. *252 QUADRI*. Tutti grandi romanzi, sconcertanti; potranno esserlo. Ecco i 5 libri che voglio finire entro dieci anni. Voglio anche inaugurare e far funzionare il museo, gironzolare un po' nel mondo dell'arte attraverso i miei disegni, stampe e riproduzioni delle teche, divertirmi, sperimentare ed essere felice. È tanto lavoro, ma è solo felicità. Poi, uscito di casa alle 14 per leggere le e-mail; questo mi ha rovinato il resto della giornata… Per storie che non valgono un fico secco… I farabutti non si fermano mai!

Accanto alla casa, un enorme BANIANO dispiega la sua massa stupefacente. Lo saluto con il rispetto dovuto a un vecchio saggio. È la stessa sensazione di ebbrezza che proverei davanti a un vecchio fico in Turchia. Però il BANIANO non è un albero dritto e maestoso. È un vecchio imbronciato, collerico, problematico, ma affascinante. Un nascondiglio sulla strada polverosa…

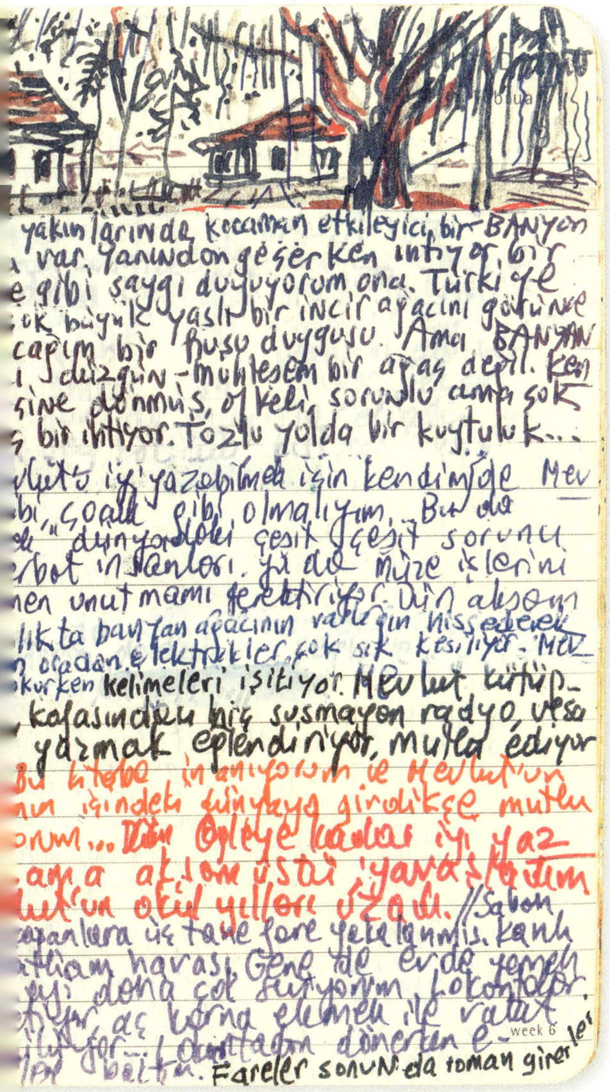

Per descrivere bene Mevlut devo essere come lui, come un bambino… E innanzitutto comincio dimenticando tutti i problemi del mondo «reale», la cattiveria delle persone, o anche i lavori del museo. Ieri sera avvertita la presenza del baniano nell'oscurità. Frequentissime interruzioni della corrente elettrica. Quando legge, Mevlut presta orecchio a ogni parola. Allegro piacere di descrivere Mevlut, la biblioteca della scuola, la radio che continua a trasmettere nella sua testa, e cosí via. Ho fede in questo libro, contento di essere finalmente entrato nell'universo mentale di Mevlut… Ieri scritto bene fino a mezzogiorno, poi purtroppo rallentato nel pomeriggio, con l'episodio degli anni di scuola che si dilunga. // Stamattina: tre topi catturati nelle trappole disseminate per casa. Odore di massacro sanguinoso. Preferisco comunque mangiare qui piuttosto che fuori. Nei ristoranti ti fanno aspettare, devi ingannare il tempo ingozzandoti di pane, a digiuno… Consultate le e-mail tornando dal pranzo. I topi finiranno nel romanzo.

Lavorare tutto il giorno accontentandosi di poco e senza vedere nessuno. Ecco la grande felicità. Quando scrivo, parte della mia mente è disturbata dai rumori che giungono fino alla scrivania, grida degli uccelli, latrato dei cani ecc. L'impressione piú forte, quella che amo soprattutto, è il colore del mare che appare in lontananza in un florilegio di chiarori verdi, arancioni e gialli. Sono passati tre, quattro giorni e ho sempre la testa a Kars, alle foto, alle bugie, e a Mevlut che risolve un'equazione alla lavagna «vedendola», il che crea poi la sua leggenda. Vorrei poter entrare piú in fretta nell'argomento, scrivere questo capitolo con piú facilità e dovizia. Mi capita di pensare, vista la potenziale ricchezza dell'intreccio, che le Avventure di Mevlut non finiranno mai. Procedo lentamente, molto lentamente. Sarà come una traversata a nuoto dell'oceano! AMO MOLTO MEVLUT... DEVO PROTEGGERLO E FARNE UNA PERSONA CHE TUTTI AMERANNO.

L'INDIA
AL POMERIGGIO

Non uscito di casa per tutto il giorno. Mevlut ragazzo mio, farei di tutto per te. Ancor piú piacere a starmene rinchiuso, quest'anno. Nuoto di piú, e con piú disciplina. Alla sera preparo una grigliata di *kingfish*. Un po' d'insalata... Seguiamo la rivolta popolare in Egitto, sulla Cnn e la Bbc. In che misura popolare? Il «Wall Street Journal» mi chiede un articolo... L'islam e la democrazia non vanno molto d'accordo, è risaputo da anni! dicono... Ora che forse la democrazia è al traguardo, si chiedono se Israele non lo rimpiangerà. L'arrivo della democrazia nei paesi musulmani ha di che suscitare entusiasmo. D'altro canto, se scrivo un articolo, è tutto tempo perso per Mevlut... *La spia che venne dal freddo* – ottima prestazione di Richard Burton. Bbc – su Caravaggio. Kiran e io guardiamo dei dvd dopo cena.

Tornati dal ristorante italiano dove abbiamo cenato stasera, con l'intenzione di andare a letto presto: ma accendendo il televisore ho il piacere di scoprire che quella in corso in Egitto è una rivoluzione, e che Hosni Mubārak ha lasciato Il Cairo. Che folla! Ora il potere è in mano all'esercito. Ma nessun esercito è degno di fiducia, sono capacissimi di tradire la rabbia del popolo, e certamente di accaparrarsi il potere… Per ora domina la gioia e io stesso mi sento in preda alla gioia – all'entusiasmo. La Cnn e la Bbc mostrano la folla ammassata al Cairo in piazza Tahrir… I manifestanti non nascondono la loro felicità, dicono che il popolo, senza ricorrere alla violenza, sta attuando una grande rivoluzione. Poi di nuovo le immagini della folla festante in piazza, girotondi, capriole, manifestazioni di gioia. Le ragazze velate, i soldati presi in spalla, l'incredibile frastuono della folla trionfante. Frastuono allegro, pacifico.

Ho le lacrime agli occhi. Perché? La speranza che i paesi musulmani conoscano finalmente la democrazia! È possibile? A meno che l'esercito o i Fratelli musulmani non instaurino una nuova dittatura. L'anno scorso, per le vie di Alessandria, non era una nazione a chiedere la libertà, ma un popolo miserabile, oppresso, per lo piú musulmani e conservatori – un popolo barbuto e velato… Gente distrutta, silenziosa e senza gioia. Sí, tutti odiavano Mubārak, e si felicitavano con me perché ero turco, a causa di Erdoğan, che adoravano (dal viaggio a Gaza)… Il loro amore per Erdoğan mi aveva sconcertato, e quelle masse povere, con il velo, in abiti religiosi, e soprattutto gli uomini, uomini aggressivi che parlano sbraitando, mi ricordavano la Turchia.

Al mattino, rinunciando al mio solito programma di nuoto ecc., ho deciso di dedicare l'intera giornata alle avventure di Mevlut, senza lasciarmi distrarre da nient'altro. Alle 11.30 sono ancora alla prima pagina. Storia del compagno, che va a lamentarsi con Mevlut del fatto che un bullo del liceo continua a picchiarlo. Poi la storia di Hamdi, matricola 1573, innamorato come Mevlut di Eda, la prof di inglese, e anche quella del piccolo Ahmet che preferisce giocare con le bambine invece che con i maschi. Poi quella sui due fratelli che rubano in biblioteca numeri di «Spirito e materia»... Tutti questi particolari ed episodi, come i due fratelli che rubano libri in biblioteca o gli studenti a cui in biblioteca viene dato un numero a caso di qualche vecchia rivista – compresa, ovviamente, «Spirito e materia» – sono tratti in qualche modo dalla mia vita. È quello che si faceva alla scuola elementare Mimar Kemal di Ankara negli anni 1960-62. Stessa cosa per il latte in polvere Unicef e l'olio di pesce. Oppure Scheletro, l'assistente del direttore del liceo di Şişli, e il cieco, Muhtar.

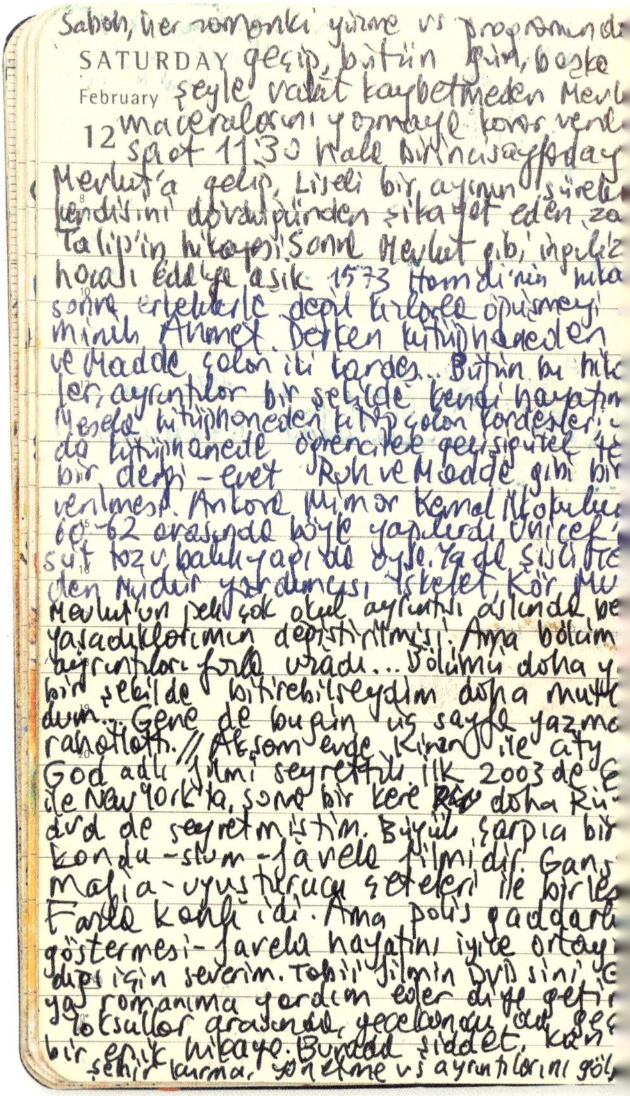


In realtà, molti episodi scolastici di Mevlut sono distorsioni dei miei. Ma il capitolo è troppo pieno, troppo lungo... Avrei preferito terminarlo rapidamente... Ciò nonostante le tre pagine scritte oggi mi hanno rassicurato. // Alla sera Kiran e io guardiamo un film intitolato *City of God*. L'avevo visto per la prima volta a New York nel 2003, con Elif, poi un'altra volta con Rüya, in dvd. Film su un'impressionante baraccopoli-favela-slum. Bande di gangster-spacciatori-mafiosi. Troppo sanguinoso. Ma mi piace perché descrive bene la vita nelle favelas – la crudeltà della polizia. Se ho portato il dvd a Goa è ovviamente perché mi aiuta per il romanzo. Una storia epica che si svolge in un gecekondu, fra i poveri. Ma qui la violenza, il sangue, mettono in ombra i dettagli su edificazione e gestione della città ecc.

Al mattino, sveglio ma ancora a letto, medito. La stesura del capitolo sugli anni di scuola di Mevlut si dilunga. Ci sono al tempo stesso un lato documentario e un lato davvero strano, proprio come speravo… Ma non sto allungando troppo? Pensa a *Sull'ansa del fiume*.

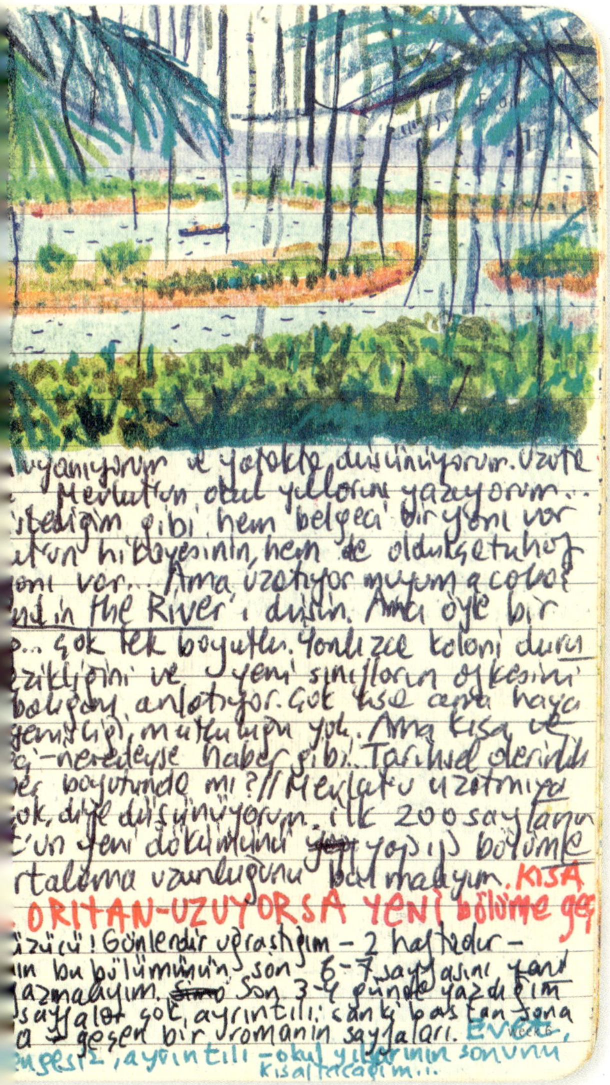

Tranne che quel libro… ha un'unica dimensione. Racconta solo l'oppressione coloniale, il popolo e la rabbia delle classi in ascesa. Brevissimo, ma senza portata esistenziale, senza felicità. Corto, documentaristico – quasi come un bollettino… La storia profonda può essere contenuta in un simile formato? // Non devo tirare Mevlut troppo per le lunghe. Una volta rivisti le prime 200 pagine e l'intreccio, devo fare capitoli di lunghezza media. ACCORCIA ORHAN – se si ALLUNGA TROPPO, passa a un NUOVO capitolo. Rabbia! Devo riscrivere le ultime 6-7 pagine del capitolo al quale lavoro da giorni – due settimane. Ciò che ho scritto in questi ultimi 3-4 giorni a volte è sovraccarico di particolari: come se si trattasse di un romanzo ambientato da capo a fondo in una scuola. Sí, è squilibrato, pesante – accorcerò la fine di questa parte…

A GOA, dell'impossibilità di Freud e della trasposizione in parole dei sogni

Ieri sera ho rifatto lo stesso sogno, inevitabile, pauroso. Mi sono svegliato in preda al panico, ma non era un incubo. Ero da solo nella stanza dove c'è la mia scrivania. Non so quanto devo aver urlato. Il sogno è identico – tranne certi particolari… Il «soggetto» di per sé non è terrificante, è il paesaggio montuoso immerso nell'ombra, in bianco e nero, drammatico. La vista mi spaventava, e al tempo stesso non riuscivo a staccare gli occhi. Sí, c'era anche un abisso, a picco – anche un pendio, il senso della vita, e quella cosa alta che s'innalzava, invisibile al mio sguardo. Ma non è cosí importante! Non so che significato dare a questo sogno.

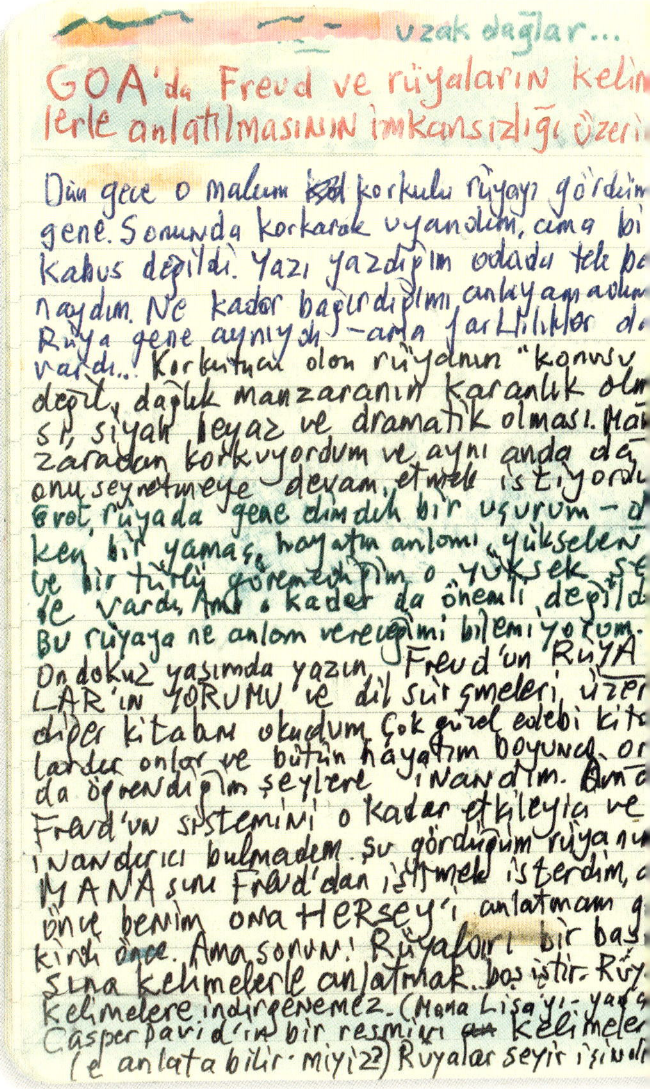
uzak dağlar…

GOA'da Freud ve rüyaların keli
lerle anlatılmasının imkansızlığı üzeri

Dün gece o malum korkulu rüyayı gördüm
gene. Sonunda korkarak uyandım, ama bi
kabus değildi. Yazı yazdığım odada tek ba
naydım. Ne kadar bağırdığımı anlayamadım
Rüya gene aynıydı – ama farklılıklar da
vardı.. Korkutucu olan rüyanın "konusu
değil, dağlık manzaranın karanlık olm
sı, siyah beyaz ve dramatik olması. Man
zaradan korkuyordum ve aynı anda da
onu seyretmeye devam etmek istiyord
Evet, rüyada gene dimdik bir uçurum – d
key bir yamaç, hayatın anlamı, yükselen
ve bir türlü göremediğim o yüksek şe
de vardı. Ama o kadar da önemli değild
Bu rüyaya ne anlam vereceğimi bilemiyorum.
On dokuz yaşımda yazın, Freud'un RÜYA
LAR'ın YORUMU ve dil sürçmeleri üzer
diğer kitabını okudum. Çok güzel edebi kit
lardır onlar ve bütün hayatım boyunca or
da öğrendiğim şeylere inandım. Ama
Freud'un sistemini o kadar etkileyici ve
inandırıcı bulmadım. Şu gördüğüm rüyanın
MANAsını Freud'dan işitmek isterdim, a
önce benim ona HERŞEYi anlatmam g
kirdi önce. Ama SORUN! Rüyaları bir baş
şına kelimelerle anlatmak.. boş iştir. Rüy
kelimelere indirgenemez. (Mona Lisa'yı ya
Casper David'in bir resmini kelimeler
de anlatabilir miyiz?) Rüyalar seyir işidi

A diciannove anni avevo letto *L'INTERPRETAZIONE DEI SOGNI* di Freud, contemporaneamente ad altri libri sul lapsus nel linguaggio. Erano libri bellissimi, letterari, e per tutta la vita ho creduto a ciò che avevo scoperto leggendoli. Ma il sistema di Freud, invece, non mi ha mai convinto né impressionato. Mi sarebbe piaciuto che Freud mi dicesse qual era il senso del mio sogno, ma prima avrei dovuto raccontarglielo. Tutto. Il problema: raccontare a un altro i propri sogni… è inutile. I sogni non si lasciano trascrivere in parole. (Si può spiegare a parole la *Gioconda* o un quadro di Caspar David?) I sogni sono fatti per essere visti.

Prima di andare a letto, poi ancora in piena notte, un'ondata di pensieri m'impedisce a lungo di addormentarmi (come mio padre quando si svegliava). Parole e immagini che sorgono da sole: mi piace il mio taccuino. Mi piace sfogliarlo, rileggerne pagine, disegnarci sopra, rivedere i miei schizzi. Mi offre la gioia sempre rinnovata di scrivere, di poter annotare – se voglio – tutto ciò che provo.
Stamattina alzato alle 8. La calma è assoluta. Ho infilato il costume da bagno e camminato fino alla spiaggia. L'aria ancora fresca. Il mare serico come un velo. Non un'anima in spiaggia. Alcuni addetti spazzano con la scopa e distribuiscono cuscini sulle sdraio. Nuotato senza stancarmi. Assaporando pienamente la bellezza del mattino, del mare, del mondo. Ora alla scrivania. Mangio frutta, bevo tè e, in uno slancio di estremo ottimismo, mi dico che è meraviglioso essere un romanziere.

Disegnato questo osservando le vie mentre Xavier ci portava in giro per Goa in auto – piacere per metà fotografico per metà immaginativo. In piena stesura del romanzo m'interrompo di colpo per aprire il taccuino e migliorare il disegno con piccoli tocchi, a pennarello, a pastello, a inchiostro di china ecc.

Risistemare il racconto dei primi giorni di Mevlut a Istanbul, o della costruzione del gecekondu da parte di suo zio e suo padre. Immergere Mevlut nella quotidianità dell'esistenza, la storia del titolo di proprietà ecc. // Rendere gli altri passi del romanzo divertenti e diabolici quanto quello di Mevlut a scuola. // Sheetal ha portato dal mercato… palamita, *kingfish* (fritta) e sgombro. E anche manghi, papaye, uva, meloni, pere, ciliegie, arance, cocomeri, ananas… Non c'è altro da fare che continuare a lavorare sulla trama generale.

Ieri non ho scritto neanche un rigo. Perché ho ripreso la trama generale del romanzo. Cioè ho riscritto buona parte delle prime 40-50 pagine. Pagine peraltro già riscritte. Non conto piú le volte che ho pensato di rifare tutto. Ma insomma, scrivo. Dire che è la prima volta che cambio cosí tanto idea su un inizio di romanzo sarebbe una bugia. Perché avevo riscritto piú volte anche l'inizio del *Libro nero* e del *Mio nome è rosso*. Resta il fatto che sono stufo di riprendere e riprendere questi primi capitoli… // In preda a una strana stanchezza, ieri. Dormito 10 ore. Sono andato a fare il bagno e ora lavoro alla cronologia dei giorni successivi all'arrivo a Istanbul, negli anni Sessanta, del padre di Mevlut, Mustafa, e di suo fratello.

Non concepire un romanzo, m scriverlo. Vogli essere Mevlut.

Veduta della spiaggia a sinis della casa.

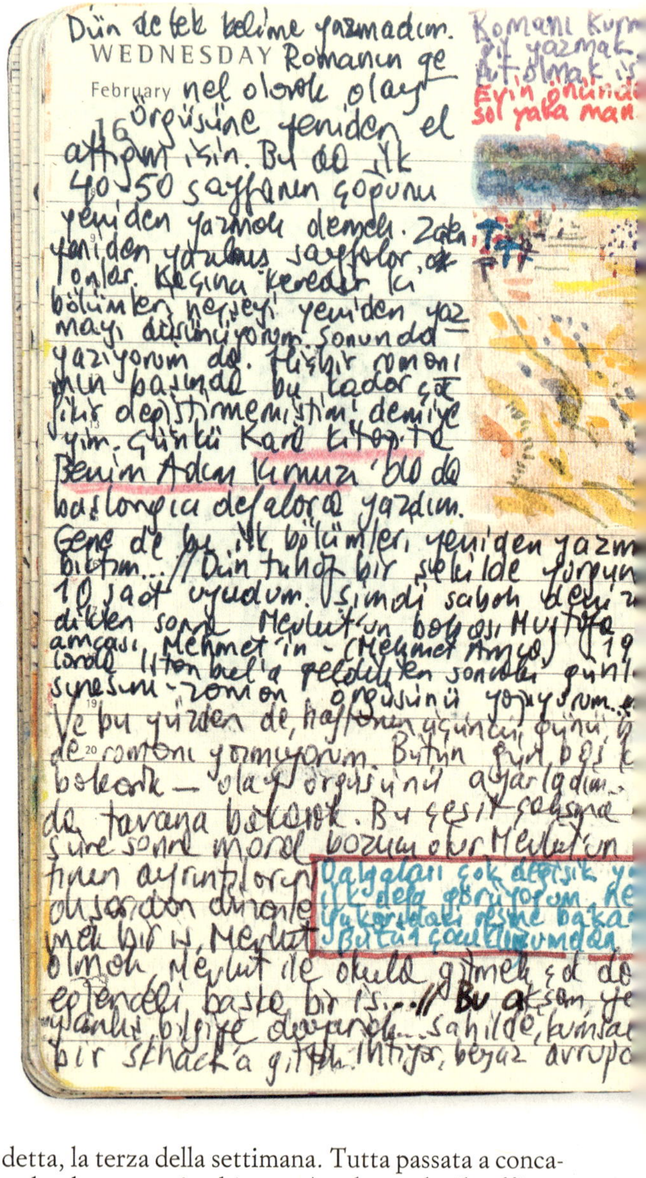


Dunque un'altra giornata vuota per la scrittura propriamente detta, la terza della settimana. Tutta passata a concatenare gli avvenimenti guardando una pagina bianca. A volte anche il soffitto. Questo tipo di lavoro ti demoralizza, alla lunga. Una cosa è organizzare la vita di Mevlut dall'esterno, tutt'altra, molto piú piacevole, diventare, essere Mevlut, andare a scuola con lui… //

Fai le onde in modo singolare. Nessu ha mai disegnato le onde cosí. È la pri volta che lo vedo, è bellissimo,

Abbiamo seguito un consiglio sbagliato e siamo andati a cena fuori… in un bun low sulla spiaggia. Vecchi europei bianchi guardano il mare e le onde dalla verand

Oggi, tormenti e rimorsi per la giornata passata senza scrivere, poi ho finito per riscuotermi, e alle 18.30 sono riuscito a entrare nel romanzo… Scritto qualche rigo e risistemato i capitoli precedenti. Impressione di essere un farabutto quando non riesco a scrivere. Idea per *Le notti della peste*: arriva a palazzo una delegazione occidentale, viene a smantellarlo pietra per pietra (o almeno una parte, per esempio un santuario ecc.) per portarselo in Occidente; il sultano Abdul Hamid ha dato la sua autorizzazione. Ne fanno parte architetti, esperti e specialisti della storia del palazzo… A metà delle *Notti della peste* tutti i non musulmani – o soltanto i non praticanti –, cristiani, occidentali ecc. sono eliminati, assassinati, oppure sono fuggiti, o ancora convertiti all'islam. I pochi restanti non si vedono in giro!

Nelle *Notti della peste* la rabbia anticoloniale, antioccidentale ecc. non deve superare un terzo dell'intreccio – né la metà in termini cronologici. Nella seconda parte si vede che cosa fa di se stessa la nazione liberata. Dapprima è il nazionalismo giacobino – laico –, poi la rivolta popolare e il populismo. Ora so che il mio prossimo libro sarà *Le notti della peste*. Il cui soggetto non sarà solo il colonialismo, ma lo stato, il potere, la modernità, il popolo, la nazione nelle società postcoloniali o non occidentali…

e Kiran, il che mi riempie di gioia. Dovresti disegnare più, Orhan! dice anche guardando il disegno qui sopra. lci parole che ho sempre voluto sentire fin dall'infanzia.

ALLA FINE ho cominciato in un altro modo

casciati, con la faccia rivolta al mare, offerta al vento. Strana somiglianza con un atorio. Atmosfera da *Montagna magica*…

Libro in corso: indecisione a proposito delle avventure di Mevlut. Da una parte desiderio di raccontare una storia affascinante e realista nello stile di Dickens, o di Hamsun, o di Steinbeck... Dall'altra, voglia di un racconto piú palpitante, piú vivido, che conceda tutto il suo spazio all'immaginazione, all'intreccio, al dramma... Ma quanto mi piace essere Mevlut! Telefonato a Rüya a New York. Le ho detto che scrivevo questo romanzo per la felicità di essere Mevlut e per il puro piacere di scrivere senza pensare a nient'altro. Scrivo la storia di un bambino povero ma adorabile, alla Dickens, le ho detto. «Continua, va benissimo!» ha risposto Rüya, cosí perspicace, cosí intelligente. Mevlut sarà perfetto. Delizioso sonnellino al pomeriggio. Poi di nuovo la scrittura, con gioia. Scritto ancora pensando a Mevlut. E ancora. Alla sera, accendendo il forno per cuocere un pesce, immaginavo il primo ingresso di Mevlut nella casa di suo zio a Istanbul.

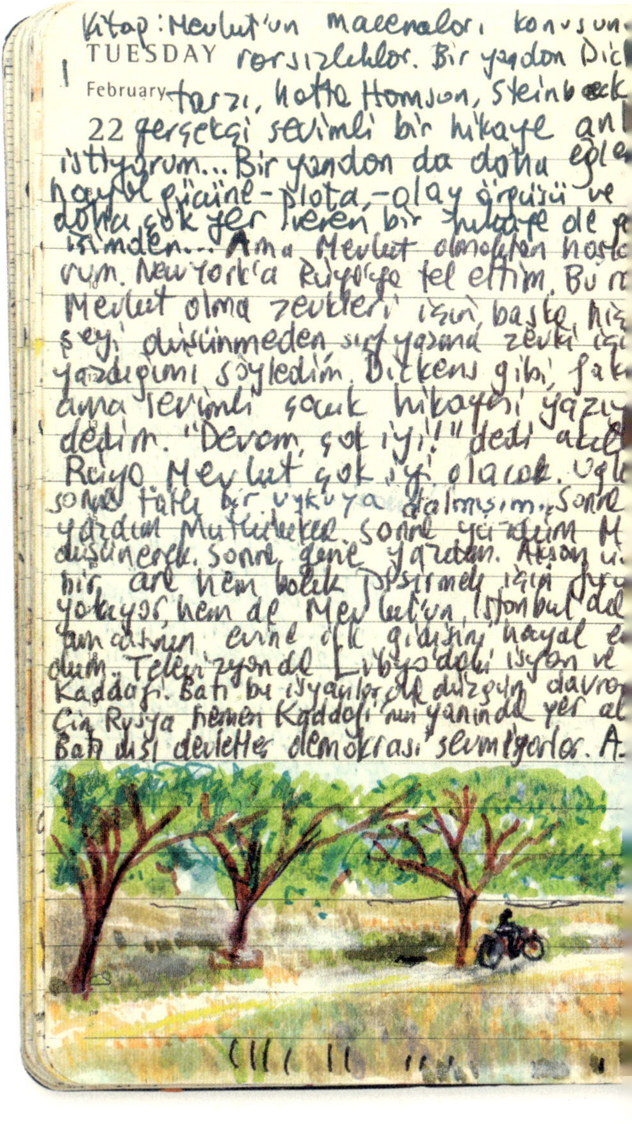


Alla televisione la rivolta in Libia, il tiranno Gheddafi. Mentre l'Occidente rende il dovuto omaggio a queste rivolte, la Cina e la Russia si schierano subito dalla parte di Gheddafi. Gli stati non occidentali non amano la democrazia.

Brusco risveglio in piena notte, verso le 5, come tutte le mattine, ma purtroppo questa volta non sono riuscito a riaddormentarmi... Invece mi piacerebbe potermi addormentare subito per saltare su al mattino, fresco e riposato, e tornare subito al mio piccolo Mevlut, inventarlo, dargli vita attraverso la scrittura. Ieri sera, dopo aver spento la luce, ho avuto una strana idea, che mi sono affrettato ad annotare dopo essermi faticosamente alzato dal letto; eccola: descrivere, in uno o due capitoli, l'ascesa al cielo di Mevlut, il suo arrivo nel regno degli angeli, ciò che vede e come lo interpreta. //

Mattina... nuotato con Kiran in un mare di una calma assoluta. Alzato alle 8 e subito a Mevlut. 1.30... Da anni non mi immergevo cosí profondamente in un romanzo. Felicità. Mevlut taglia la corrente elettrica a casa di suo zio ecc. Sono davvero dentro il romanzo. Le ultime due ore passate a inventare e scrivere la storia dell'uomo che torna in una notte di neve, ubriaco e solo, dopo che sua figlia è scappata nella neve. Una bellissima giornata. Scritte 4 pagine. Abbiamo guardato *Morte a Venezia* di Visconti. Forza Mevlut! Telefonato a Asuman per lanciare la collaborazione Penguin-Iletişim sui classici.

La stanza dove lavoro da tre anni, a volte facendo il sonnellino al pomeriggio e a volte svegliandomi in piena notte

Le sedie del balcone dove ci sedevamo alla sera nel 2009

camera da lett

ventilatore

scrivania

costume da bagno
asciugamano

la tivú su cui guardiamo DVD e le rivolte arabe alla BBC E ALLA CNN

Musti

Il pigro Susti

Le cornacchie, rumorosissi
e che ci rubano la frutta

Ho disegnato e scritto questo in questa stanza per il puro piacere, fra le mie riflessioni su Mevlut e la scrittura delle sue avventure… Il colmo della felicità, non smettere di pensare a Mevlut nella stanza al piano di sopra. Alla sera Vivek ci ha portati sulla spiaggia di Anjuna (viene dalla parola *Hanjuman* – venditori di cavalli arabi), in un'assurda discoteca rock frequentata dai giovani. Persone sedute per terra, che si osservano giocherellando con il cellulare. Se solo fossi rimasto a casa a leggere Tolstoj…

Mi capita di pensare a lungo a un dettaglio inutile, e allora trovarmi bloccato nel racconto che ho in testa. Adesso, per esempio: voglio che Mevlut e suo cugino passeggino a Duttepe, ma impossibile farli uscire dalla notte buia. Questi momenti di blocco sono quanto di piú desolante esista per un romanziere. Comunque, sono riuscito a farli uscire – Mevlut e Ali. Ma non sono riuscito come avrei voluto… Perché siamo andati in auto al molo di Panjim. Appuntamento con Wendell e Gerome, sulla loro barca, per una gita sul fiume Mandovi, tutto invaso dai rami penduli delle mangrovie, in un paradiso di uccelli. Ho scattato foto. Nell'entroterra lungo il fiume, da una colossale montagna estraggono il ferro, sembra che stiano tagliando un'enorme forma di formaggio, che parte in nave verso la Cina, il mondo intero in navi o camion.

l'asciugamano
e il bikini blu
di KIRAN

KIRAN
scrive un romanzo
al computer

Dietro:
il soggiorno
e la cucina

appola per topi
ı il veleno

o. Vi saluto.
licissimo di
ere in questo
egno e di
er pensato a
evlut a Goa.

È la felicità di Goa a esprimersi in questo disegno! Questo verde, le noci di cocco, il giardino, i cani, il giallo della sabbia, gli alberi, il piacere di scrivere nella grande casa, la frutta fresca che mangiamo al mattino, il sole, la scrittura, il nuoto, la felicità che tutto ciò risveglia in me! L'ottimismo! Il bello di questo disegno è che testimonia la nostra vita qui al tempo stesso in modo documentario (noi al lavoro in casa) e nel colore, nel sentimento.

L'Alhambra: dopo conferenza stampa ecc., stamattina, mi addentro finalmente in questo luogo meraviglioso. Avendo la testa imbottita di architettura da due settimane, mi sono fatto rapire senza difficoltà. Ma non è la storia che vengo a vedere all'Alhambra, solo le particolarità architettoniche, i motivi, i muqarnas. Contemplo ogni dettaglio chiedendomi che cosa potrei trarne per il Museo dell'innocenza... Serenità, profondità, raffinatezza. Se si riesce a fare astrazione dalle atrocità della storia, qui si può passare un momento delizioso. Mente divisa fra Istanbul – il museo – e l'emozione che mi dà questo splendore. Come mettere in sintonia architettura islamica classica e Museo dell'innocenza? Passeggio per l'Alhambra in una specie di ebbrezza dello sguardo, cercando di assorbire ogni particolare, senza dare un'occhiata alla guida... Ripromettendomi di tornare...

Pranzo in un ristorante alle 15.30, un bicchiere di vino. Sonnellino in camera all'hotel. Internet: e-mail: lavori del museo... Fotografie della casa di Harvard, giornalisti che vogliono fare un'intervista nella hall dell'hotel. Mangiato un panino con Vikram Seth e Juan (romanziere colombiano) sul balcone dell'hotel, grande come un terrazzo. Ancora vino, poi sono andato alla serata dedicata a me al festival. Si svolgeva nel teatro della città, per via della pioggia. È andata bene. Lieve mal di gola. La giornata è stata lunghissima. Sono esausto.

Mattino: prima di scendere a fare colazione sul balcone dell'hotel… Ottimismo. Sole. Kiran fa la doccia. La osservo attraverso la finestra socchiusa del bagno, che dà sul balcone: il che la fa sobbalzare. Qui, all'Alhambra, a Granada, sto bene, ma una parte di me è rimasta a Istanbul, nel museo… Colazione: siamo ospiti in un programma radiofonico. I giornali parlano di noi, ma con rispetto, non con un linguaggio da paparazzi. Stamattina discussione con l'architetto Bereket. Brav'uomo, ma lento. Poi di nuovo l'Alhambra – mormorio dell'acqua di una fontana che mi ha ricordato la poesia di Tanpınar *Il tempo a Bursa*… I cipressi. Un'atmosfera che mi ricorda la Bursa dove ero stato con la mia famiglia, nel 1962, la Moschea verde e tutte quelle del primo periodo ottomano. I cipressi, la fontana, rivedo la mia infanzia, ritrovo l'aspetto piú elegante, piú geometrico, e potente, dell'architettura islamica. Fiducia. Pace, serenità.

C'è nell'Alhambra una bellezza che ti fa dimenticare la crudeltà della storia. Poi sono tornato in hotel, ho telefonato a Rüya, poi augurato a Şeküre buona «festa della mamma». Prima uscita in città con Kiran… Mangiato pesce in una pizzeria di Granada. Passeggiata. Presi appunti in un caffè. Scrivo anche su pagine vuote, incomplete: desiderio di non dimenticare nulla delle mie giornate. L'oblio è cosí doloroso per me… Tenere comunque a mente, di questi ultimi due giorni: la bellezza del thuluth, i muqarnas, la calligrafia cesellata come merletto bianco, il gesso, il legno, l'acqua: tutto è solo dignità, raffinatezza… Bellezza da sogno dell'architettura dell'al-Andalus…

Agli Uffizi, nell'angolo inferiore destro dell'*Adorazione dei Magi* di Botticelli il pittore ci guarda. Potremmo, io o altri, fare lo stesso nei disegni di uccelli di Füsun. // 2 idee importanti durante la visita agli Uffizi: ornamentare i coperchi delle teche, i muri, i soffitti, ogni angolo libero. Non lasciare mai troppo vuoti i rivestimenti di legno laccato. Sapendo che tutto dovrà essere finito entro 1 anno… Aprire il museo, ma soprattutto continuare a decorarlo con dipinti per anni. 3. All'ingresso installare un video che spieghi che il museo non è finito e che probabilmente non lo sarà prima della fine della mia vita. Ovvero io stesso che spiego, in 8-10 minuti, il progetto e il senso del museo. Mentre indico dallo schermo il museo stesso, un dettaglio, il mondo… //

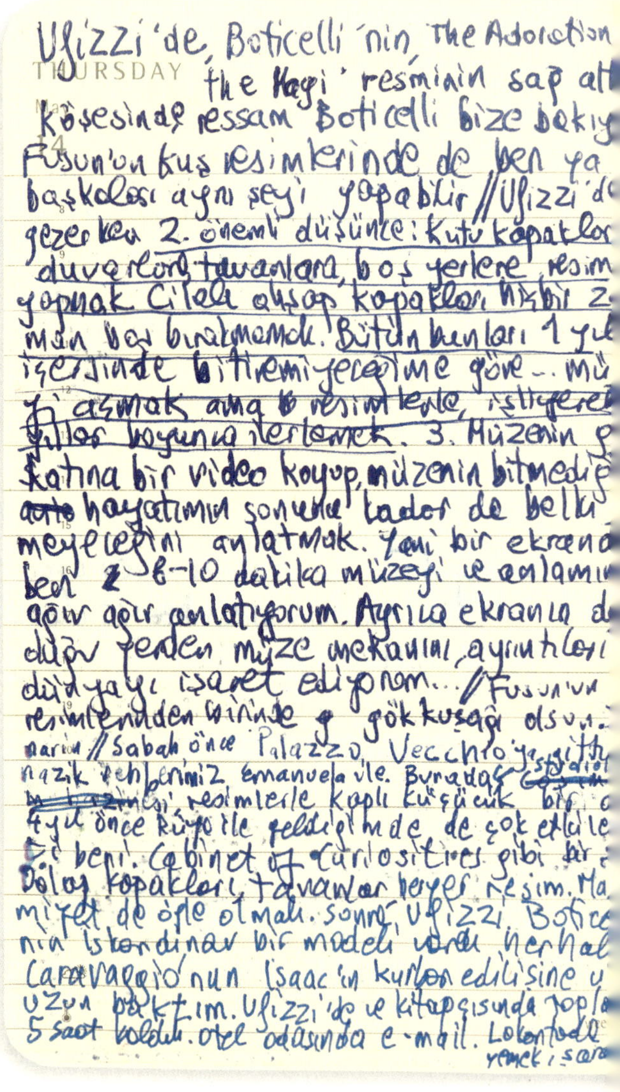

Uno dei disegni di Füsun deve rappresentare un arcobaleno. Delicato, raffinato. // Al mattino, visita di Palazzo Vecchio con Emanuela, la nostra incantevole guida. Lí, uno studiolo, una saletta tappezzata di dipinti, che mi aveva molto colpito durante la mia prima visita, quattro anni fa, con Rüya. Una specie di gabinetto delle curiosità. Le porte degli armadi, i soffitti, tutto è dipinto. Fare lo stesso per l'Innocenza. Poi agli Uffizi. Probabilmente Botticelli aveva un modello scandinavo. Lunga contemplazione del *Sacrificio di Isacco* di Caravaggio. In tutto abbiamo passato 5 ore fra le sale e la libreria del museo. In hotel, e-mail. Cena al ristorante, vino.

Notte insonne. Sogni spaventosi, ma senza che al risveglio mi torni in mente il motivo. Dormito 6 ore. E guardato il soffitto per un'ora e mezza. Vuoto dell'esistenza. Una grande paura. Come se fossi perso nello spazio. Kiran e io ci siamo alzati presto. Colazione. A piedi fino alla stazione... È bello essere al mondo, ma una sofferenza si aggira nel mio animo, nel mio sangue. Insonnia! Pensiero alla biblioteca laurenziana: nel Museo dell'i. i libri esposti, appesi al soffitto ecc., devono essere tutto fuorché banali. Edizioni preziose. E vendute in loco. Un mazzo di carte illustrato con una scelta di opere del museo. Per il negozio o libreria del museo.
Ahmet Öğüt, che fa sembrare salumieri le star televisive ecc., potrebbe trasformare anche me. Stasera sarà con noi al ristorante.

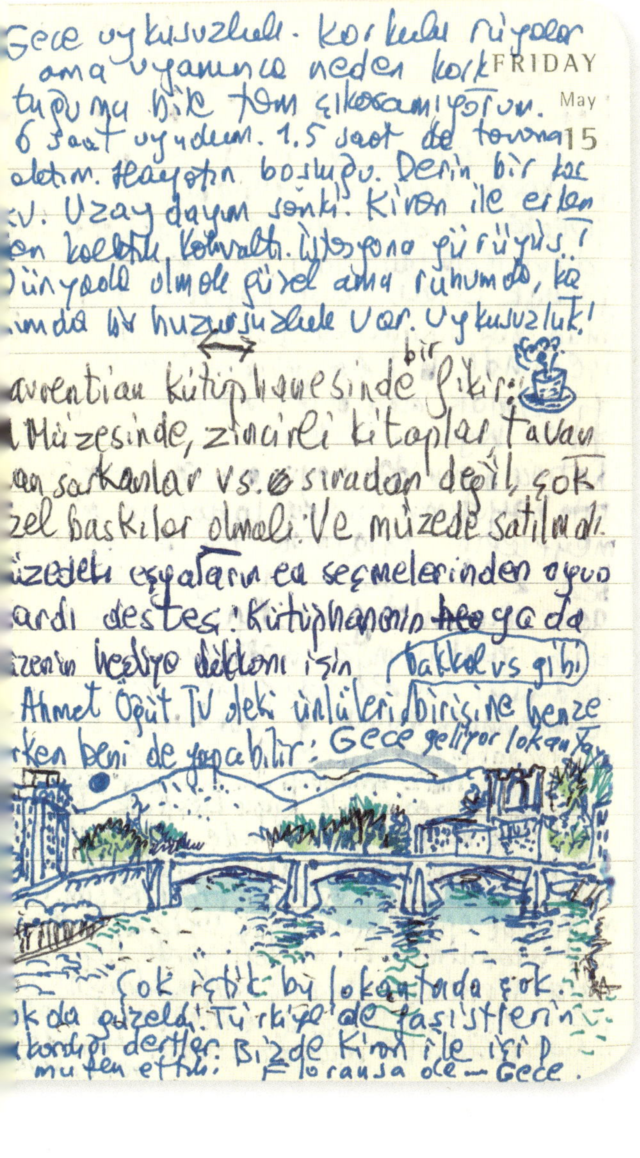


Al ristorante abbiamo bevuto troppo, davvero troppo. Ed era bello! I fascisti della Turchia continuano a creare problemi. Ma Kiran e io, bevendo, eravamo felici. A Firenze – di notte.

Al mattino, lavorato per due ore al romanzo. Giudicando stancante e noioso il capitolo sulla tombola, accorcio certi passi. Lo avevo scritto, con alcune pause, a New York nell'autunno 2007, quando scoprivo *Altri colori*. Le interruzioni lo hanno reso inconsistente, molle… A mezzogiorno partenza da casa, arrivo a San Marco in vaporetto… Percorrere Venezia in vaporetto, la piú grande gioia del mondo:

Mona Hatoum ci ha fatto visitare la mostra a Palazzo Querini Stampalia. Pranzo tutti insieme con suo marito, il curatore, e Kiran. Parlato di lavoro con Mona, da soli nel giardino giapponese creato da Scarpa. È definitivamente intenzionata a fare qualcosa con il Museo dell'innocenza. Ritorno a casa. Stanchezza. Lavorato un'altra ora al romanzo. Questo mi ha tirato su il morale. Alla sera nuova uscita in città con il vaporetto. Ahmet ci aspettava davanti all'Arsenale, per visitare il padiglione turco. Com'è dura poetizzare con gli oggetti familiari!

NOI ERAVAMO QUI

…seo …assi

Campo di San Samuele

Palazzo Cappello Malipiero

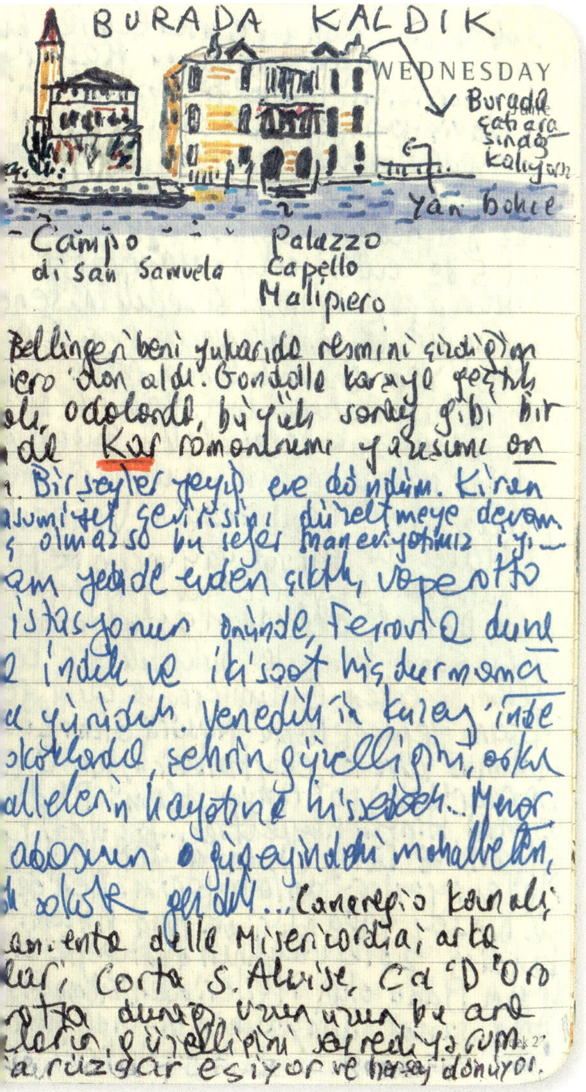


Noi siamo qui, fra i tetti.

giardino laterale

Al mattino Bellingeri passa a prenderci al Malipiero dove ho disegnato questo, dall'alto. Traversata in gondola. Ho raccontato di come avevo scritto *Neve* in un salotto pieno di specchi, grande come la sala di un palazzo. Mangiato in fretta qualcosa poi ritorno a casa. Continuato a rivedere la traduzione del *Museo* con Kiran. Per una volta il morale era alto… Alla sera partenza alle 7, vaporetto, scesi alla fermata Ferrovia, davanti alla stazione, e lunga passeggiata in città per due ore. Annusando la bellezza delle viuzze della parte nord di Venezia, la vita dei quartieri periferici… Giro nei quartieri a sud dell'isola del cimitero… Canale di Cannaregio, Fondamenta della Misericordia; l'intrico dei vicoli. Campo Sant'Alvise, il vaporetto alla Ca' d'Oro. I miei occhi s'inebriano della bellezza di queste vie. Poi si alza il vento e tutto si trasforma.

Lunga giornata. Alzato alle 8, lavorato alla traduzione, risposto alle ultime domande sull'argomento. Poi partenza per l'università con Giampiero, Mario, Yasemin – tutta la squadra. Ho parlato a lungo, pensando alle Norton Lectures di Harvard. Poi abbiamo preso il caffè tutti insieme al Campo Santa Margherita, poi sono rientrato.

Seconda visita alla Biennale. Dalla parte dell'Arsenale questa volta; in fondo a un lungo corridoio l'installazione di un artista italiano, immersa nel buio, che evoca il cosmo, l'infinito ecc., mi sono sdraiato e ho fatto un bel sonnellino. Poi, dopo aver preso il vaporetto per la Ca' d'Oro alle 18.30, lunga passeggiata per le vie, scattando foto. Cena in un ristorante molto piacevole. Abbiamo fatto tutto il percorso di ritorno senza perderci, non brilli.

Al mattino scritto il quarto testo «veneziano», sulla Biennale. Lasciamo l'appartamento a mezzogiorno per andare al padiglione della Nuova Zelanda e altri. I Palazzi sono ben piú interessanti... Padiglione di Singapore: un giovane che colleziona i biglietti di cinema e le foto di hall di hotel, un'atmosfera che profuma di Turchia... Ripropongono le scene piú celebri dei classici del melodramma di Singapore; o perlomeno fanno finta di girarle di nuovo. Inquadrature con riflesso in uno specchio; o ancora riprese, ripetizioni di *In the Mood for Love*: estetica che mi ha molto segnato, perfetta anche per l'atmosfera del museo. Cimeli cinematografici, manifesti, biglietti, comprendere la tradizione del melodramma fuori dall'Occidente. Il collezionista moderno, della classe media, nei paesi non occidentali comincia sempre dagli oggetti legati al cinema.

Uscendo da un ristorante nei pressi di Rialto abbiamo preso il vaporetto per andare all'Accademia, poi a piedi fino alla PUNTA DELLA DOGANA, l'ex edificio delle dogane. Museo d'arte moderna. Quadri in gran parte noiosi. Ma ho avuto la fortuna di scoprire una miniatura dell'inferno! Dal libraio, visto anche un magnifico volume sulla strana opera di un pittore-decoratore-designer, Fornasetti (molto particolare). Servirsene assolutamente per il museo. Ricevimento in un Palazzo a cui eravamo invitati. Aristocratici, eleganti, certo, ma anche leggeri e frivoli come i miei ricchi compagni di scuola degli anni Sessanta.

Al mattino ad Asolo. Abbiamo scelto di dedicare la giornata alle opere di Palladio. Visita a Villa Barbaro… Colori crema, affreschi nei toni pastello. Grande tradizione del trompe-l'œil… Mi sarebbe piaciuto essere il Palladio turco. Ha trasposto tutta un'architettura greco-romana classica nella villa rinascimentale, ma addomesticandola, letteralmente… La disposizione della villa, il giardino, la dolcezza della luce negli spazi interni, tutto è sublime. Generosità, geometria degli spazi.
Sosta a Bassano per il pranzo. Dopo aver vagabondato un po' per le vie. Anche il meraviglioso ponte di legno che collega le due rive della città è di Palladio. Distrutto e ricostruito. Poi ci è venuta voglia di un pasto abbondante, che stiamo ancora aspettando.

La Rotonda

VILLA BARBARO

L'aereo di D'Annunzio

Poi siamo andati a Vicenza. Prima a Villa La Rotonda, un po' fuori città. Molto elegante. Bellezza dei vecchi giardini. Sempre lí dopo 500 anni. Che straordinario godimento per l'occhio l'incredibile semplicità di questa geometria, l'allineamento simmetrico tra gli alberi. Il piú sontuoso edificio progettato da Palladio. Le scalinate, le colonne; poi abbiamo potuto ammirare altre sue opere passeggiando per le vie di Vicenza. Tutto è cosí semplice, cosí geometrico da non credere ai propri occhi. Villa Valmarana, Palazzo Thiene… desiderio di conoscere tutto PALLADIO, e di essere il Palladio turco.

Partiti da Asolo alle 11, abbiamo viaggiato senza soste fino al lago di Garda. Lí abbiamo passato tre ore a visitare il museo personale, stile narcisistico e idolatra, il Vittoriale, che Gabriele D'Annunzio si era fatto costruire – con il sostegno finanziario di Mussolini – sulle alture affacciate sul lago, e dove ha vissuto i suoi ultimi vent'anni. Ero estasiato, come sono sempre estasiato nei musei, specie quelli dedicati a una personalità, in particolare i musei di scrittori. L'atmosfera delle stanze, dell'archivio che si sviluppa su piú livelli collegati da una scala a chiocciola, e in particolare delle scatole d'archivio, è splendida. Una casa sovraccarica, di un barocco esuberante, che D'Annunzio ha stipato di un delirante bric-à-brac di statue, quadri, busti di gesso, iscrizioni e libri in latino, mucchi di libri.

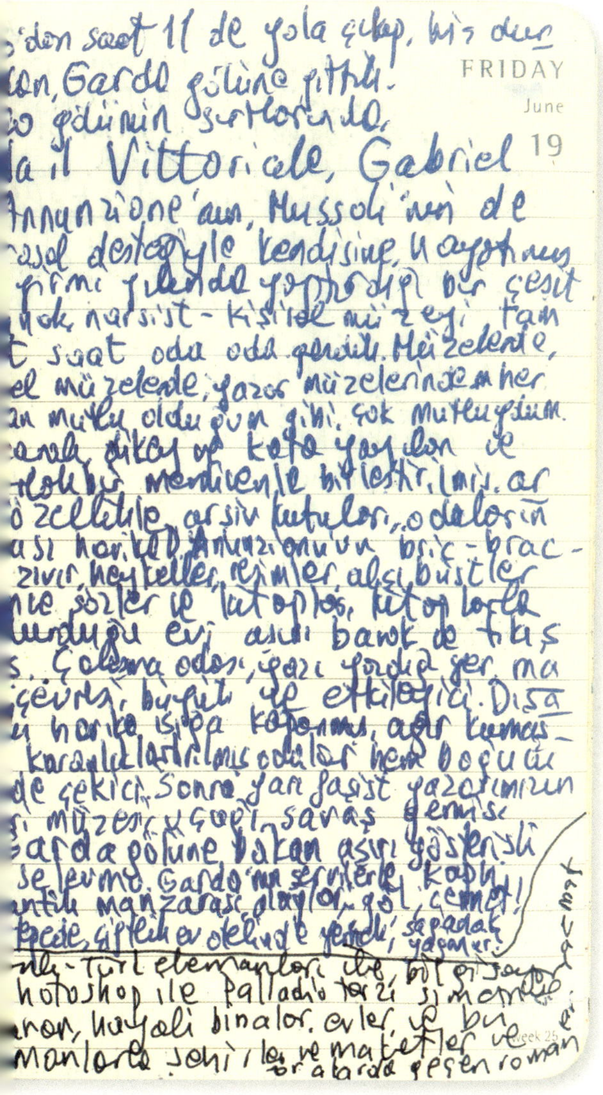


Il suo studio, dove scriveva, la scrivania, lo spazio intorno, immensi, impressionanti. Chiuse alla sublime luce esterna da pesanti tende di velluto, le stanze della sua villa sono qualcosa di ammaliante e soffocante al tempo stesso. Poi il museo militare del nostro caro scrittore mezzo fascista, il suo aereo, la sua nave, poi la pomposa solennità del suo enorme mausoleo che domina il lago di Garda. Romanticismo del paesaggio coperto di cipressi, le montagne, il lago, il paradiso! Alla sera, cena in una fattoria-locanda in collina, diluvia. Costruire ville, edifici favolosi al computer, con Photoshop, che riprendano la simmetria dello stile di Palladio, ma con elementi turco-ottomani, farne ville, modellini, e scrivere romanzi ambientati lí.

Alzato pieno di felicità per aver dormito ininterrottamente otto ore filate. Le notti di tristezza, da bambino, mi buttavo a letto vestito. Dopo essermi fatto picchiare da Şevket. Grande stanchezza. Questi ultimi giorni, a Istanbul, riuscivo a dormire 5 o 6 ore. // Altro segno e causa di infelicità… un'eruzione di foruncoli rossi sul petto, sulla pancia. Li ho fatti vedere a Sermin, a Rüya. Hanno detto che era il lavoro, la frustrazione. Fatti vedere anche a Kiran. Mi capita di voler morire per sfuggire a questa prostrazione. Mi capitava, dovrei dire.

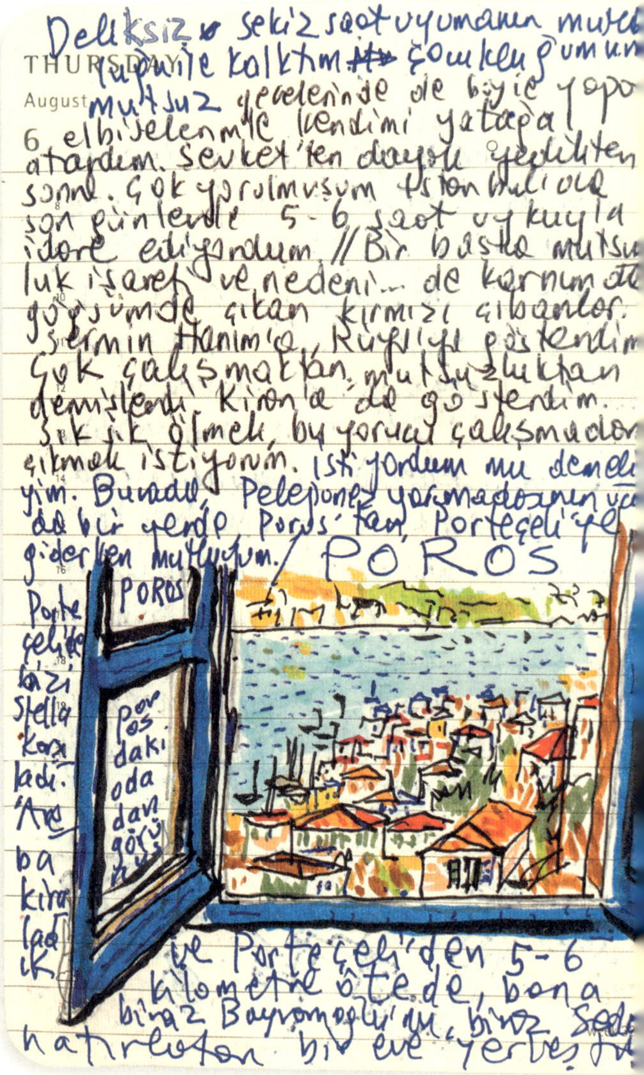


POROS

POROS

La vista dalla camera a Poros

Qui, felicità di fare la strada tra Poros e Porto Heli, in fondo alla penisola del Peloponneso. Stella ci accoglie a Porto Heli. Noleggiamo un'auto per andare a 5-6 chilometri da lí, a sistemarci in una casa che mi ricorda un po' Bayramoğlu, un po' Sedef.

Scrivo queste righe nella casa che ho affittato per le vacanze (10 giorni) a 4,5 km da PORTO HELI, contemplando il paesaggio. // La giornata è passata in una strana letargia. Eppure ero felice di essermi finalmente sbarazzato dei foruncoli sulla pancia e del dolore alle orecchie. Pensavo addirittura di finire oggi il quinto capitolo… Ma l'ho ripreso in mano, o perché era troppo lungo o… a causa della difficoltà che ho sempre a trattare temi politici. E chi si ricorda oggi della politica a Istanbul negli anni Settanta?

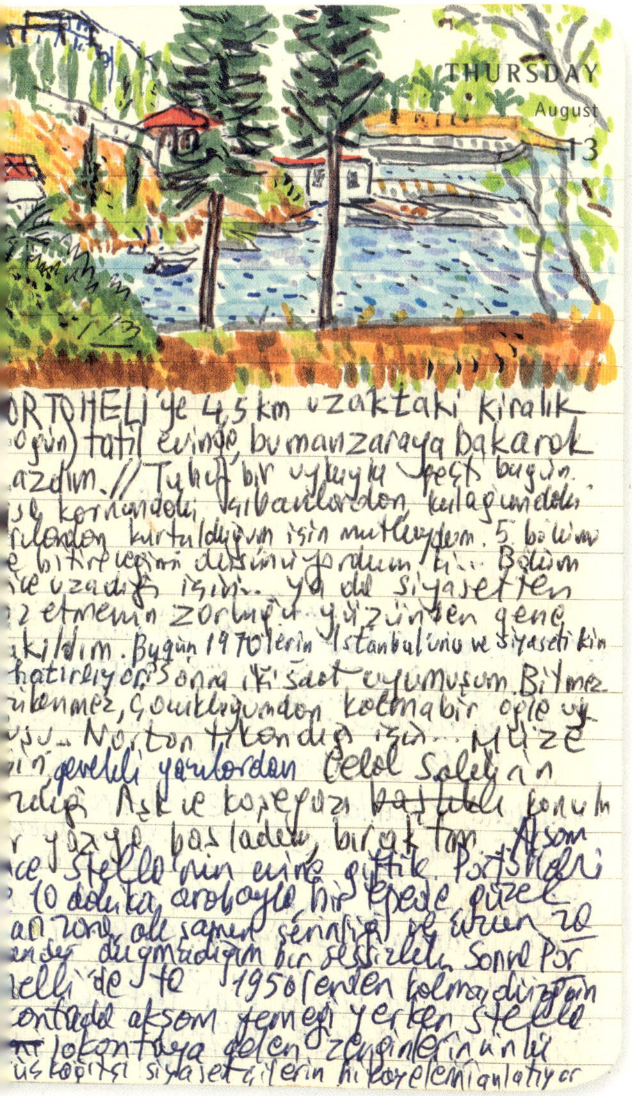


Dormito due ore di fila. L'interminabile sonnellino pomeridiano, residuo della mia infanzia… Visto che non si muove nulla sul fronte delle Norton… ho cominciato un articolo sull'amore e il giornalismo, che deve far parte dei testi scritti da Celâl Salik per il museo – poi l'ho mollato. All'inizio della serata siamo andati da Stella. A 10 minuti in auto da Porto Heli, lo splendore del crepuscolo da una collina, e un silenzio come non lo assaporavo da tempo. Poi cenato in un ristorante di Porto Heli dove non sembrava che fosse cambiato nulla dagli anni Cinquanta, e Stella che ci raccontava le storie dei pezzi grossi, malviventi e politici vari che frequentano abitualmente il luogo.

Al mattino, alle 7 alla scrivania, riprendo l'ultimo capitolo delle Norton.

Non incaricare artisti di lavori per il museo! Ogni giorno la testa per metà al museo. Vahit! La cosa migliore sarebbe comprargli le sue opere e *dimenticarlo*.

New Jersey

HUDSON

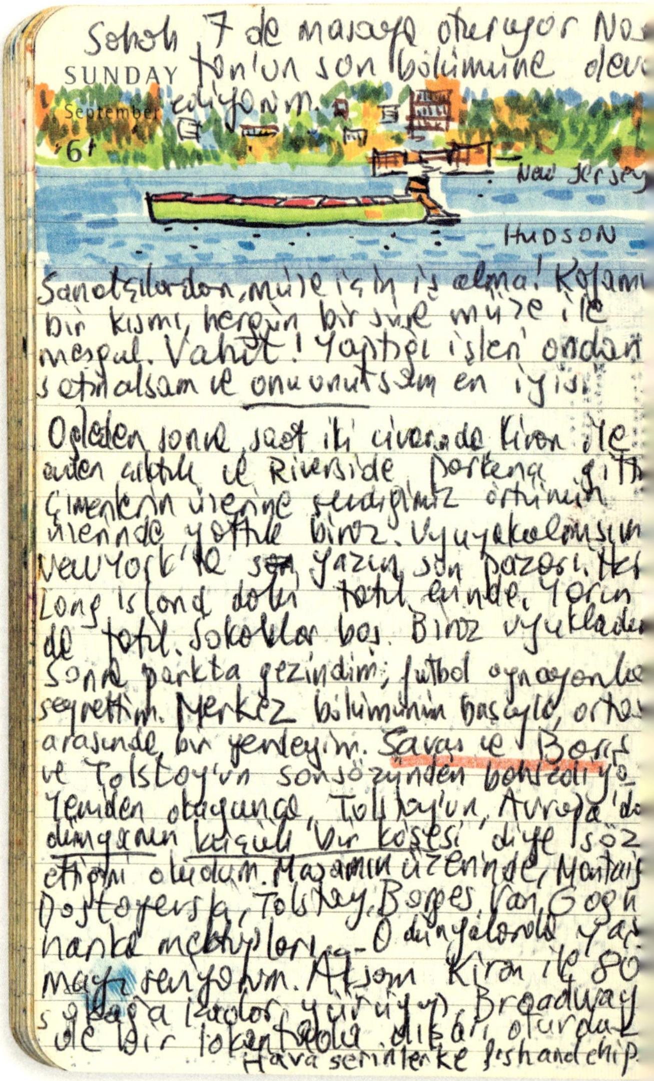


Al pomeriggio, verso le 14, Kiran e io siamo andati al Riverside Park. Ci siamo sdraiati su una coperta in mezzo al prato. Mi sono addormentato. Ultima domenica d'estate a New York. Sono tutti nelle case vacanze a Long Island, domani è festivo. Strade vuote. Dormito un po'. Poi passeggiata nel parco; ho guardato persone che giocavano a football. Sono fra l'inizio e la metà del capitolo centrale. Sto scrivendo sull'epilogo di Tolstoj a *Guerra e pace*. Rileggendo ora il testo, noto che Tolstoj parlava dell'Europa come di *un angolino del mondo*. Sulla scrivania, Montaigne, Dostoevskij, Tolstoj, Borges, le sublimi lettere di Van Gogh… Mi piace vivere in quei mondi. Alla sera, camminato con Kiran fino all'80ª Strada, e cenato fuori in un ristorante di Broadway. *Fish & chips* nell'aria che rinfrescava…

Mattino: piove a catinelle. Scrivo sul romanzo. Pranzando con Rüya in un ristorante cinese-giapponese della 116ª Strada, la pioggia fuori mi ricorda le vecchie litografie giapponesi. Pioggia anche alla COLUMBIA. Buona intesa con Rüya. Problemi del museo… Pensando a Istanbul.

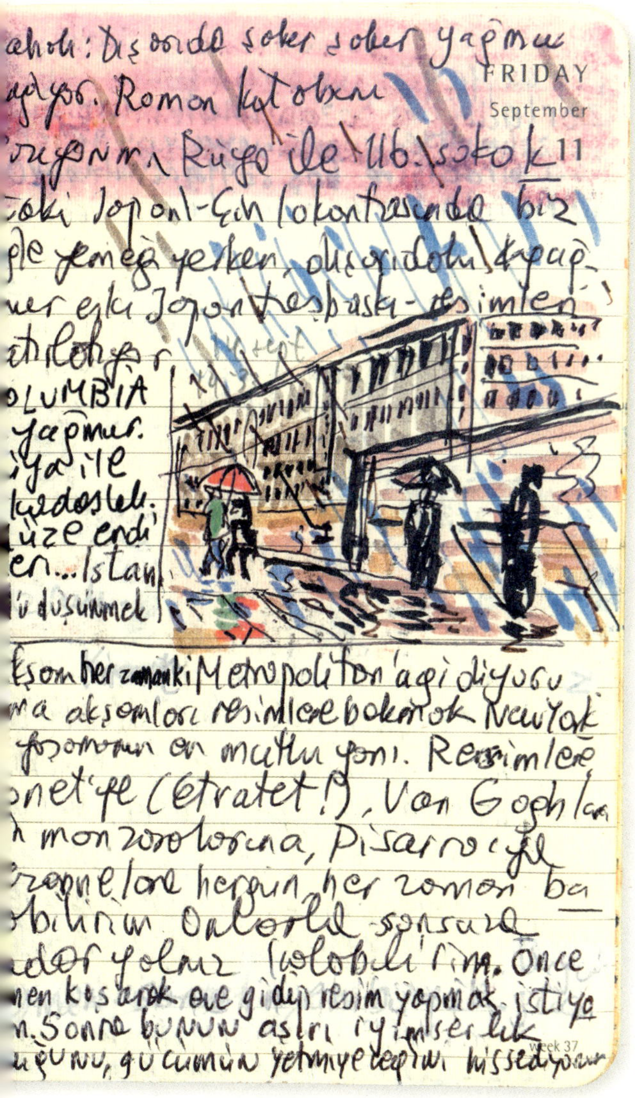


Alla sera, l'abituale visita al Metroplitan. Andare a vedere dei quadri il venerdí sera è quanto c'è di piú bello nella vita a New York. Potrei passare ogni giorno della mia vita a perdermi in contemplazione davanti ai Monet (Étretat!), ai Van Gogh, ai paesaggi cinesi, ai Pissarro, ai Cézanne. Subito mi viene il desiderio di correre a casa a disegnare. Poi la delusione di avvertire che era un eccesso di ottimismo, che mi mancherà la forza.

A volte dimentico di aver sempre vissuto davanti a una pagina bianca, e che mi sono costantemente sforzato di guardarla in faccia. Se alla fine di questo cimento la mia immaginazione si mette in moto, all'improvviso la pagina si anima… Passata la giornata ad annotare le mie idee sul mondo del romanzo degli ultimi vent'anni. Fatta una lista dei romanzi fondamentali, da Cortázar a Julian Barnes; ma approfondendo i particolari, e con le peggiori difficoltà… A casa per tutto il giorno.

NEW YORK

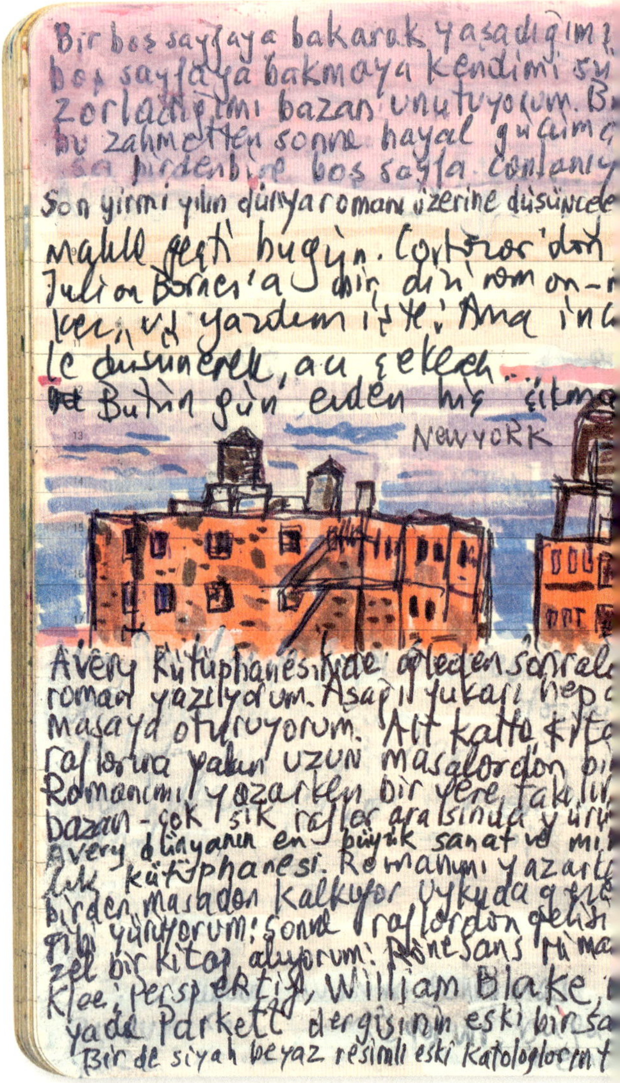


Lavoro al romanzo nel pomeriggio, alla Avery Library. Seduto quasi sempre allo stesso tavolo. Uno dei lunghi tavoli fra le scaffalature al piano interrato. Se mi sento bloccato nella scrittura, a volte – molto spesso – mi capita di andare a gironzolare fra gli scaffali. La Avery è la piú importante biblioteca d'arte e architettura del mondo. Mi capita di alzarmi di colpo per vagare come un sonnambulo; poi prendo dagli scaffali un libro sontuoso: architettura del Rinascimento, Klee, la prospettiva, William Blake, Goya, oppure un vecchio numero della rivista «Parkett». C'è anche il fascino dei vecchi cataloghi illustrati in bianco e nero.

Le mie giornate a New York… Al mattino, alzato alle 8, lavoro fino alle 12. Scrivo il libro sul romanzo. Poi vado al mio studio, oppure mi vedo con Rüya… Nello studio mi occupo delle e-mail, una marea di e-mail che non finiscono mai, e dei lavori del museo. Quando non ne posso piú di quelle faccende navigo su Internet, leggo qualche giornale online, cerco di vederci chiaro in ciò che succede in Turchia. Leggere le notizie della Turchia mi opprime e mi demoralizza ogni volta. Sento la mente come incupirsi di fronte alla durezza e alla sporcizia di tutto quel mondo politico, i miei sogni e la mia intelligenza sporcati sia dalle prospettive di futuro del paese… sia dall'ignobile linguaggio dei giornali, un misto di luoghi comuni, volgarità, ignoranza e aggressività…

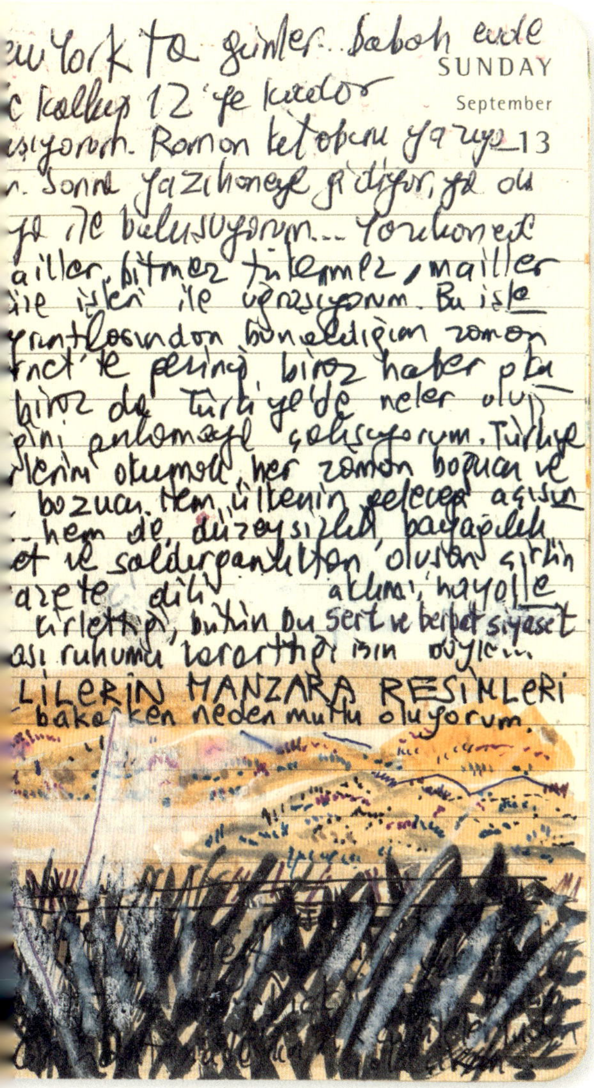


Perché sono felice quando guardo i PAESAGGI DEI PITTORI CINESI.

Dopo cena, nello studio, fatti due strani disegni sull'altra Moleskine. Di nuovo quel miscuglio di pittori cinesi e di impressionisti, battelli e scogli e montagne e mare come mi piace tanto. Nel cuore dell'immagine… ho ricopiato la prima frase dell'ottantasettesimo capitolo di *Moby Dick*, intitolato «La Grande Armada», e ho basato il disegno su quelle parole.

Al mattino a Cambridge, camminato per le strade, di umore tetro. Non riesco a dare la forma che vorrei alle ultimissime pagine dell'ultimo capitolo delle Norton, il che mi causa un'angoscia e un'infelicità strane.

CAMBRIDGE 144
BRATTLE Street

Alle 18.30 Kiran scende da me. Legge ciò che ho scritto nella terza conferenza, a proposito dei «personaggi di romanzo». Esprime qualche dubbio sull'inizio/l'introduzione del testo. La ascolto attentamente; e sono felice – perché avevo gli stessi dubbi. // Ma non volevo vederli. Mancanza di fiducia, o pigrizia. // Per dirla tutta, ci ho perso il sonno. Mi piacerebbe che questo libro dedicato al romanzo, *Romanzieri ingenui e sentimentali*, dalle mie conferenze Norton, desse un significato nuovo alla lettura dei romanzi, e tutti notassero che il mio intento, in questo libro, era adoperarmi perché la gente capisse meglio scrittori e lettori, e quello che facciamo.

Al mattino, passeggiata nel quartiere… Camminare nel silenzio e nella frescura del mattino, fra le case del New England.

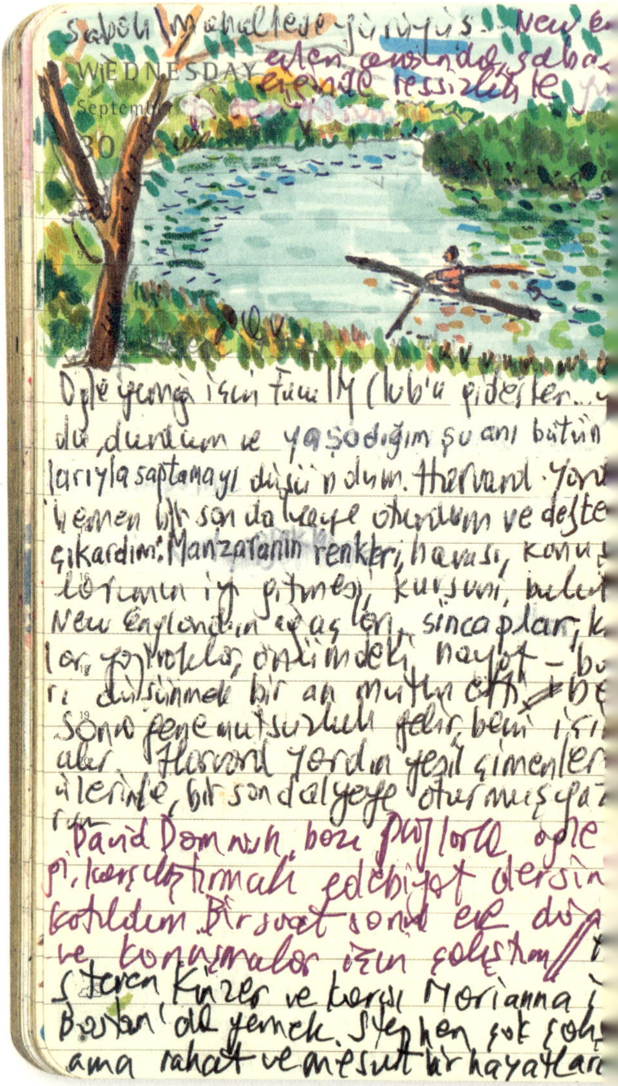

Dirigendomi al Faculty Club per pranzare oggi a mezzogiorno… mi sono fermato per tentare di fissare l'istante che stavo vivendo. Ho trovato un posto dove sedermi nell'Harvard Yard, e ho tirato fuori il taccuino: i colori del paesaggio, l'aria, le lezioni che vanno bene, le nuvole grigio piombo, gli alberi del New England, gli scoiattoli, i libri, le foglie, la vita davanti a me – istante di felicità pensando a tutto questo. Poi torna la tristezza, mi travolge. Scrivo su un sedile in mezzo ai prati verdi di Harvard Square. Pranzo con David Damrosch e alcuni prof. Assistito alla sua lezione di letteratura comparata. Sono tornato a casa un'ora dopo, per lavorare alle conferenze. // Alla sera, cena a Boston con Stephen Kinzer e sua moglie Marianne. Stephen lavora molto, ma la sua esistenza è tranquilla, felice.

Scappato di corsa… PIOGGIA sull'Harvard Square.
Stasera cerimonia del premio Ig Nobel! Serata per prendere benevolmente in giro il Nobel, organizzata da una rivista umoristica e dai cervelloni di Harvard… Sul palcoscenico, veri premi Nobel premiano i vincitori di questo Nobel alternativo, metà per scherzo, metà sul serio. Dapprima ero un po' timido, poi quando è toccato a me salire sul palco, l'ho fatto allegramente… Piacere di essere a Harvard, in mezzo a queste persone, alle biblioteche… E le Norton procedono bene. Ma sento che non è completamente il mio posto, allora mi stufo e guardo l'orologio.

Sul treno per Lione penso e mi perdo a fantasticare ascoltando Mozart. Devo scrivere piú romanzi. Essere piú vario. Avere il coraggio di esplorare tutti i temi che ho in testa... Ma a poco a poco mi invadono la stanchezza e il sonno e mi addormento sul treno ad alta velocità. Stanco.

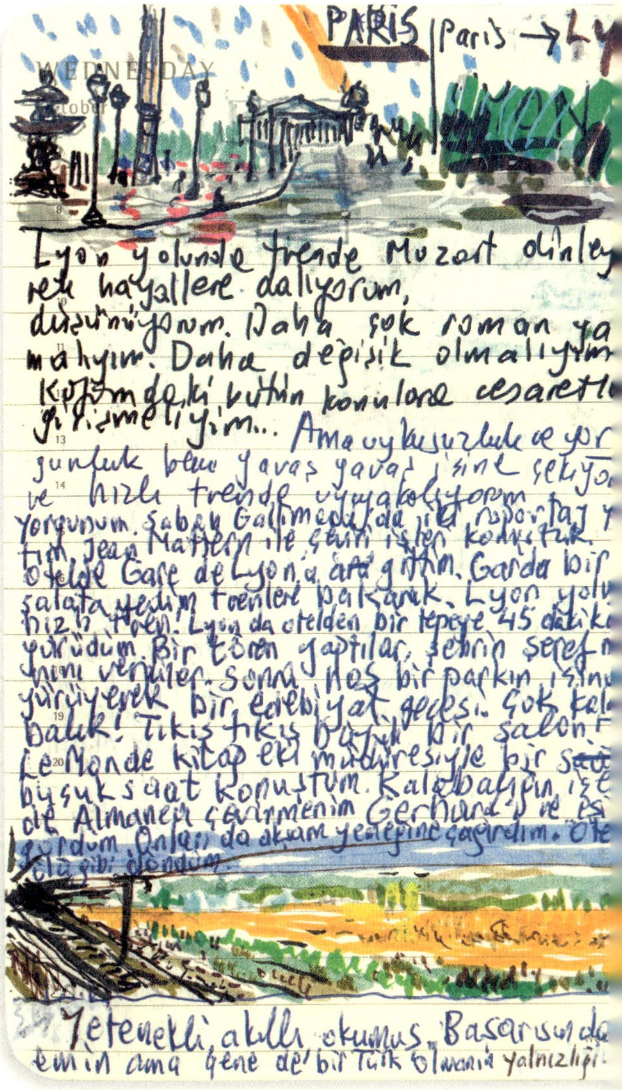


Al mattino, due buoni incontri da Gallimard. Discusso di questioni di traduzione con Jean Mattern in hotel. Partito per la Gare de Lyon. Mangiata un'insalata guardando i treni. In viaggio per Lione, sul TGV! A Lione, camminato 45 minuti dall'hotel fino a una collina. C'era una cerimonia, mi consegnavano la medaglia d'onore della città. Poi sono andato a una serata letteraria passando per un bel parco. Tanta gente! Tutta una grande sala gremita! Parlato una mezz'ora con il direttore del supplemento libri di «Le Monde». Fra il pubblico ho scorto Gerhard, il mio traduttore tedesco, e sua moglie. Li ho invitati alla cena. Tornato in hotel mezzo morto.
Bravo, intelligente, colto... Sicuro del suo successo, eppure la solitudine di essere turco...

LIONE → MILANO: alzato alle 5.30 del mattino. Fatta la doccia, vestito. Mi bastano cinque ore di sonno per notte? Non ne ho idea, ma cerco di farmele bastare, vedremo il risultato. Ultima mattinata a Lione…

Aeroporto di Lione, prima di imbarcarmi. A Milano mi aspetta un'intervista con Claudio Magris. // Poi l'imbarco e rispondo alla maggior parte delle domande, per iscritto, durante il volo. Dal finestrino scatto anche foto delle vette nere e aguzze delle Alpi che sbucano fra le nubi. //

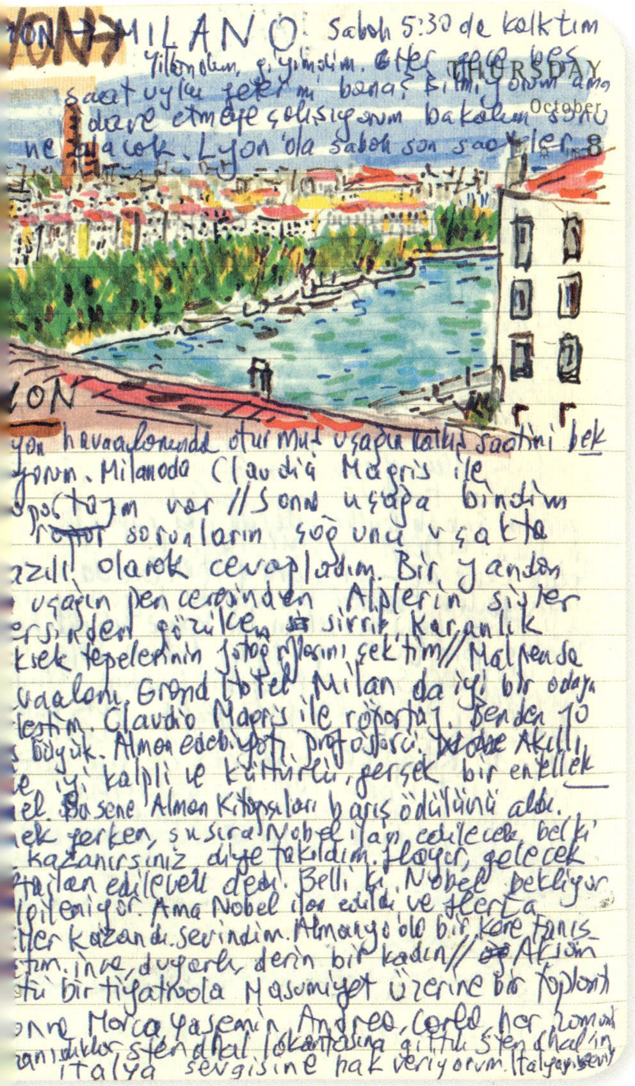


LIONE

Aeroporto di Malpensa, una buona camera al Grand Hotel. Intervista con Claudio Magris. Dieci anni piú di me. Professore di letteratura tedesca. Intelligente, acuto, gentile e colto, un vero intellettuale. Quest'anno ha ricevuto il premio dei librai tedeschi per la Pace. Mentre mangiamo gli dico che oggi sarà annunciato il Nobel: forse sarà lei, gli dico per stuzzicarlo. No, dice, è la settimana prossima. È evidente che lo aspetta, ci pensa. Ma il Nobel è arrivato e ad averlo è stata Herta Müller. Con mia grande gioia. L'ho incontrata una volta, in Germania. Una donna intelligente, sensibile, profonda. // Alla sera, evento in un teatro per il *Museo*. Poi Marco, Yasemin, Andrea, Carlo e io, il solito gruppo, andiamo a cena allo Stendhal. Capisco l'amore di Stendhal per l'Italia. Anch'io amo l'Italia.

La mia passione per Tolstoj, infinita, mai smentita, si accende di nuovo. Dostoevskij non è altrettanto grande… Ogni frase di Tolstoj è per me una vera rivelazione. Ogni sua frase, anche la piú banale, mi sembra un miracolo. I suoi racconti, tutto è brillante, profondo, unico. Di lui mi restano da leggere alcune operette, secondarie. E perché non rileggere *Guerra e pace*.

Arrivo presto all'aeroporto di Boston. Scritte le mie e-mail nella Business Lounge. Chiesto a Emre di aiutarmi a trovare un direttore per il museo. Poi arrivo al gate. Presento il biglietto e passo: una lunga fila nel corridoio per accedere all'aereo. Ho dato il biglietto a qualcuno, poi telefonato a Istanbul, parlato del museo con Murat. In quel momento mi è parso che la hostess mi avesse dimenticato. Quando mi vede: grida che sto perdendo il volo. Abbiamo fatto una corsa. Il portellone dell'aereo era chiuso. La donna bussa, si sentono voci all'interno. Il portellone si apre, mi fanno sedere con i passeggeri di prima classe. Ma non era il caso di vergognarsi, non era colpa mia… Ho rischiato di perdere l'aereo. Cosa che non era mai stata nelle mie intenzioni.

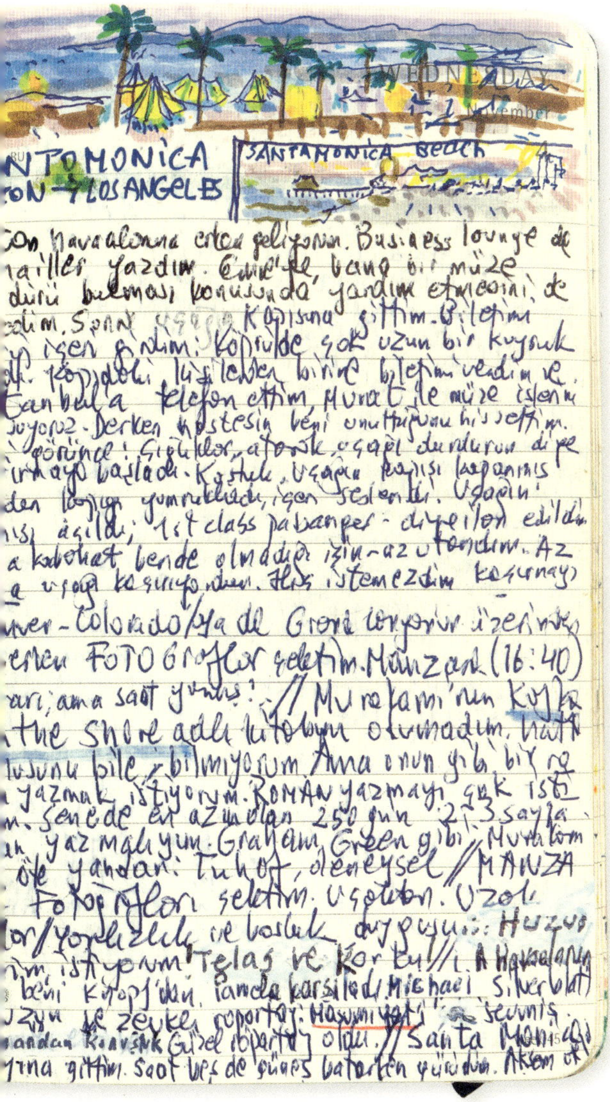


SANTA MONICA Beach

Scattate FOTO sorvolando Denver / il Colorado o il Grand Canyon. Alle 16.40, tranne che l'ora sulle foto era sbagliata!… // Non ho letto *Kafka sulla spiaggia* di Murakami, non so neanche di che cosa parli. Ma voglio scrivere un romanzo come il suo. Ho talmente voglia di scrivere un ROMANZO. Devo scrivere almeno 2-3 pagine di romanzo al giorno per 250 giorni all'anno. Come Graham Greene, come Murakami. Al tempo stesso: bizzarro, sperimentale. // Scattate foto del PAESAGGIO. Dall'aereo. Montagne lontane // Senso di vuoto e di solitudine. // Desiderio di Kiran, di essere con lei. // Paura. // Accolto all'aeroporto di L.A. da Pamela di Knopf. Lunga e piacevole intervista con Michael Silverblatt: il *Museo* gli è piaciuto. Parlato del romanzo. Una bella intervista. // Sono andato alla spiaggia di Santa Monica. Alle 17, passeggiata al tramonto.

Mattina: Hilton di Beverly. Colazione a bordo piscina. Intervista con Nathan Gardels nella hall dell'hotel. Pamela di Knopf mi porta a Downtown Los Angeles. Un poeta beat, che scriverà un articolo per il «L.A. Times», mi fa visitare la vecchia L.A.: la Disney Hall di Frank Gehry, l'edificio del «L.A. Times». Visto anche The Bradbury, dove è stato girato *Blade Runner*. Felicità di passeggiare per il centro di L.A. I gioiellieri armeni, la folla ispanica → (Nota: era fra le 12 e le 13, ma l'orologio della macchina fotografica è avanti di 3 ore, indica l'ora di New York). Poi, partecipato a una trasmissione radio a Pasadena. Proprio come durante la mia prima tournée americana 10-12 anni fa. Rispondo cortesemente alle domande di una donna che non ha letto il mio libro. Poi sono andato al museo e all'archivio Getty. Immensa felicità. Il direttore, Thomas, mi ha fatto fare una visita di tre ore. Ha ordinato la traduzione tedesca del *Museo*, nel suo studio quella di *Rosso*.

LOS ANGELES

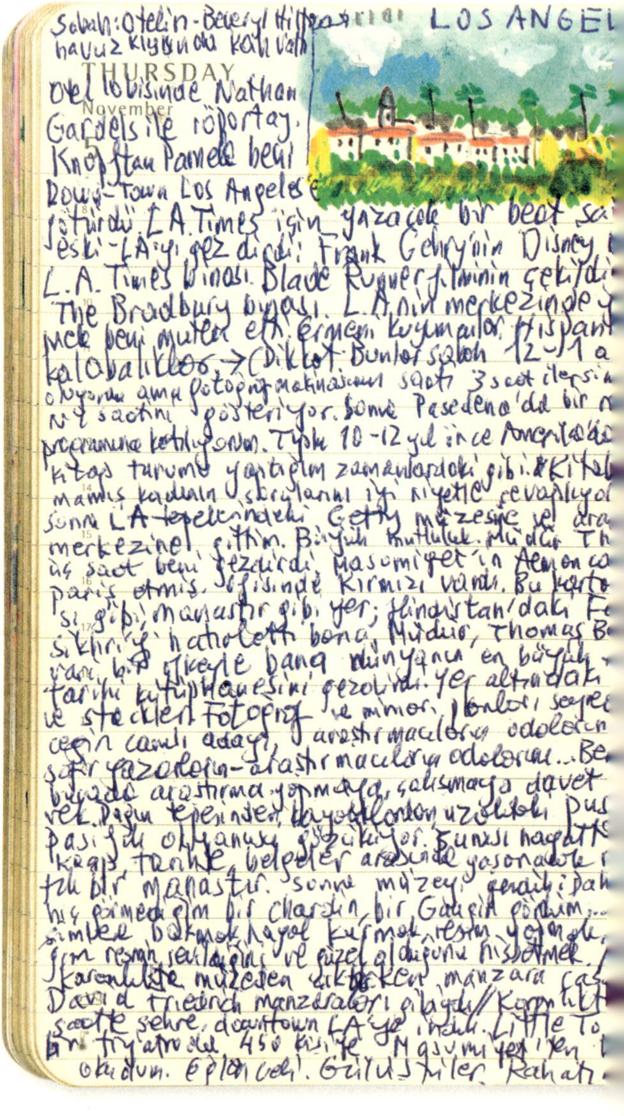


Il luogo è come un nido d'aquila, un monastero: mi ha ricordato Fatehpur Sikri, in India. Con una furia alla Thomas Bernhard, il direttore mi ha fatto visitare la piú grande biblioteca di storia dell'arte del mondo. Archivi sotterranei, negativi fotografici, una stanza a vetri dove sono esposti progetti architettonici, le sale per i ricercatori. Studi in cui lavorano i ricercatori-scrittori ospiti… Ha proposto di riservamene uno per le mie ricerche. Dall'alto della collina, nella nebbia in lontananza si scorge l'Oceano Pacifico. È un monastero romantico in cui rifugiarsi fuori dalla vita, fra gli archivi, i documenti, la storia. Poi abbiamo visitato il museo: uno Chardin e un Gauguin che non avevo ancora mai visto… Ah, guardare quadri, sognare, dipingere, trovare bellezza in ciò che si è dipinto. // Uscendo dal museo, all'imbrunire, era come un paesaggio di Caspar David Friedrich. / Ritorno a Downtown L.A. in auto, 1 ora. Ho letto qualche pagina del *Museo* davanti a 450 persone, in un teatro di Little Tokyo. Divertente. La gente rideva. Serenità.

Stanchezza… Svegliato in piena notte, alle 5. Ma sono riuscito a riaddormentarmi. In quel secondo sonno, dopo le 5, ho sognato una cosa strana: una cassetta pornografica. Una piccola cassetta pirata che esplodeva bruscamente, come un vaso di porcellana, scatenando in me un'intensa PAURA.
Sull'aereo fra Los Angeles e San Francisco fotografati strani isolotti rocciosi, deserti – in lontananza. Alle 13 – ovvero le 16 sull'apparecchio… Poi ancora altre foto che mi hanno ricordato i miei disegni della montagna oscura… Mi piacerebbe davvero poter scrivere un libro solo sui paesaggi. Un saggio accompagnato da riproduzioni. E un romanzo. Sull'aereo, contemplando le montagne lontane con i loro rilievi scoscesi, le loro creste scure, sensazione dell'immortalità del paesaggio, del mondo. Verso le 13.20 (16.20) fotografati, mescolati insieme, le montagne, il mare e le nubi. Sono proprio un irrecuperabile romantico.

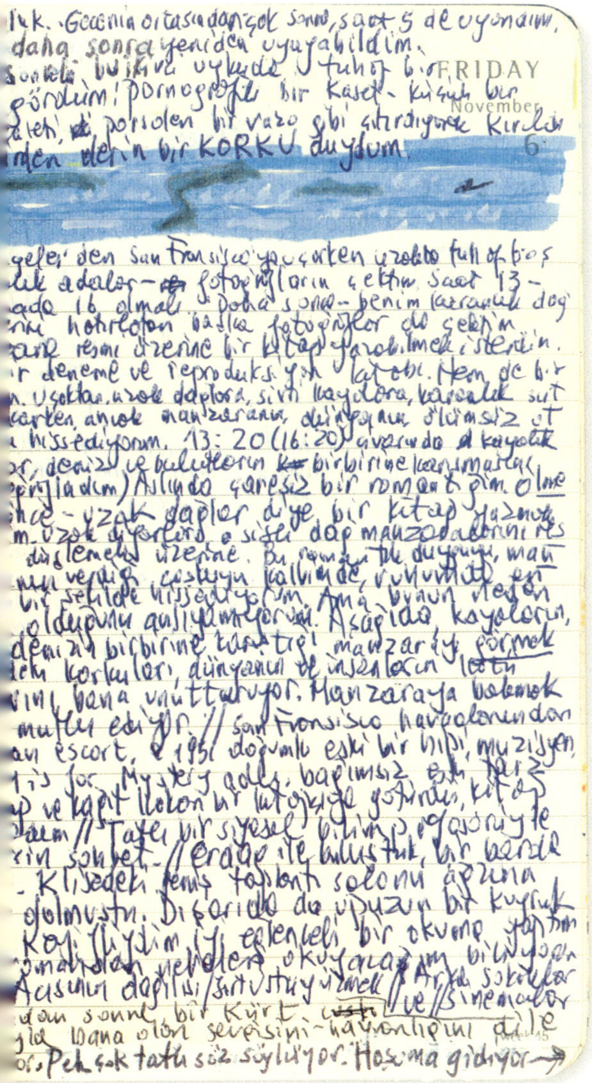


Il mio desiderio, prima di morire, è di scrivere un libro sulle montagne lontane. Sulla pittura e sul fantasma dei paesi lontani, sullo spettacolo delle montagne nebbiose. Su questo sentimento romantico, questo amore per il paesaggio cosí profondamente scolpiti nel mio cuore, nel mio animo. E di cui non mi spiego il motivo. Mi basta *vedere*, giú in basso, questo paesaggio fatto di roccia, di nebbia e di mare mescolati insieme, e dimentico all'istante le mie paure, tutta la cattiveria degli uomini. Contemplare il paesaggio mi rende felice. // L'accompagnatore che mi attende all'aeroporto di San Francisco, un ex hippie, musicista, nato nel 1951, mi porta in una libreria indipendente che profuma di tempo antico, di libri e di carta, M Is for Mystery, dove firmo alcune copie. // Intervista per la tivú con un professore di scienze politiche, molto piacevole. // Appuntamento con Erdağ in un bar. La grande sala della lettura, in una chiesa, era gremita. E la coda proseguiva fuori. Ero estasiato. Buona lettura, divertente. Ormai so quali passi del romanzo devo leggere. Smaltire la pena d'amore / nuotare sul dorso. // Le vie sul retro e // gente del cinema. Dopo la lettura si avvicina un turco per farmi un'infiammata dichiarazione d'ammirazione e d'affetto.

Giornata tranquilla sulla spiaggia dell'hotel Loews, Miami Beach per la precisione. Immagino la trama del mio nuovo romanzo – LA COMMENTATRICE. Sulla sabbia. In parallelo leggo il libro di Leo Damrosch su Rousseau. Ciò che fa sí che esista un uomo come Rousseau. La passione per le montagne, i paesaggi delle Alpi...! Sulla mia sdraio sulla sabbia elaboro mentalmente il romanzo LA COMMENTATRICE, la cui colonna vertebrale mi appare ormai con chiarezza, animata, viva. È una gioia inventare un nuovo romanzo, sognarlo: pensare alla folla immaginaria dei cittadini furibondi. L'incontro fra K. e X. La donna arrabbiata, demoniaca, LA COMMENTATRICE ecc. ecc.

MIAMI BEACH HOTEL LOEWS

L'abbozzo è già fatto, vorrei dedicarmi subito alla scrittura. // Alla sera, cena con Sheila e Ben Moser, vecchi amici di Knopf. Sono a Miami per la fiera del libro. Ben ha scritto una biografia di Clarice Lispector. Ho scritto un blurb per il suo libro. Sheila incantevole, gentile, buffa.

Mi sono molto piaciuti la serata, il libraio, tutti quanti, gentilissimi, perfetti. Ho firmato centinaia di copie con grande piacere. Traduzioni in spagnolo. // Di ritorno in hotel porto Kiran a cena al Sea Food Grill, pesce e vino.

Al mattino, a letto in hotel, leggo il *Rousseau* di Leo Damrosch come si legge il giornale. Pieno di ammirazione. Meditando sul fatto che suo padre, che gli aveva detto «Ama la tua patria figlio mio», fu dichiarato «traditore», la sua casa distrutta e poi sequestrata → (p. 19)... mi rendo conto che dietro le mie voglie di creare un museo/una fondazione ecc. si nasconde un profondo senso di attaccamento alla Turchia, il desiderio di resistere al tempo, di impedire che venga distrutto il mio focolare. // Al mattino, dopo la colazione, passeggiata con Kiran per le vie Art déco di Miami... Entrato in un negozio di souvenir e ufficio del turismo al pianterreno di un edificio Art déco. Ho visto che era in vendita, fra altri oggetti nostalgici, una cuffia da bagno come quelle che portava mia madre. (*As featured in Vogue 1950's, retro bathing cap*, si leggeva sotto la cuffia di mia madre – vedi foto ore 12.27).

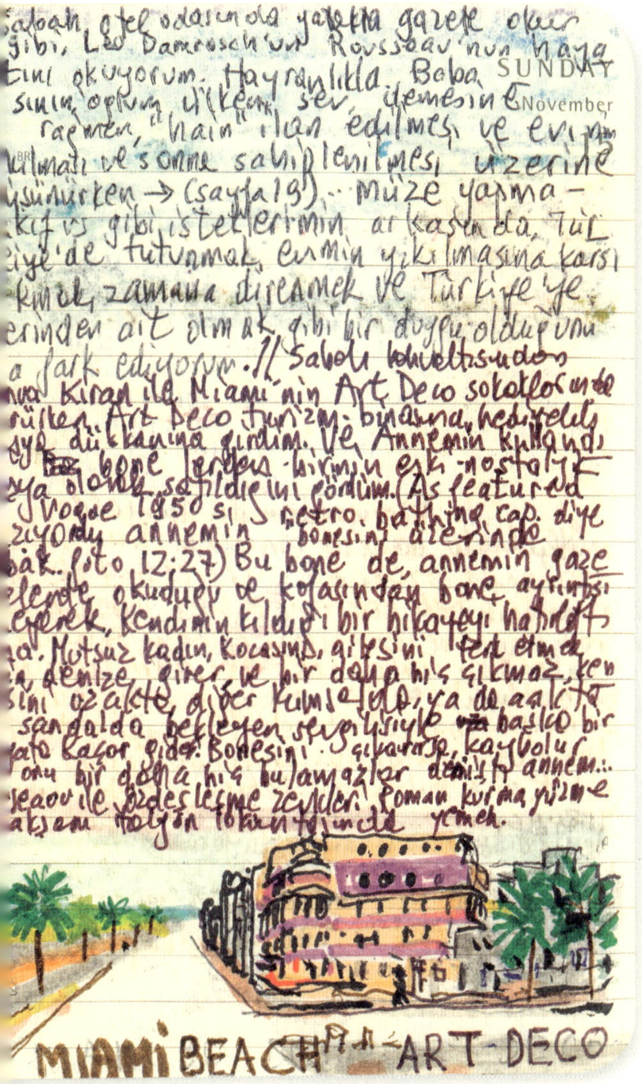


MIAMI BEACH – ART DÉCO

E quella cuffia mi ha ricordato una storia che mia madre aveva letto sui giornali e che aveva arricchito con particolari di sua invenzione. Una donna infelice vuole lasciare marito e figli, si tuffa in mare e non torna piú, fugge a rifarsi una vita con l'amante che la aspetta lontano, su un'altra spiaggia o su una barca al largo. Mia madre diceva che se la donna si fosse tolta la cuffia, si sarebbe persa e non avrebbero mai potuto ritrovarla... Piacere di identificarsi con Rousseau. Pensato al romanzo, nuotato, e alla sera cena in un ristorante italiano.

Colazione nei saloni dell'hotel Palomar di Washington: Gregor scontento che io abbia posticipato la riunione per il museo prevista per il 10 dicembre. Anche io. Al mattino, trasmissione radio con Diane Rehm. Un vero «personaggio», figura minuta e un eloquio pacato e solenne: avevo già partecipato alla sua trasmissione nel 2004 per *Neve*, mi è tornato in mente. // Da lí sono andato all'aeroporto Reagan di Washington. Presa un'insalata con pollo alla griglia ecc. Scrivo, seduto in un angolo della *food court*. // Confessione: mi piacciono gli aeroporti americani, mi piace prendere l'aereo per viaggiare da una città all'altra.

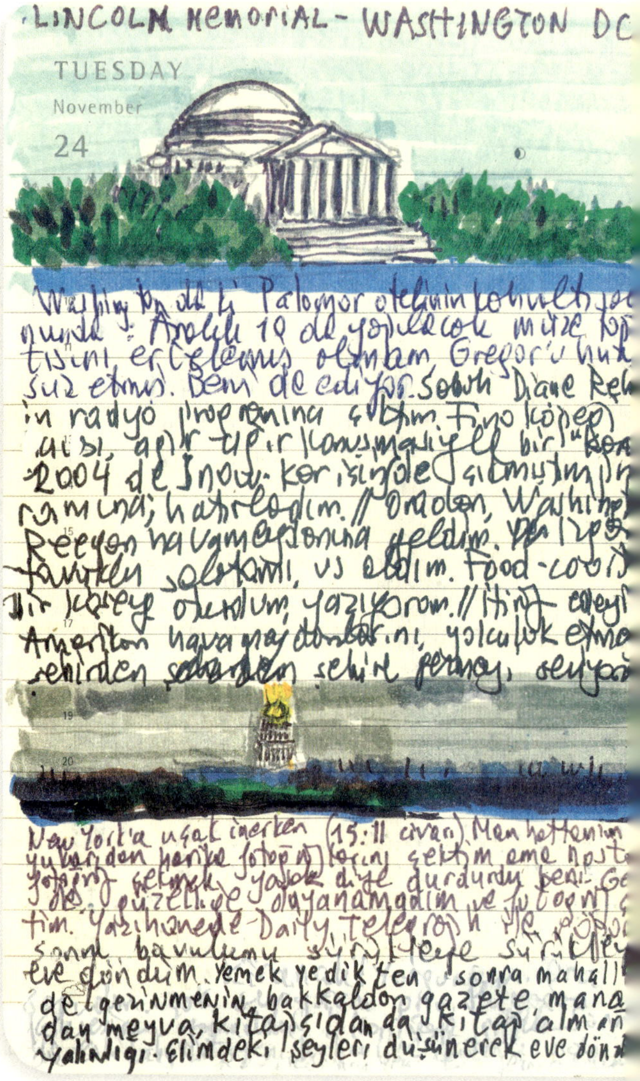


Scattate splendide foto di Manhattan vista dal cielo nel momento in cui l'aereo scendeva su New York (verso le 15.11), ma la hostess mi dice di smettere, è vietato. Non ho potuto resistere, ho tirato fuori di nuovo l'apparecchio. Intervista per il «Daily Telegraph», poi sono tornato a casa trascinando la valigia. Dopo cena, passeggiata e compere nel quartiere, il giornale all'edicola, frutta dall'ortolano, qualche libro. Rientro pensando a tutto ciò che ho in mano.

Thanksgiving Day. Passata buona parte della mattina a leggere e riflettere. Kiran è andata a trovare sua madre. Senso di vuoto. Telefonato ad Asuman; ci siamo lamentati della lentezza dei lavori al museo, del cantiere che tuttora non è partito. Parlato con Murat. Mi sento vuoto, probabilmente perché non scrivo né romanzo, né racconto, né testo. Devo assolutamente cominciare o il nuovo romanzo o un racconto. Le Norton da consegnare dopo averle riviste un'ultima volta, la prefazione per Everyman di *Rosso* da scrivere. //

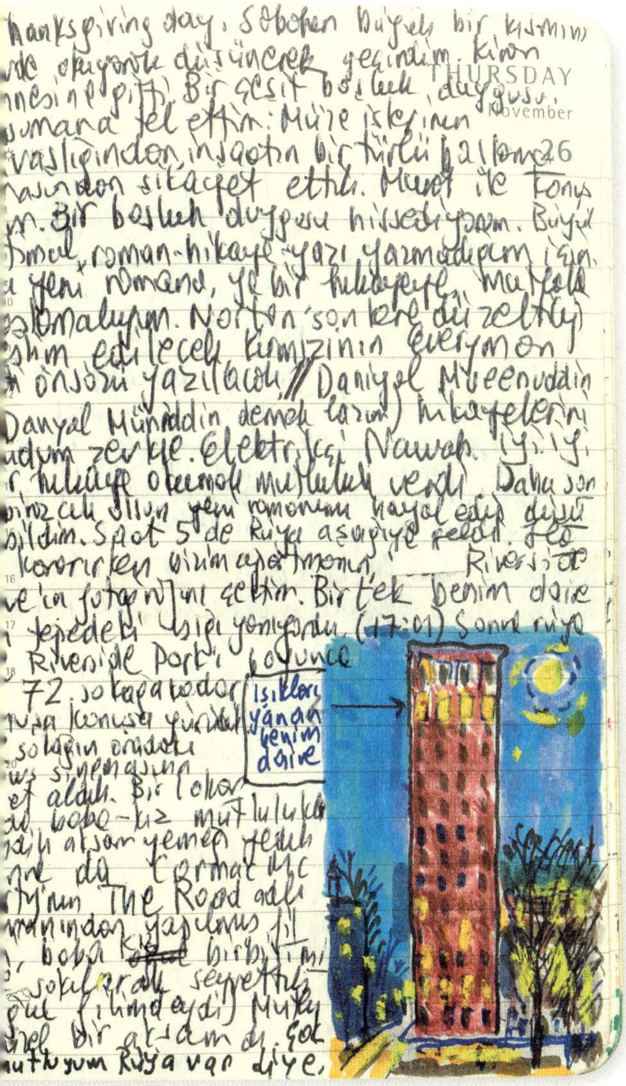


il mio appartamento illuminato

Lette con grande piacere le novelle di Daniyal Mueenuddin. *Nawabdin l'elettricista*. Molto bello. Piacere di leggere un buon racconto. Poi riuscito a riflettere sul mio nuovo romanzo, per tempo. Rüya era di sotto alle 17. Ho scattato foto del nostro stabile mentre scendeva la sera. Il mio appartamento era l'unico illuminato. (17.01) Poi Rüya e io abbiamo risalito il Riverside Park chiacchierando, fino alla 72ª Strada. Sulla 68ª abbiamo prenotato dei posti al cinema Loews. Cena al ristorante, nella gioia padre-figlia. Abbiamo visto il film tratto dal romanzo di Cormac McCarthy, *The Road*, padre e figlia insieme, vicini (nel film, ci sono un padre e un figlio). Una bella serata. Sono felice che esista, Rüya.

A Berlino! Presto presto!

15.1 9.45 9.46
orari delle foto

Museum Sammlung Scharf-Gerstenberg, Schlossstrasse 70. Appuntamento alle 11 con Gregor e Brigitta. Visita attentissima di questo museo del surrealismo interamente ripensato da Gregor. Andreas e Anna Leube sono arrivati stamattina. Goya, Piranesi, Max Ernst ecc. Il dipinto di Rousseau dell'asino e della donna che fanno l'amore, stranissimo. Pranzo in un ristorante italiano, poi Museo Gropius. Mostra di miniature islamiche, Taswir… Era esposto un passo del mio testo intitolato *Il significato*. Il piacere di guardare miniature, anni dopo *Il mio nome è rosso*.

Bianco

qualcuno

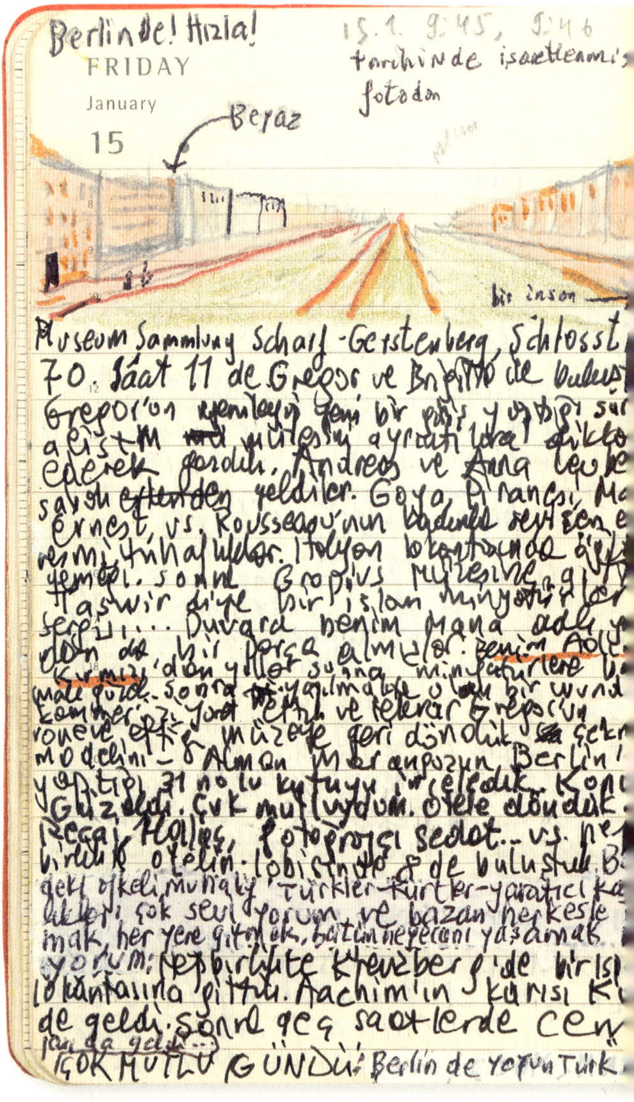


Poi abbiamo visitato una *Wunderkammer*, prima di tornare al museo ristrutturato da Gregor. Esaminato un modello di cassetto/la teca n° 31, realizzata a Berlino da un falegname tedesco. Parliamo. È bellissimo. Sono molto felice. Ritorno in hotel. Recai Hallaç, il fotografo Sedat… ecc., ci si ritrova tutti alle 20 nella hall dell'hotel. I creativi turchi-curdi di Berlino, accesi oppositori politici, mi piacciono molto, e a volte ho voglia di incontrarli tutti, di seguirli ovunque nelle loro avventure: abbiamo cenato tutti insieme in un ristorante spagnolo di Kreuzberg. C'era anche Karin, la moglie di Aachim. Piú tardi, arrivo di Cem e altri…

BELLISSIMA GIORNATA: tanti turchi a Berlino! Il loro affetto, la loro amicizia, tutto mi ha reso felice.

Fredda mattina berlinese. Per tutta la notte non sono riuscito a dormire. Ma una strana felicità. A Berlino le vie, l'aeroporto, tutto sembra vuoto. Mi addormento sull'aereo per Barcellona, con scalo a Monaco. All'aeroporto di Monaco ho telefonato a Rüya, Kiran, e Murat, l'assistente del museo. // A Barcellona la hall dell'hotel Majestic piena di gente della Turkish Airlines, hostess, direttori. Un attimo di stupore. // Cena con Bashkim Shehu. Suo padre, che fu il braccio destro di Enver Hoxha in Albania, giustiziato per ordine del dittatore paranoico. Anche il figlio sbattuto in carcere. Prima di esiliarsi a Barcellona. Consigliere per il Cccb. Fuma, è nervoso, ma ha soprattutto l'aria di un uomo per bene. Ho disegnato per lui uno schema della mostra ideale. L'intesa è immediata; veniamo dallo stesso angolo di mondo, dalla stessa cultura. → Qui sotto lo schema della mostra.

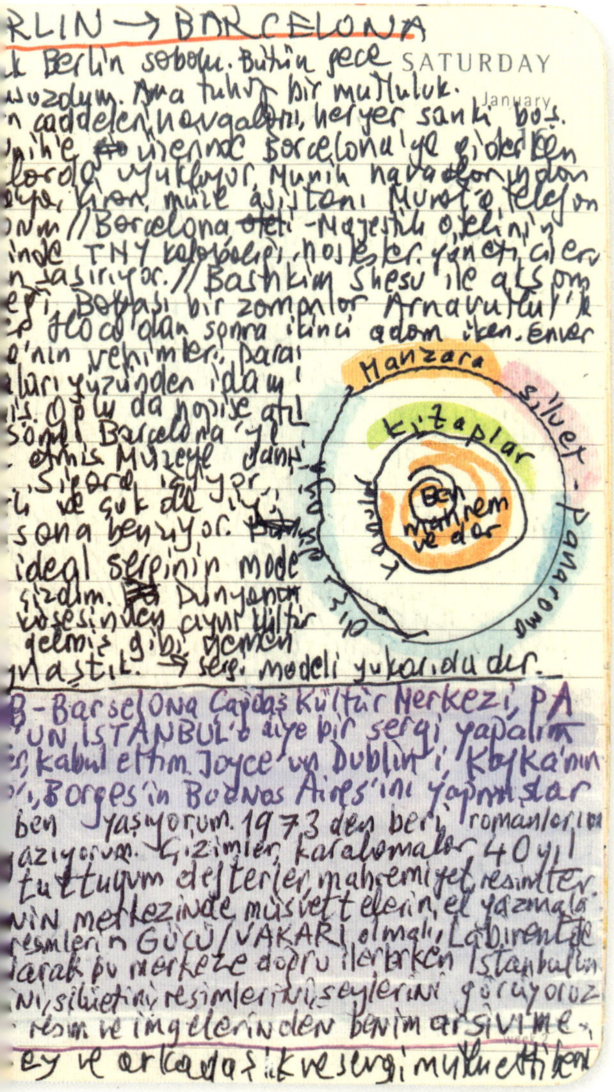

Il Cccb, il Centro di cultura contemporanea di Barcellona, ha proposto di fare una mostra, «LA ISTANBUL DI PAMUK», ho accettato. Hanno già fatto la Dublino di Joyce, la Praga di Kafka, la Buenos Aires di Borges. Ma io, invece, sono vivo. Dal 1973 scrivo i miei romanzi a mano. Disegni, schizzi, 40 anni di taccuini, oggetti privati, acquerelli. Il cuore della mostra deve essere LA FORZA / LA SERIETÀ dei miei disegni, manoscritti e abbozzi. Procedendo a poco a poco verso il centro del labirinto vediamo apparire Istanbul attraverso i miei archivi, con la sua storia, i suoi profili, le sue immagini, i suoi oggetti e i suoi simboli.

Alle 15 appuntamento con Gregor al museo. I lavori procedono, e come al solito piú lentamente di quanto previsto nei nostri piani. Alla sera Gregor, le ragazze, Cem… Li ho portati al ristorante di pesce Savoy a Cihangir. Tradizione di invitare a cena i collaboratori del museo. Il ristorante affollato, pieno zeppo. Ai tavoli vicini, alcune persone mi fotografano… rianimando a cascata le angosce della celebrità, della solitudine, dell'insicurezza. Arriva un momento in cui non sopporto piú la folla, la gente. Mi faranno del male, un male ordinario: ecco che cosa provo.

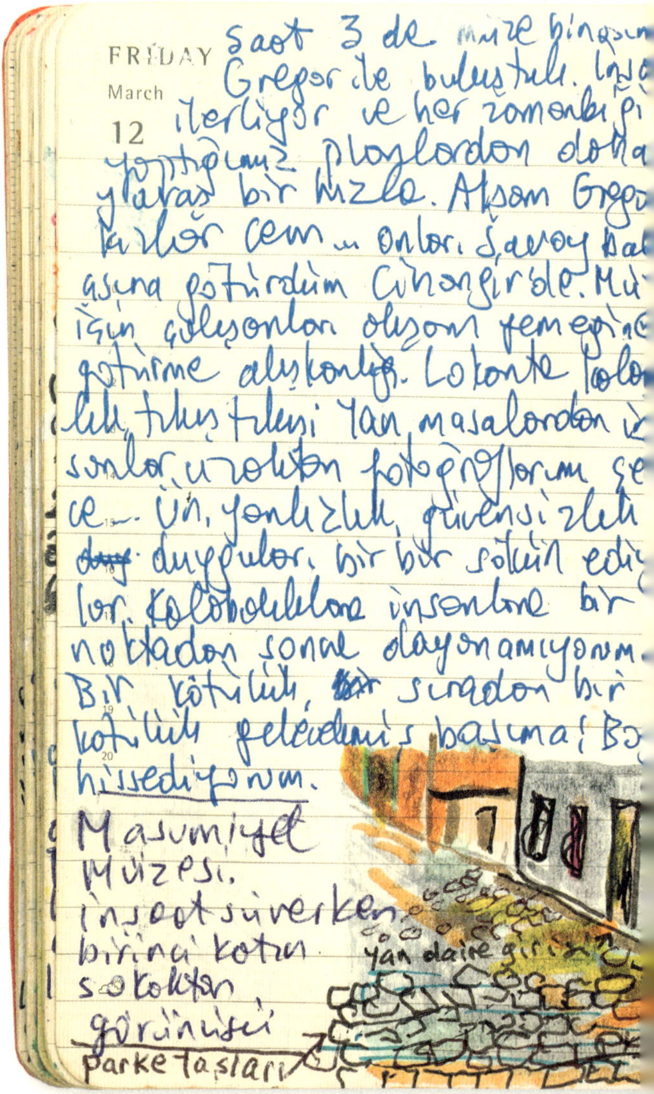


l'ingresso laterale

il selciato

Museo dell'innocenza
Veduta del primo piano dalla strada durante i lavori

Un oggetto dopo l'altro mi sforzo di finire il museo, come mi sforzo di finire il romanzo, una parola dopo l'altra. Trarre poesia dagli oggetti banali è quanto di piú difficile esista. La mia immaginazione si smorza e la mediocrità della vita quotidiana rallenta tutto. È questo il motivo della mia stanchezza. Al mattino, disegno. Dopo un'ultima rilettura cerco di mettere la parola fine alla prefazione di *Rosso*. Sensazione di inutilità, di vanità… Mi piacerebbe essere immerso nella storia di Mevlut. Il mio umore incupito dal clima in Turchia, dai giornali ecc. È un periodo relativamente tranquillo, sono cinque anni che non mi succede niente di grave, ma l'intolleranza, la lotta fra i militari laici e gli islamisti politici mi atterriscono. Devo vedere meno gente, come quando scrivevo *Il libro nero*. Cosa piú importante, non leggere la stampa…

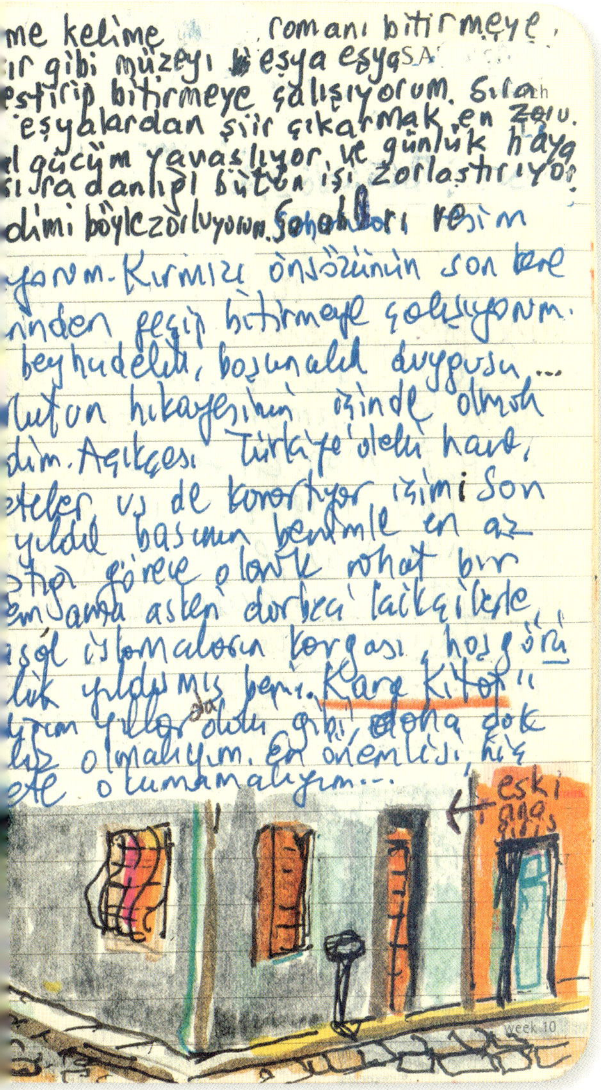


← il vecchio ingresso principale

2010

In partenza per l'Egitto/Il Cairo, in questo angolo dell'aeroporto dove ho fumato l'ultima sigaretta chissà quanti anni fa. Non resistito alla tentazione di ordinare un lahmacun. Scatto foto mentre l'aereo sorvola le isole e Bursa. // In volo, ho deciso di scrivere ogni giorno 6-7 pagine sul grande quaderno di appunti che ho portato con me. Ciò che voglio nella vita… Scrivere… La passione di scrivere… Felicità e desiderio, ecco i temi… Al mio fianco, in aereo, un tipografo, conservatore. Kiran mi aspetta all'aeroporto del Cairo. Andiamo in auto fino alla stazione. Stanchezza. Vecchiezza… Miseria. La folla del Cairo. Scrivo sul quaderno blu in un caffè. Preso il treno. Durante il tragitto dal Cairo ad Alessandria scende la notte. Paesaggio pervaso da un'intensa malinconia… Luci… Quartieri poveri… Ad Alessandria, scompaiono in una luce violetta: il Windsor Palace, tutto come una volta. Ma la nostra camera è gelida. Buona cena al ristorante Fish Market.

La baia di Alessandria!

Alessandria. Stanotte ho dormito con i pantaloni addosso. Avevo freddo. Camera gelida. Alessandria è fredda, ventosa! Mi sveglio in piena notte per lamentarmi con Kiran! Mattino. Le strade. Visita ai librai. Folla del venerdí. Prendo appunti su un grande quaderno blu. La casa di Kavafis. Vuota. Triste. Trasformata in museo. Il direttore preparava la nuova mostra. L'ho conosciuto! Lungo giro per le strade. Soste nei caffè per prendere appunti. Alessandria: scrivere e gironzolare per la città, fermandoci nei caffè a scrivere... Con Kiran nella sala da tè di fronte all'hotel. Preso freddo alla gola, a causa della camminata, e del succo di mango fresco. Bevo un bel tè per riscaldarmi. Il locale, pieno di uomini. Giocano a carte. Fumo del narghilè, delle sigarette... Televisore acceso, odore di tabacco ecc. Mi ricorda le sale da tè di Heybeliada... Siamo andati al Cecil Hotel. Quello di cui parla Durrell nei suoi romanzi. Devo scrivere su questo mondo. Un luogo banale. Tornati al Fish Market.

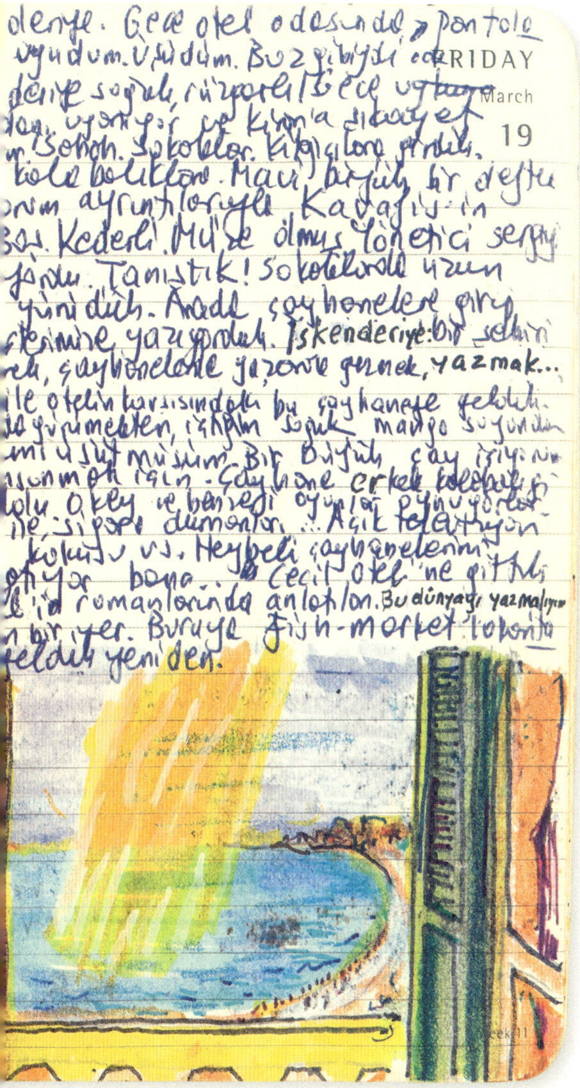

Al mattino lavoriamo per qualche ora nella sala da pranzo all'ultimo piano dell'hotel. Sono entrato bene nella «postfazione» alla traduzione del *Signor Cevdet*, a cui dovevo dedicarmi da un mese. Si tratterà dell'ascesa e del declino di Nişantaşı piú che dei *Buddenbrook*... // Camminato nel vecchio quartiere ottomano, fino al forte costruito con le rovine del celebre faro di Alessandria. Una passeggiata in calesse... I quartieri poveri mi demoralizzano. Biblioteca di Alessandria. Come architettura proprio niente male! Ma i libri all'interno non valgono granché. È piena di studenti. Sugli scaffali si allineano i libri, le donazioni provenienti da quasi tutto il mondo. Tranquillità del luogo, tavoli da studio, computer... Se durante la mia giovinezza a Istanbul fosse esistita una biblioteca cosí piacevole per i lettori, con cosí tanti libri, ci avrei passato la vita! Poi i quartieri poveri lungo il canale Mahmudiyah...

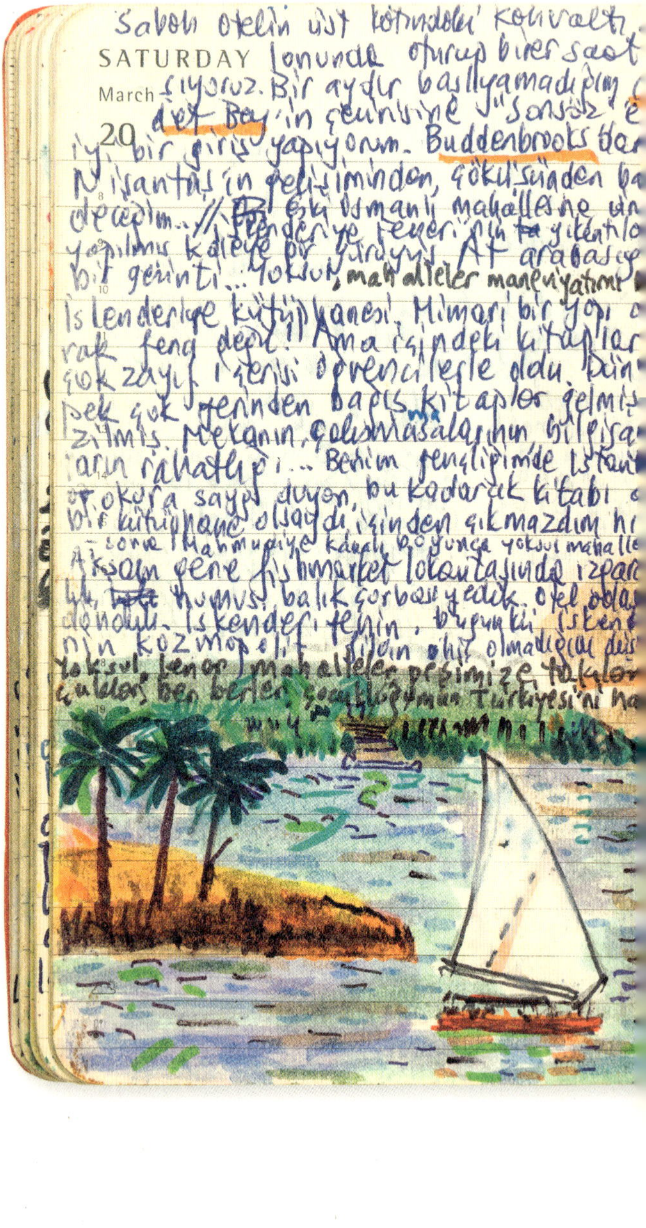


Alla sera, di nuovo al ristorante Fish Market, pesce alla griglia, hummus, zuppa di pesce. Ritorno in hotel. Meditando sul fatto che Alessandria, l'Alessandria contemporanea, non ha piú nulla di cosmopolita. I quartieri poveri, i bambini che ci seguono, i barbieri, mi hanno ricordato la Turchia della mia infanzia.

Alzato alle 6 del mattino. Abbiamo fatto colazione all'ultimo piano dell'hotel, poi il treno alla stazione di Alessandria (foto). Durante le 2 ore e 15 del viaggio ho avuto il tempo di contemplare il delta del Nilo, i contadini sui loro asini. Distese verdi, villaggi poveri, canali d'irrigazione, strade sterrate, camion, caffè, campi di frumento, buoi, palme, piccoli villaggi, bambini… Pali della luce, canali, verde, sentieri agricoli, villaggi… Tante cose viste. E con quanta sete di comprenderle. Poi il treno si è fermato sul margine di un campo. Ho fotografato un contadino che caricava un carretto tirato da un cavallo (9.34). Alle 7.50 scattate anche belle foto della stazione di Alessandria.

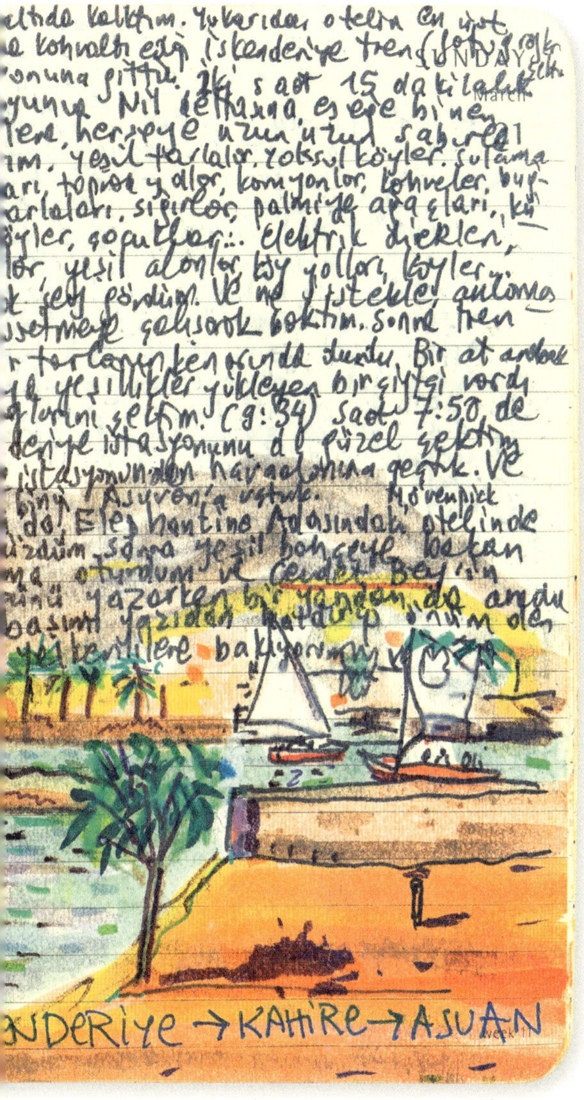


SSANDRIA → IL CAIRO → ASSUAN

Dalla stazione del Cairo siamo andati all'aeroporto. Da lí aereo per Assuan. Per prima cosa ho nuotato, nella piscina dell'hotel Mövenpick dell'isola Elefantina, di fronte ad Assuan. Poi mi sono messo al tavolo, di fronte ai giardini verdeggianti, a scrivere la postfazione del *Signor Cevdet*, a volte alzando il naso dal foglio per guardare le barche a vela che passavano.

Al mattino presto ascoltata la registrazione di un'intervista di Cem Bico, mandata da lui. Non una buona intervista; ci sono delle ripetizioni. La storia di un tizio che ha avuto successo nella ristorazione e nei nightclub a Bodrum. Il personaggio mi ha infastidito. Duplice irritazione per un argomento che non m'interessa, e per il tempo sprecato a interessarmene. // Le valigie sono pronte. Kiran e io andiamo in vacanza in GRECIA. Il museo mi ha sfinito troppo, distrutto troppo. Voglia di sbarazzarmi del fardello del museo in Turchia, e di tuffarmi nell'universo del romanzo. // Ho mangiato un lahmacun a Yeşilköy.

Visita della città di Agios Konstantinos. Prima c'era stato il volo da Yeşilköy ad ATENE. Il taxi prenotato da Kiran ci ha lasciati a destinazione alle 20. Abbiamo nuotato in mare per un'ora. Ci pungevano strani insetti. La bellezza del Mediterraneo, l'oscurità del mare, nuotare… Tutto ciò mi ha fatto dimenticare un po' i miei problemi. La Turchia e le sue interminabili tensioni, le minacce, l'angoscia dell'apertura del museo, le difficoltà, e cosí via. Brutti ricordi. Vivere a Istanbul, nascosto sotto un cappello, per proteggersi dai fascisti… Ci si abitua quanto ci si disgusta. All'estero ho piú pace e libertà. Posso essere piú romanziere, piú creatore. L'arte e la libertà d'espressione non hanno peggior nemico della tensione.

Al mattino al borgo di Agios Konstantinos. Frescura che sale dal mar Egeo. Un istante di apertura, di felicità che mi si offre. Devo terminare il museo senza sfinirmi… Ma la vera fonte della mia eccitazione febbrile è il nuovo romanzo: *LA STRANEZZA CHE HO NELLA TESTA*. Entusiasmato anche dalle interviste che mi mandano i nostri giovani amici, da tutto, in realtà. Anche se alla fine avverto che la mia creatività sarà la vera forza del libro. Non voglio leggere altri romanzi: le idee, devo cavarmela a trovarle da solo. E nella frescura del mattino sento che è dalla mia libertà che verranno.

EDUTA DAL FINESTRINO SULLA STRADA PER ALONISSOS

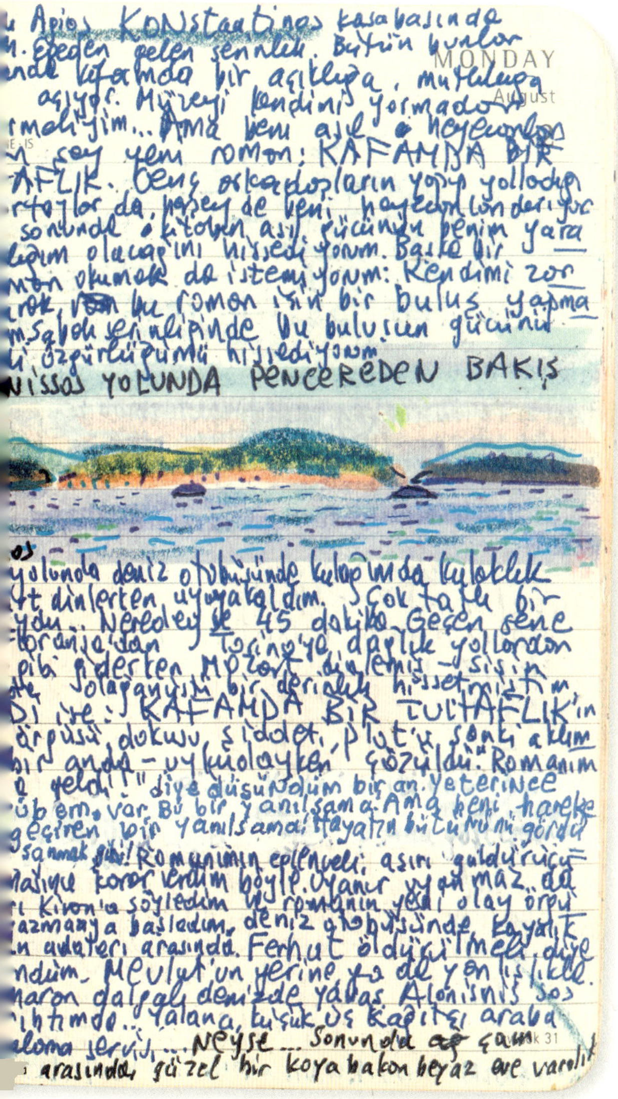


Mi sono addormentato sul traghetto per Alonissos, con Mozart negli auricolari. Un sonno dolcissimo… Quasi 45 minuti. Ascoltavo Mozart, come l'anno scorso sulla strada tra Firenze e Torino, percorrendo strade di montagne – straordinaria sensazione di profondità in mezzo alla nebbia. OGGI è come se la trama, il tessuto, la violenza, l'intreccio della *STRANEZZA CHE HO NELLA TESTA* mi fossero stati rivelati di colpo nel sonno. «Il romanzo è arrivato a me!» ho pensato per un istante. E ho troppa esperienza perché sia un'illusione. Ma c'è un'illusione che mi mette in moto: credere di aver visto tutto dell'esistenza! Deciso che il mio romanzo sarà divertente, estremamente buffo. Ne ho parlato a Kiran già al risveglio, poi ho cominciato a scrivere la nuova trama, sul battello, in mezzo alle isole rocciose della Grecia. Immaginato che Ferhat dovrà essere assassinato. Al posto di Mevlut, o per errore. Il catamarano, lento sul mare mosso. Al molo di Alonissos… I truffatori da strapazzo del noleggio auto… Che importa… L'essenziale era arrivare in questa casa bianca che si affaccia sul mare, in mezzo ai pini.

Dopo tanta esitazione e sconforto: stamattina, verso le 10, passo bruscamente dalla fase depressiva alla fase maniacale. Nello stesso momento, o una mezz'ora prima, la mia decisione è presa: FINISCI IL MUSEO MA NON APRIRLO. CHIUDI A CHIAVE LA PORTA E TIENILO SEGRETO. Non SFINIRTI con il MUSEO, scrivi il tuo romanzo, scrivi le avventure di MEVLUT! Tutto il resto, dimentica dimentica dimentica. Il romanzo è picaresco e mescola lo humour di Don Chisciotte-Sancio Panza-Dickens ecc. a questioni metafisiche. Bei momenti di amicizia con Thomas e gli altri a pranzo e a cena.

La felicità, l'immensa felicità di sedersi a scrivere il proprio romanzo, alla sera, dopo un corroborante bagno in mare.

 Il mio romanzo mi piace. Passeggiatina dopo cena con T. e Margareta (sulla collin

Alzato alle 9, tento di lavorare al romanzo. Alle 11 siamo passati a prendere Thomas e Margareta per andare su una spiaggia nel nord dell'isola. Agios Dimitrios. Una spiaggia sublime che fa venire in mente il Mar Morto. Pietre, ciottoli. La limpidità dell'acqua, il suo magnifico azzurro, di una bellezza stupefacente. Mi tuffo in mare come un bambino e nuoto pensando al mio romanzo. // Ritorno a casa. Sonnellino. Romanzo. Sogni. Thomas e Margareta a cena alla sera. Ho preparato loro tzatziki, peperoni e melanzane alla griglia ecc. Vino, discorsi. Thomas ci parla di Handke. Notte. Mozart.
Dalle 15 alle 17 mi sono dedicato con impegno all'episodio di Mevlut e Ferhat con i contatori dell'elettricità ecc. Capitolo scritto tutto d'un fiato, troppo didattico. Mancanza di poesia. Tento di riscrivere tutto. Ma faticoso. Riscopro la difficoltà di scrivere un romanzo.

Dopo quattro mesi di pausa avevo conservato della scrittura romanzesca un ricordo romantico, incantato. Per nostalgia. La difficoltà di scrivere un capitolo necessario ma noioso è tornata a colpirmi come una porta in faccia.

la città vecchia). Poi li ho portati in auto verso l'interno dell'isola di Alonissos, n i suoi boschi, le sue rocce – strada serpeggiante fra gli alberi. Notte! Cicale, lli. Sopra di noi le stelle, la Via Lattea. Abbiamo parcheggiato l'auto a bordo ada, nel buio piú totale, per contemplare l'azzurro cupo del cielo, le stelle, il nzio del mondo, dell'universo. Potrebbe farlo anche Mevlut.

Al mattino un dolce sole illumina la nostra camera. Mi sono alzato subito e ho lavorato per tre ore al romanzo, dalle 9 alle 12, entrato bene dentro. Mevlut e Ferhat sono a tavola in un ristorante di Kurtuluş. Ferhat insegna a Mevlut il lavoro dell'esattore, prendendo come esempio l'elettricità che ruba il ristorante. Conosco l'argomento. Dopo aver nuotato ad Agios Dimitrios, poi pranzato a Steni Vala, sono tornato a casa a continuare il romanzo. La sua semplicità, la sua leggerezza mi rallegrano tanto quanto mi preoccupano… Ma il capitolo che scrivo – che ho riscritto – prepara i due successivi; pazienza, Orhan.

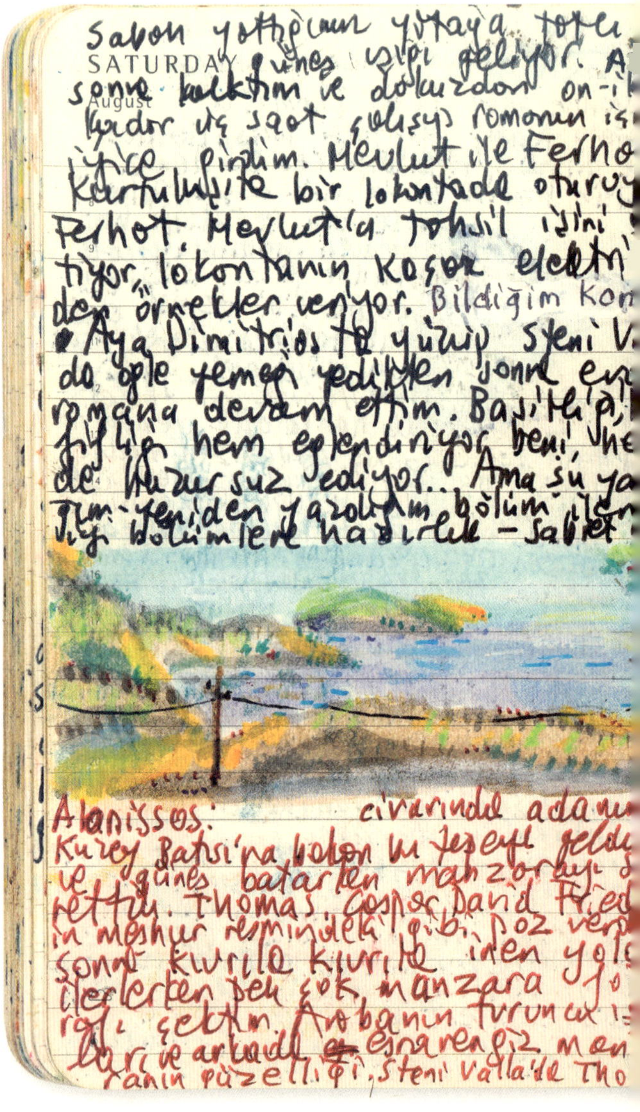


Siamo andati a contemplare il crepuscolo su questa collina vicino ad Alonissos, la veduta verso il nord-ovest dell'isola. Thomas ha posato come nel celebre quadro di Caspar David Friedrich. Ridiscendendo, lungo la stradina a tornanti, ho scattato molte foto. La luce arancione dei fari dell'auto e la misteriosa bellezza del paesaggio sullo sfondo. Ultima cena a Steni Vala con Thomas e gli altri. Veri amici. Buoni compagni.

Al mattino, scrivendo queste pagine che sono le piú semplici, le piú facili del romanzo… mi tuffo nel secondo movimento del concerto per pianoforte n. 21 di Mozart. La potenza della musica sembra dar vita alla discussione di Ferhat e Mevlut sull'elettricità, li strappa dalla banalità di questo mondo. Ma la musica non mi fa distrarre. Sento che in questo romanzo ci sarà una profondità che avrà a che fare con la musica, con l'amore divino, con l'aldilà. Profondità da trovare nell'immaginazione di Mevlut, nelle sue camminate per Istanbul.

Ho fatto questo disegno della veduta di ieri per tenermela in tasca e poterla contemplare quando ne ho voglia. Perché mi accompagni sempre il PAESAGGIO di questi giorni sublimi passati a scrivere il mio romanzo, nuotare e ascoltare Mozart. L'errore è guardare il paesaggio come un quadro. È il quadro che va guardato come un paesaggio. Alla sera, a casa, preparati tzatziki, zucchine, peperoni alla griglia ecc. Sempre con la testa al romanzo. Avevo dimenticato la difficoltà del romanzo, la disperazione dello scrittore.

In piedi tutte le mattine alle 7.30, caffè o tè e frutta tagliata a pezzi pensando al romanzo. Dieci o quindici anni che vivo cosí. Una volta andavo a letto alle 4 del mattino. Da quindici anni, alle 23 luci spente. La paura, ogni mattina, che non mi piaccia quello che ho scritto il giorno prima! È talmente sottile, un romanzo! Esige dallo scrittore una grande fiducia… Ci si deve credere anche quando non ci si crede. La fede dello scrittore nel proprio universo è la condizione necessaria per creare. Alle 9.30 il dolce mormorio della pioggia estiva. Kiran e io siamo andati a fare il bagno. Il turchese del mare, il grigio piombo del cielo, il verde dei pini riflessi sull'acqua. Il romanzo mi ossessiona. Apriti, Orhan, apriti come ti apri al mare, come ti dispieghi nelle sue acque, apri la tua anima a esistenze che non sono la tua. Sembrava che non fosse la pioggia, ma fossero le vite, le parole di altri individui a piovere su di me mentre nuotavo nel mare. Biancheria, libri, tutto era bagnato, persino il mio quaderno di appunti.

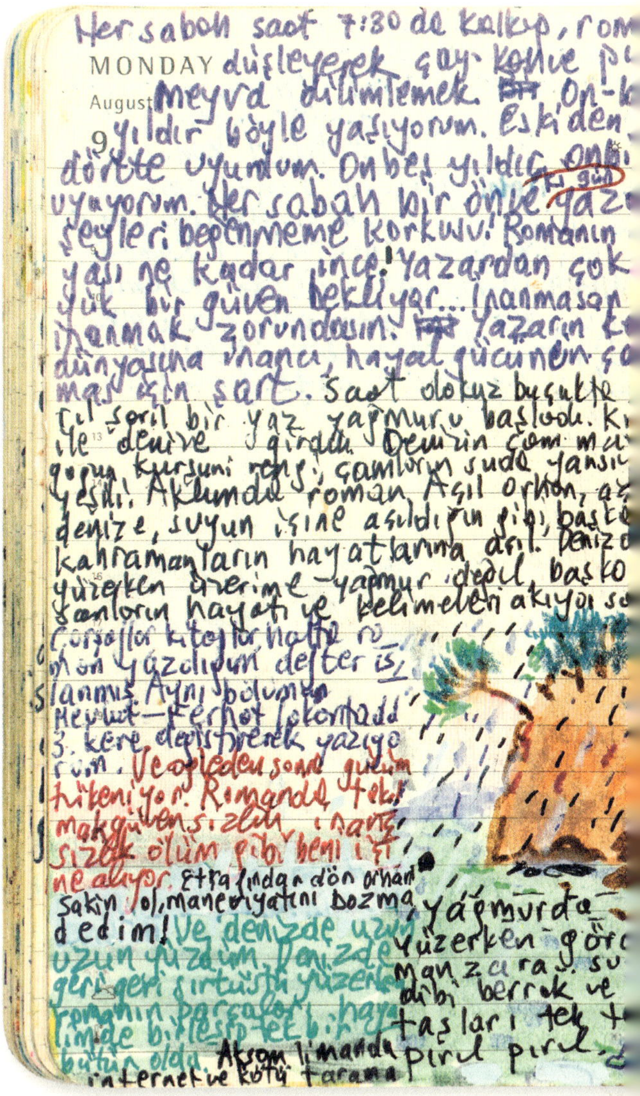


Riscrivo per la terza volta lo stesso episodio di Mevlut e Ferhat al ristorante, con qualche ritocco. Al pomeriggio crollo. Con la morte nell'anima di sentirmi bloccato, senza certezze, senza nessuna fede. Tieni duro, Orhan, calmati, non lasciarti deprimere, mi ripetevo. Poi sono tornato a nuotare, a lungo. Lí, sul dorso, ho immaginato come si amalgamerebbero le diverse parti del romanzo per formare un tutto unico. Alla sera al porto, Internet e taramosalata non buona.

il paesaggio che ho vist
nuotando sotto la piog
Limpido come l'acqua
lucente come i ciottoli

Mattina. La paura prima di cominciare un nuovo capitolo: dove va questo romanzo? Funziona? Non aver paura, Orhan, mormora una voce dentro di me. Tutti i miei romanzi si sono scritti cosí. È una terra strana, ignota. Eri forse piú a tuo agio con la Kars di *Neve*, o con i miniaturisti di *Rosso*, o quando descrivevi l'ascesa in paradiso dell'anima dello zio in *Rosso*? La paura c'è sempre stata. Sí, e insieme l'eccitazione, l'entusiasmo. Perché sapevo che quel che scrivevo era originale.

La collina che abbiamo percorso in auto

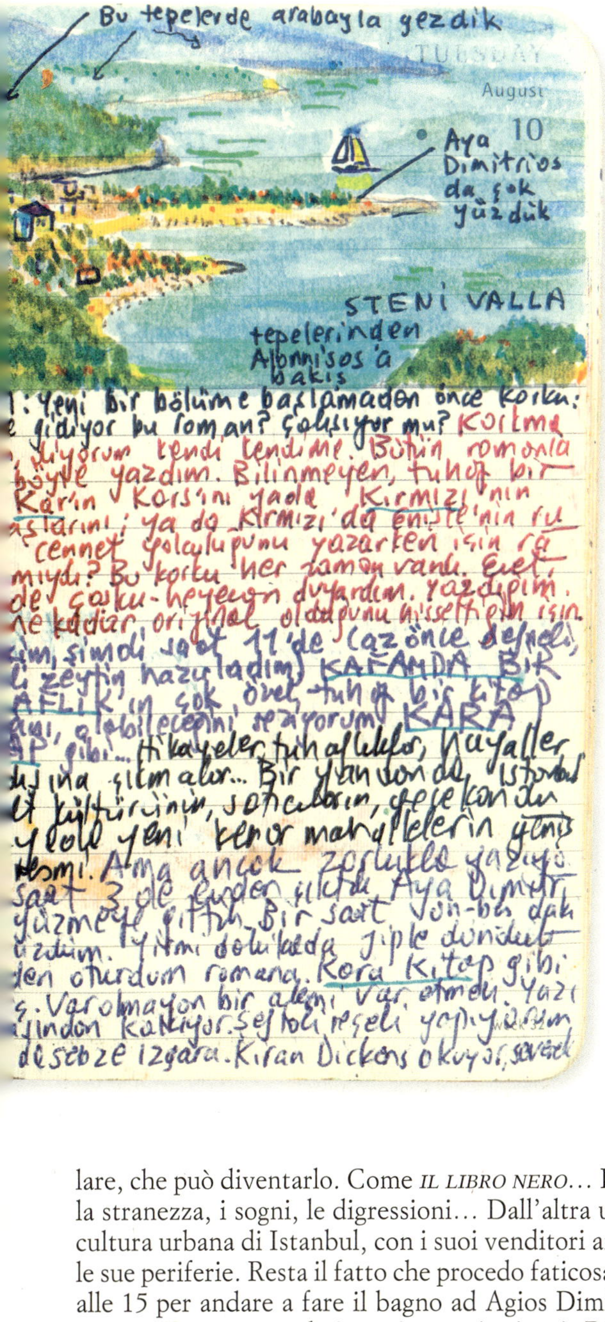


Agios Dimitrios dove abbiamo nuotato molto

Veduta di Alonissos da STENI VALA

Ora sono le 11 (ho appena preparato olive all'alloro e timo) e sento che *LA STRANEZZA CHE HO NELLA TESTA* sarà un libro molto particolare, che può diventarlo. Come *IL LIBRO NERO*… Da una parte i vari racconti, la stranezza, i sogni, le digressioni… Dall'altra un vasto quadro della sottocultura urbana di Istanbul, con i suoi venditori ambulanti, i suoi gecekondu, le sue periferie. Resta il fatto che procedo faticosamente. Siamo usciti di casa alle 15 per andare a fare il bagno ad Agios Dimitrios. Nuotato un'ora e un quarto. Ritorno con la jeep, in venti minuti. Ripreso il romanzo. Difficile come *Il libro nero*. Creare un universo che non esiste. Lascio la sedia per fare della marmellata di pesche. Poi una grigliata di verdure. Kiran legge Dickens, entusiasmata.

Al risveglio, occhi e cervello ancora appesantiti dal sonnifero che ho preso ieri sera per addormentarmi. Nuotato per un'ora nella sublime baia qui sotto, senza stanchezza, ma con quella specie di disperazione che mi provoca il romanzo. // Poi però, una volta alla scrivania… ridivento di umore «maniacale»: mi appare la necessità di elencare i problemi finanziari di Mevlut. La mente si scalda, torna l'ottimismo, il mio romanzo mi piace di nuovo. Poi telefonato a mia madre per augurarle buon compleanno. «Non ho fatto niente in vita mia, questo mi addolora, dice. QUANDO NON FAI NIENTE IL TEMPO PASSA VELOCISSIMO, MA LE LANCETTE DELL'OROLOGIO NON AVANZANO PIÚ, L'ORA DI PRANZO NON ARRIVA MAI. HO GUARDATO PER TRE VOLTE LA SERIE *AŞK-I MEMNU*…» Subito mi viene l'idea del personaggio di un romanzo che parli del senso della vita e del tempo, e di questa solitudine in cui si trova Mevlut… Scrivere un romanzo vuol dire innanzitutto… amarlo, saperci mettere tutto ciò che si è vissuto…

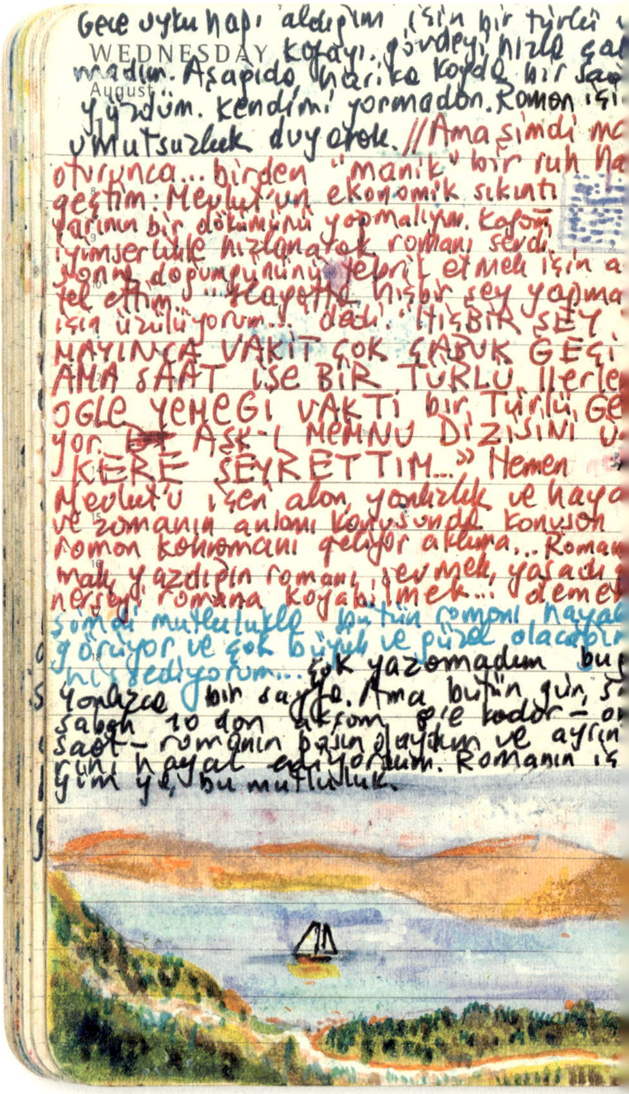


Poi visualizzo il romanzo completo, e sento che sarà grande, che sarà bello… Oggi scritto pochissimo. Solo una pagina. Ma dalle 10 del mattino alle 8 di sera – dieci ore – ho passato la giornata a pensare al romanzo, e nient'altro, attento a ogni particolare. Ci sono dentro, ecco la felicità.

Ieri sera, al ritorno dopo la grigliata di triglie di scoglio e il vino bianco a Steni Vala, in casa è mancata la luce. Sono andato a letto. A quel punto i vicini, una banda di tizi stile macho, hanno cominciato a fare a botte. Stamattina niente acqua né elettricità né niente. Il cellulare è quasi scarico, non c'è altra soluzione che scendere al porto, caffè, brioche, Internet, telefonate ecc. Niente elettricità fino a mezzogiorno. *Ho avvertito ancora che sarà un romanzo difficile, che forse ci metterò anni a scriverlo.* Ma una volta finito un romanzo si ha sempre l'impressione di averlo sfornato in un colpo solo. Il che ovviamente non è vero. Tutto questo universo, lo creo come se uno scavasse un pozzo con un ago, usando le unghie, dilaniandomi, ricominciando sempre.

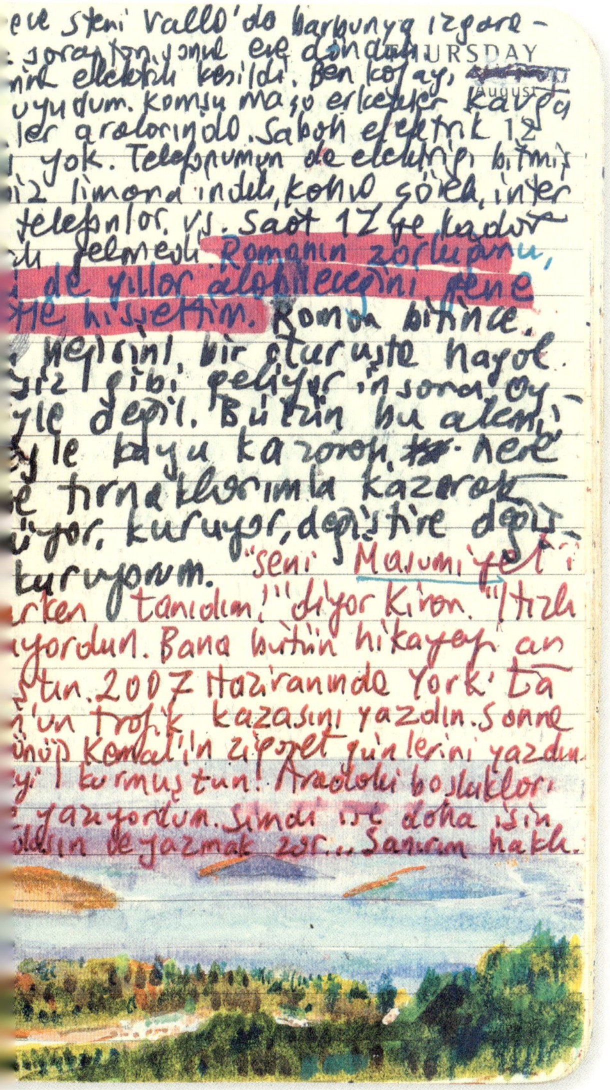

«Ti ho conosciuto quando scrivevi il *Museo*!» mi dice Kiran. «Scrivevi in fretta. Mi avevi già raccontato tutta la storia. Nel giugno 2007, a New York, hai scritto l'episodio dell'incidente d'auto di Füsun. Poi al ritorno quelli delle visite di Kemal. Avevi già in testa tutta la storia! Dovevi solo riempire i buchi. Oggi è diverso, il lavoro che ti aspetta è piú imponente, la scrittura è faticosa...» Voglio credere che abbia ragione.

C'è in questa immagine come una parte di ricordo. Sono felice di averla disegnata. Vorrei passare del tempo a disegnare – credere di essere venuto al mondo per fare questi disegni. Non ce n'è bisogno. C'è come una parte di ricordo! Non credo che ciò che disegno sul mio taccuino sia bello. Procedo per particolari. Come se mi insinuassi segretamente nell'immagine. Mi piacciono i paesaggi di New York, dove immagino me intento a disegnarli, in mezzo agli alberi e ai grattacieli.

In questi taccuini annoto tutto con una calligrafia minuscola. Come se vi nascondessi il mondo. Come se lí volessi vivere l'esistenza che non ho potuto avere per davvero. La vita che vorrei vivere = una vita di pittore. Però non ha funzionato! Fino a che punto la scrittura può essere una consolazione? Bisogna andare avanti senza porsi queste domande… Viaggio verso una regione montuosa e lontanissima. Alla fine tutti i misteri, o l'intero universo, l'opera di DIO, compaiono in un sogno. Ma mi sveglio, in ansia per non aver visto la fine. Le vestigia del sogno, nel mio ricordo, mi appaiono come un quadro di paesaggio, sí.

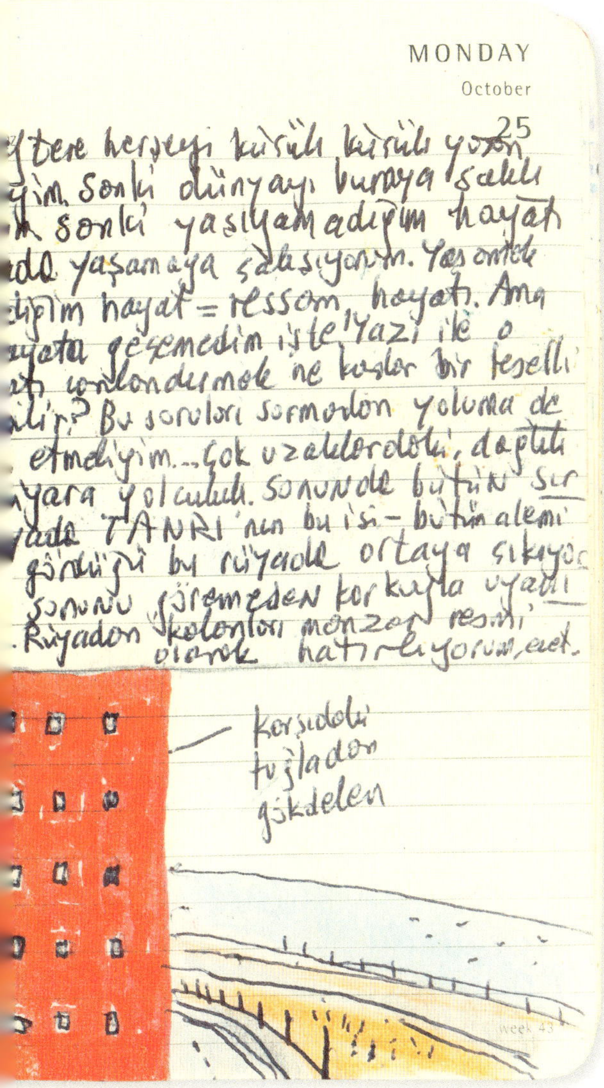


l'edificio
di mattoni
di fronte

Al mattino, come faccio abitualmente di questi tempi, ho camminato una mezz'ora su Riverside Drive. Si gela nel freddo di novembre. Newyorchesi che portano a spasso il cane. Comprata frutta dall'ortolano. // Romanzo: sensazione di vuoto. Non sono riuscito a lavorare come si deve. Al pomeriggio, nello studio, tempo perso in e-mail e altre sciocchezze.

Mattina. Gettata un'occhiata all'hotel della 94ª Strada. Preso il treno per la 72ª. Curiosato alla libreria Barnes and Noble sulla 66ª. Tempo freddo. Il cappotto è di rigore. Ma mi piace percorrere la Broadway, con la borsa in mano, nel freddo mattino di New York. Sono in anticipo. 42ª Strada. Giretto dalle parti di Times Square e Broadway. Piacere del mattino, delle ore senza lustro della vita newyorchese. Mi sono sbarazzato del lavoro, dei libri, della scrittura… Felice, finalmente, di vagabondare per le strade di New York! Scrivo questo in un caffè, guardando la gente che passa sulla Broadway. Pranzo con George Andreou… Il tempo passa in fretta. Mi sarebbe piaciuto familiarizzare di piú con George.

Neve, vento. Grigiore. Tornando a casa mi fermo al Café Pizza all'angolo fra la 104ª e Broadway a pranzare con un tramezzino al salmone e un caffè, beato Orhan, e leggo il «New York Times» lasciato sul tavolo dal cliente precedente. Vie di domenica mattina. I *diners* gremiti. Controllo le e-mail alla biblioteca Butler, poi arrivo alla Avery: la felicità di scrivere il proprio romanzo in biblioteca… Leggo *Anna Karenina*, su cui farò lezione, parallelamente ai miei tentativi di scrivere le avventure di Mevlut il venditore di boza… Essere solo con il romanzo, leggere Tolstoj e pensare al mio: se non è questa la grande felicità. Alla sera, al cinema con Kiran a vedere l'ultimo film di Woody Allen. *Incontrerai l'uomo dei tuoi sogni*. Leggero, facile, ma come sempre l'intreccio non manca di forza. Abbiamo passato un bel momento.

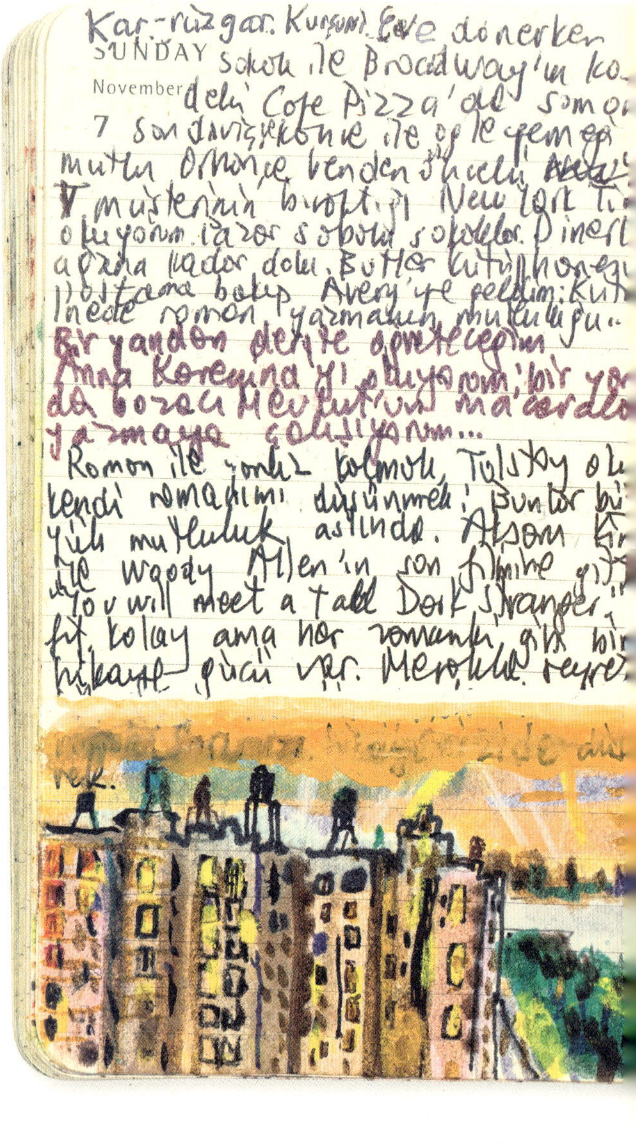

Stamattina lavorato per tre ore al romanzo. Bene. Mevlut che consegna yogurt con suo padre… Che pranza con lui… ecc. Vento fortissimo. Tempo coperto, cupo, piovoso, perfetto per lavorare! // Ma poco dopo non so che cosa mi abbia preso, sono andato alla Avery, dove leggo le e-mail che arrivano da Istanbul. Deprimente. Problemi con lavori che credevo di pochissimo conto. Non ne posso piú di quel museo e delle sue interminabili grane. // Mi irrito, mi irrito, e subito le belle scene del mio romanzo svaniscono, la mente si avvelena: i problemi del museo ricadono sul romanzo, la scrittura ne fa le spese. Pranzato di fronte all'ospedale. Vento, pioggia come neve, freddo. Scrivi, Orhan, scrivi. In biblioteca, al piano interrato, lotto con tutte le forze per scrivere la storia di Mevlut.

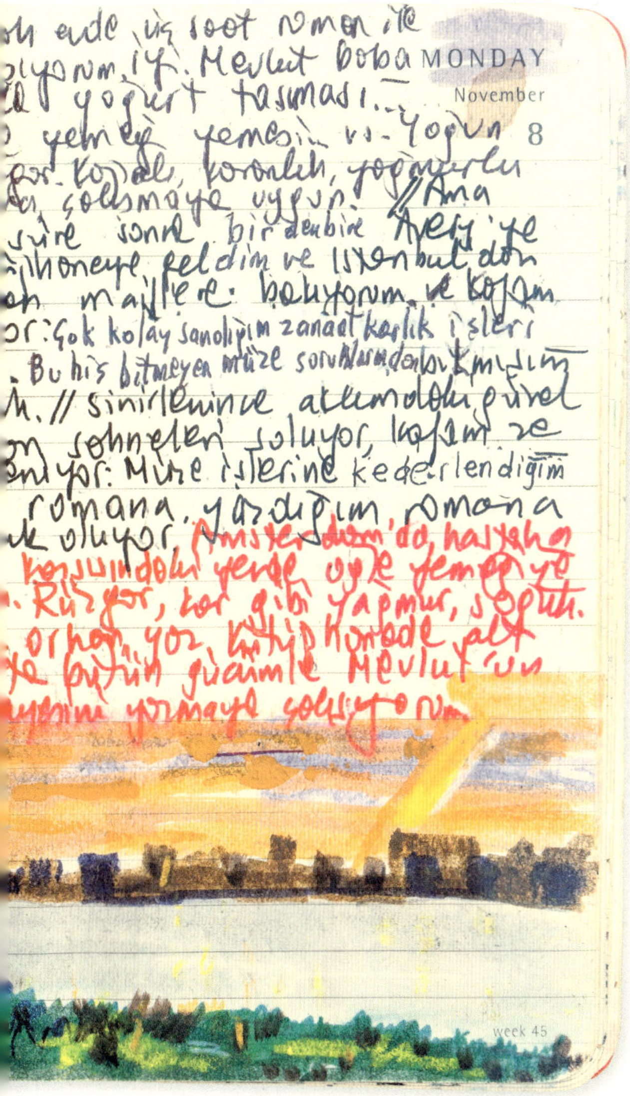

Mi sono svegliato come un'ombra prima che finisse la notte nera. Come un'ombra ho attraversato le vie fredde e silenziose di Edmonton. Cominciato a leggere gli ultimi capitoli di *Anna Karenina* in aeroporto: rilettura; per la lezione di martedí; e all'improvviso un'idea meravigliosa per l'intreccio della *STRANEZZA CHE HO NELLA TESTA*. MEVLUT ha sentito parlare della storia del cane che mangiava gli europei, la storia dell'isola di Sivriada… E tenta di sconfiggere il maleficio gettato su di lui (l'ordine di aggredirlo impartito ai cani). Ecco come sono tornato al primo intreccio che avevo immaginato, nel 2007. //

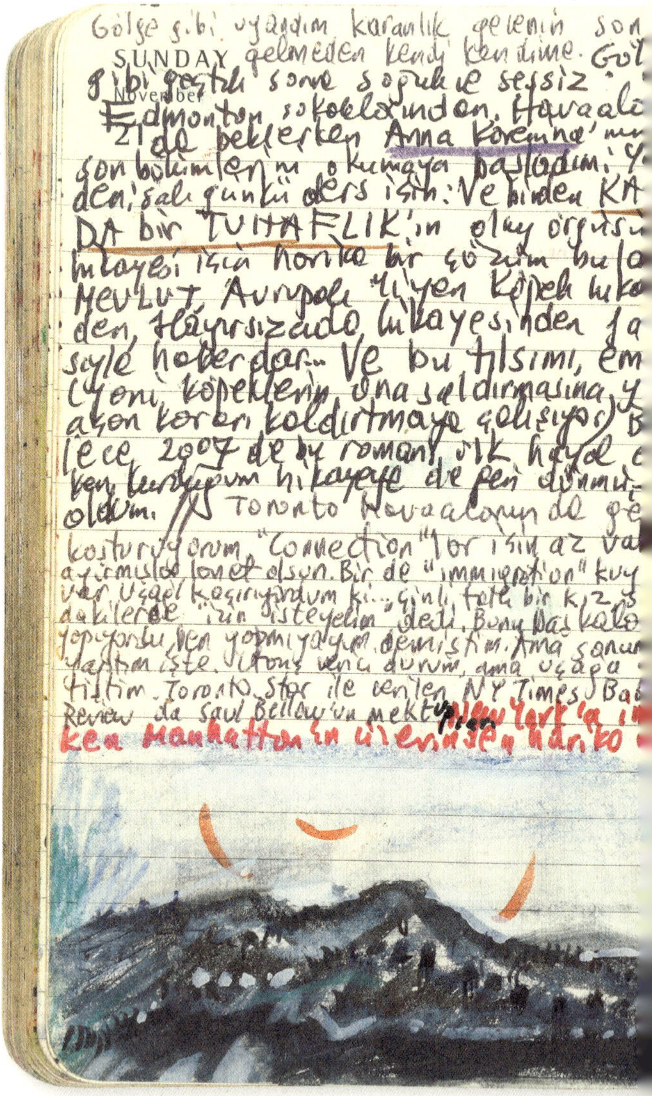


All'aeroporto di Toronto sono costretto a correre. Il tempo previsto per le loro maledette «coincidenze» è troppo breve. E poi c'è la coda all'«immigration». Stavo per perdere l'aereo… Un'incantevole cinese chiedeva «permesso» per passare davanti. Lo facevano anche gli altri, io non volevo. Ma alla fine l'ho fatto comunque. Non è stata una bella cosa, ma sono riuscito a prendere il mio aereo. Lettere di Saul Bellow sulla «NY Times Book Review», distribuita insieme al «Toronto Star». Magnifica veduta di Manhattan durante la discesa su New York.

Ieri sera, a New York, scritto febbrilmente sul quaderno ciò che avevo visto e vissuto nella strana, triste città di Edmonton. Ah, devo assolutamente annotarlo, mi ripetevo. Questo, per esempio: sabato a mezzogiorno, attraversando una passerella che collega due grattacieli, mi sono ritrovato in una «food court». Dei poveri, dei senzatetto. Che ammazzano il tempo davanti al VJ, catena di hamburger a buon mercato. Mi sono messo a chiacchierare con un arabo che vendeva kebab e insalate. «Where are you from?» Dalla Turchia o da New York, gli ho risposto, e lui: anch'io vendevo kebab nel Bronx, ma laggiú non c'è lavoro. Mi sono trasferito qui. Ci sono molti soldi, qui, molto lavoro, diceva.

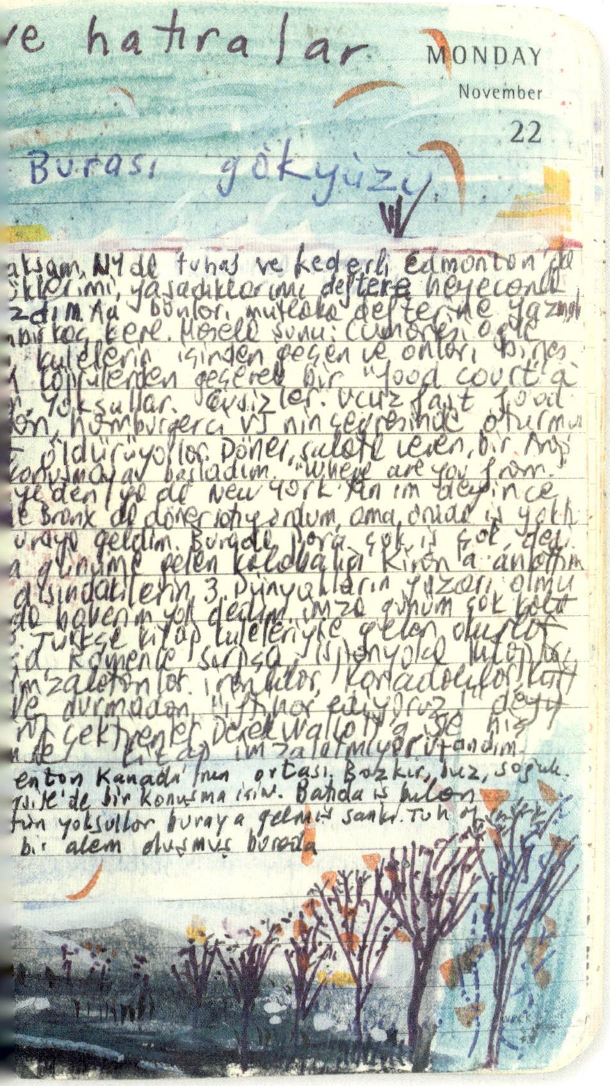


e ricordi

Qui il cielo

Ho descritto a Kiran il pubblico che si accalcava al firmacopie. Non sapevo di essere uno scrittore non occidentale, le ho detto, uno scrittore del Terzo mondo. C'era una folla pazzesca. Lettori venuti con montagne di libri in turco, alcuni che volevano una dedica su edizioni in arabo, in rumeno, in serbo, in spagnolo. Iraniani, canadesi, curdi, certi che scattavano foto dichiarandomi il loro orgoglio. Derek Walcott, invece, non ha firmato neanche un libro. Mi vergognavo. Edmonton è in mezzo al Canada. Steppa fredda, gelida. All'università per una conferenza. Sembrava che si fossero ritrovati lí tutti i poveracci venuti a cercare lavoro in Occidente. Una strano universo, quel luogo.

La 108ª Strada e l’Hudson, di passaggio…

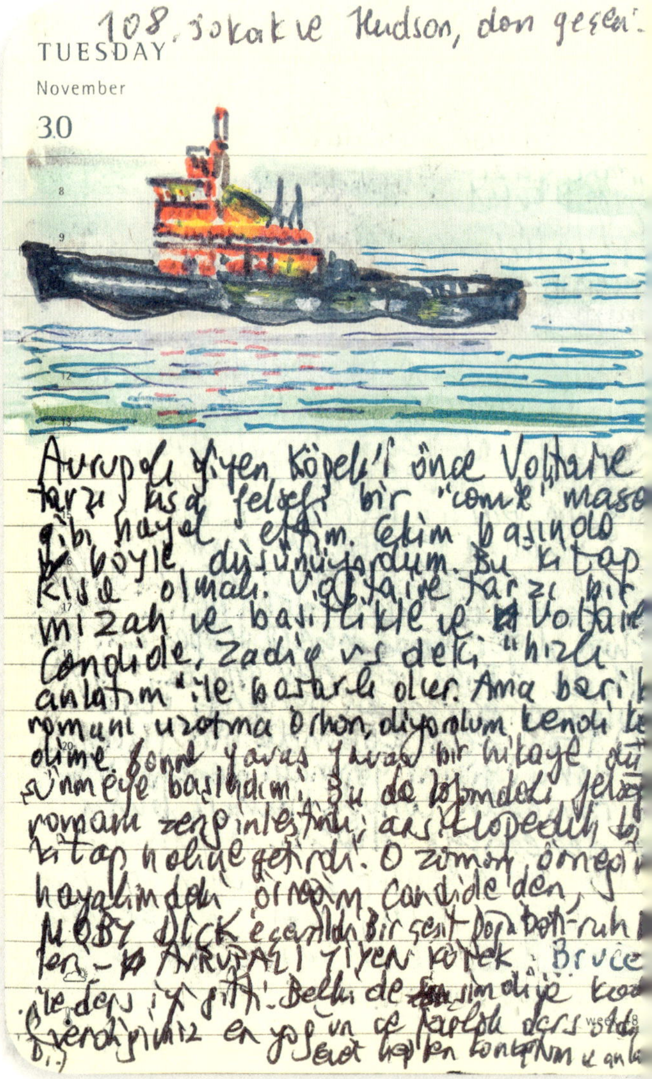


Immagino *Il cane che mangiava gli europei* come una breve favola, un «racconto filosofico» nello stile di Voltaire. Era la mia idea ai primi di ottobre. Questo libro deve essere breve. La sua riuscita dipende dal «tono brioso». Come in *Candido*, *Zadig* ecc., con uno humour e una semplicità alla Voltaire. Soprattutto, non allungare il romanzo, Orhan, mi ripetevo. Poi, a poco a poco, mi è venuto un inizio di storia: arricchendo il romanzo filosofico che avevo in testa; trasformandolo in libro enciclopedico. Il mio modello, allora, il modello sognato, era *Candido* tradotto in *MOBY DICK*. Un CANE CHE MANGIAVA GLI EUROPEI, tra Oriente e Occidente – nello spirito. La lezione con Bruce è andata bene. Forse la lezione piú densa e piú brillante che abbiamo tenuto finora. Sí, sono stato io a parlare per tutto il tempo.

Visti durante il sonno dei venditori di yogurt. Camminavano con la schiena gravata di secchi appesi a pertiche. Ah, allora sono così, i secchi per lo yogurt, mi dicevo nel sogno. Al mattino, ora, scrivendo il romanzo, mi chiedo «dove, in quale fotografia posso aver visto quei secchi». Lavorato a casa con Kiran fino a mezzogiorno. Al pomeriggio visita ad Anita, a Cold Spring, con il treno dalla 125ª Strada. Ha un problema al menisco. Siamo stati al supermercato a fare la spesa per lei. Ho cucinato io, pesce con pomodori e peperoni. Ho molto rispetto per Anita. Vorrei poterglielo dimostrare di piú. Ero contento di farle visita.

HUDSON SULLA STRADA DI COLD SPRING

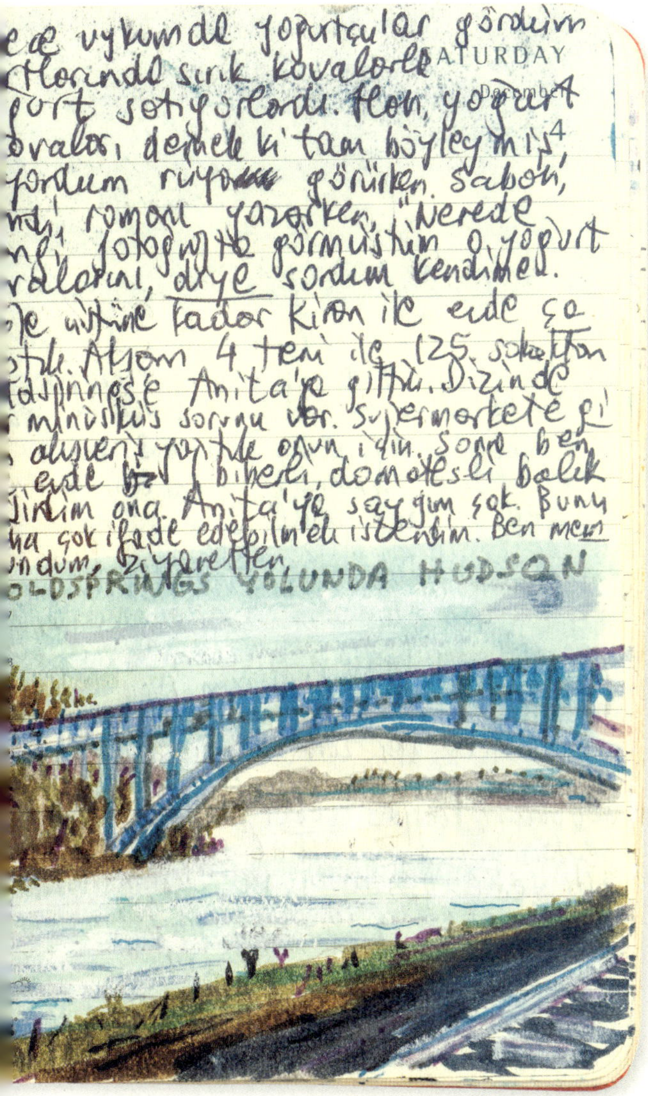

Il ponte George Washington come lo si vede dalla camera da letto.

Al mattino, a casa, scrivo con gioia, pensando a Mevlut. Felice per gli anni di cameratismo che passeremo insieme. Piacere di lavorare, di scrivere. Kiran è ancora a Cold Spring con Anita. Pranzo con Rüya. //

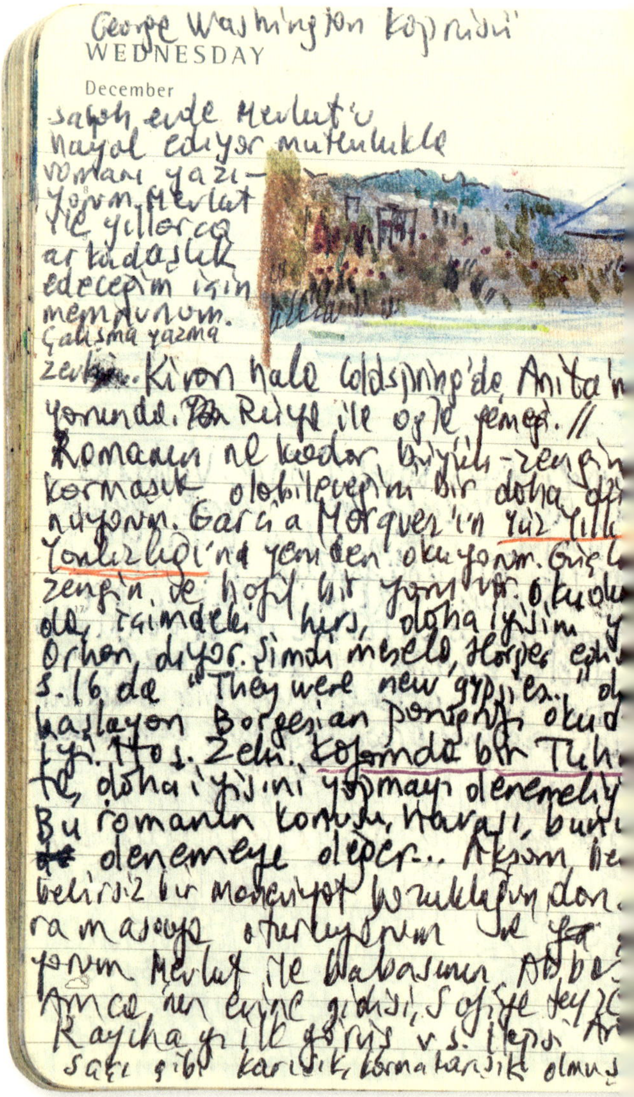


Pensato ancora al modo di rendere il romanzo piú grande-ricco-complesso. Rileggo *Cent'anni di solitudine* di García Márquez. C'è un lato forte, denso e leggero. La lettura risveglia la mia ambizione, mi dice scrivi meglio, Orhan. Poco fa, per esempio, a p. 16 dell'edizione Harper, ho letto il capoverso borgesiano che comincia con «They were new gypsies...», erano zingari nuovi. Bello. Divertente. Spiritoso. Nella *Stranezza che ho nella testa* devo cercare di fare ancora meglio. Visti l'argomento, l'atmosfera del romanzo, vale la pena di tentare... Alla sera, dopo un momento di scoraggiamento, mi rimetto alla scrivania. La visita di Mevlut e di suo padre allo zio, Safiye, il primo incontro con Rayiha ecc. Tutto fitto e aggrovigliato.

Pranzo da Le Monde con la scrittrice Elizabeth Kostova. Autrice di un best seller intitolato *Il discepolo*. Ci eravamo già incontrati alla fiera di Londra e a quella di Washington.

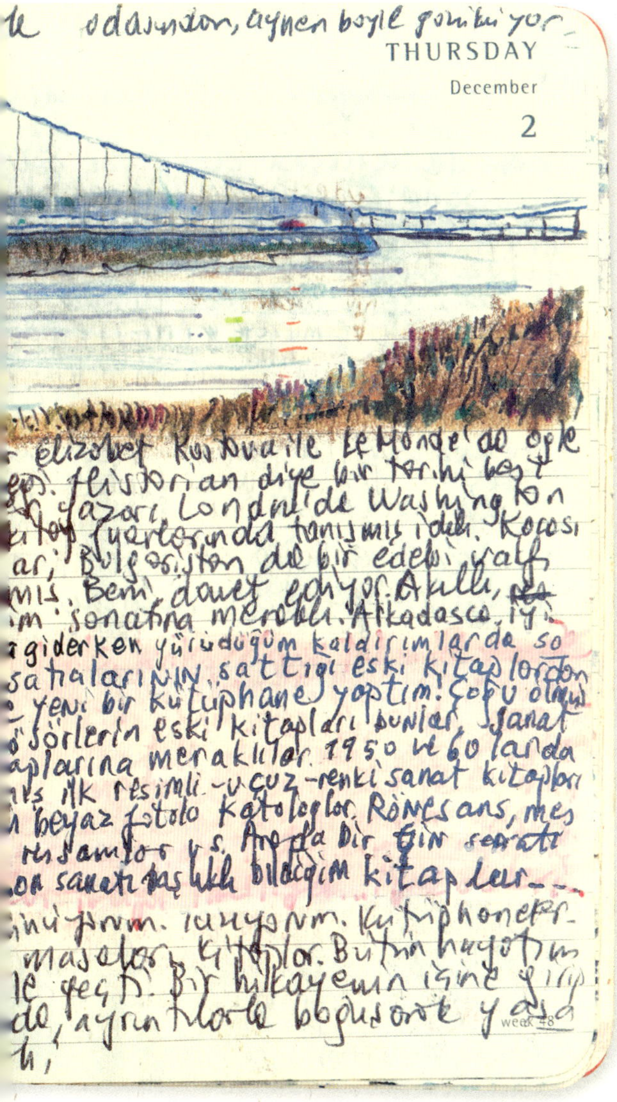


Suo marito è bulgaro; ha una fondazione letteraria in Bulgaria. Lei mi ha invitato ad andarci. Intelligente, interessata all'arte. Simpatica, gentile.
Sulla strada per l'università, ho curiosato tra le bancarelle di libri di seconda mano e ho aperto un nuovo settore nella mia libreria a casa! Libri di vecchi professori per lo piú scomparsi. Cataloghi di foto in bianco e nero, primi libri d'arte illustrati – a colori – a buon mercato, negli anni 1950-60, per un pubblico di amatori. Il Rinascimento, i pittori famosi ecc. Un libro sull'arte della Cina, un altro sull'arte del Giappone, dai titoli cosí familiari… Rifletto. Scrivo. Le librerie. La scrivania. I libri. Tutta la mia vita è passata cosí. Vivere tuffandosi in una storia, poi annegare nei suoi meandri.

Con Kiran sulle 6ª-7ª Avenue e 25ª Strada. Siamo andati a una svendita dell'usato. Ci ho trovato molti elementi storici per il Museo dell'innocenza, e un bel po' di regali per Füsun... È stata un'idea di Kiran, per la verità. Io ero di umore cupo, stremato dai lavori del museo, dalla lentezza di falegnami, architetti, pittori, artisti, tutti quanti.

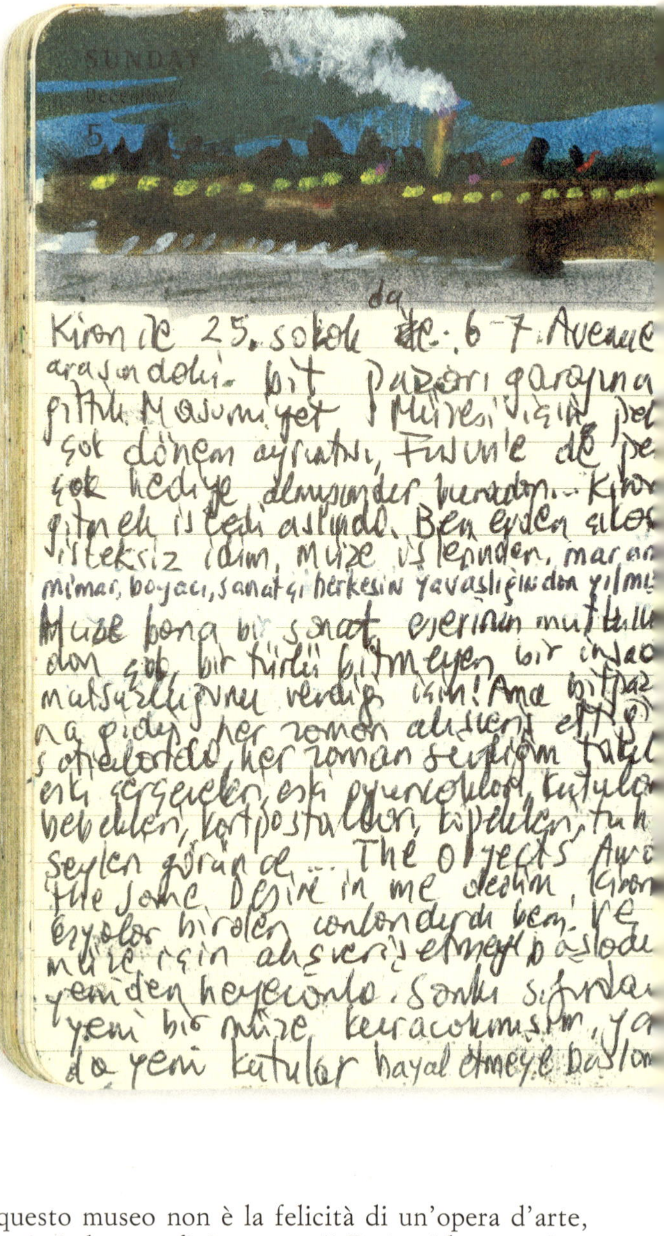


Ciò che mi procura questo museo non è la felicità di un'opera d'arte, ma le infelicità dei cantieri che non finiscono mai! Però mi basta arrivare al mercatino delle pulci, dai miei fornitori abituali, e vedere i pettini, le vecchie cornici, i vecchi giocattoli, scatole, bambole, cartoline, cani di ceramica, tutte quelle cose bizzarre che adoro... *The Objects awoke the same desire in me*, ho detto a Kiran. Gli oggetti mi hanno rimesso in sesto all'istante. E ho fatto ancora acquisti per il museo. Come se stessi per ricrearne uno partendo da zero, oppure immaginare nuove teche.

Sono andato a piedi all'East Asian Library, con un freddo glaciale. Gambe congelate, nonostante il pigiama sotto, il freddo mi deprime. Vestiti raffazzonati, umore a terra. Torno per la stessa strada mezz'ora dopo. Pranzo con Robert Finn da Henry's. Ha fatto una bella traduzione della *Casa del silenzio*. Ci rincontreremo dopo la primavera per rivederla insieme, in Turchia o a New York. // Ultima lezione con gli studenti. Intelligenti, brillanti e impegnati, mi hanno dato gioia, quest'anno. Alla fine della lezione tutta la classe applaude. Bravo! Gli interventi di alcuni a volte sono molto brillanti. Con Rüya al cinema a vedere *White Material*, prima di cenare insieme. Rüya studia molto.

Mi è sembrato che questa doppia pagina ispirata alla pittura di paesaggio CINESE dovesse stare esattamente a questo punto dei *RICORDI DI MONTAGNE LONTANE.*

Nell'autunno 2011, durante un viaggio in America LATINA, Kiran Desai e io ci siamo lasciati, non l'ho piú rivista. È stata molto dura. Finché non ho rincontrato Aslı.

Svegliato durante la notte, alle 2.30, ho messo la parola fine al romanzo – *La stranezza che ho nella testa*. Quando lo annuncio ad Aslı, stamattina, la nostra prima reazione, di entrambi, è stata: «Incredibile!» Un grande momento di emozione per noi due. Senza Aslı *La stranezza che ho nella testa* non avrebbe potuto prendere la sua forma definitiva, e non avrei nemmeno potuto terminare il romanzo.

È stata Aslı a suggerirmi di spostare l'episodio del rapimento di Rayiha da parte di Mevlut dal centro all'inizio del romanzo. Non le ho neanche chiesto perché. Ho fatto come diceva, e riscritto il romanzo di conseguenza. Accettata anche la maggior parte dei tagli che proponeva. In particolare quelli di cui avevamo parlato durante l'estate. Leggevo le sue annotazioni sulle pagine da accorciare, e le davo ragione, un po' triste, ricominciando a fumare, smettendo il mattino dopo. Mi piace che Aslı, cosí bella, intelligente, abbia perfettamente compreso il personaggio di Rayiha, che bella non è. Sono state le conversazioni quotidiane con Aslı a permettermi di terminare questo libro. Una fortuna, probabilmente, ma anche Mevlut è fortunato…

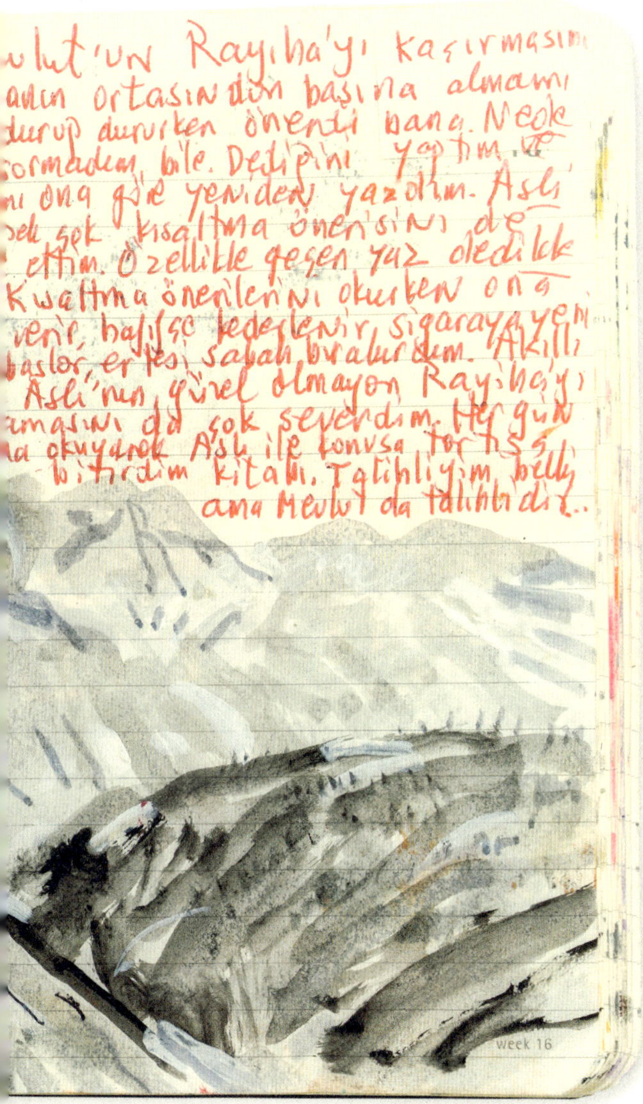

Al Guggenheim resto a lungo in contemplazione davanti alla celebre *Strada* di Balthus, dicendomi che anch'io, ormai, dovrei dipingere «cosí». Le «strade» di Istanbul o i suoi interni, in grandi formati, a olio... Piacere: immaginare un quadro. Riuscire a coniugare composizione e fantasticheria surrealista... Alla fine dipingere quei grandi quadri ed esporli al museo, dopo averli elaborati in miniature sui miei taccuini, per anni. Mi appare meglio l'influenza di Piero della Francesca. Aaah, se si potesse vivere due volte, mi piacerebbe realizzare dei quadri, grandi-nuovi-strani, brulicanti di particolari, che facessero comprendere e amare ai turchi la loro vita. La storia di un uomo che sogna quei quadri e li descrive a parole?

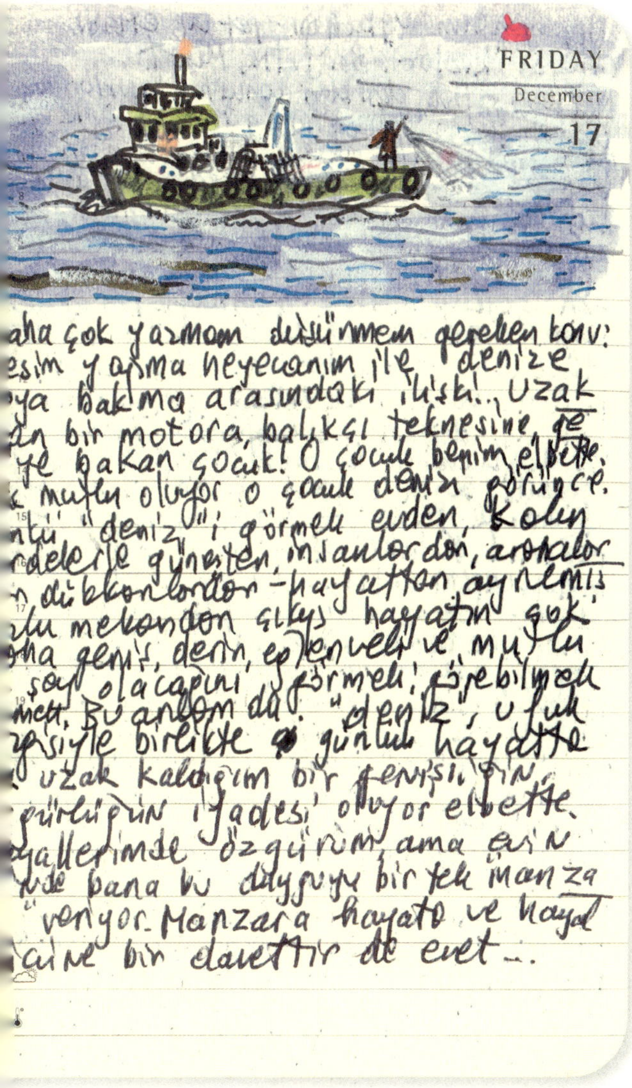


Argomento sul quale devo scrivere e riflettere di piú: il nesso fra il mio desiderio di disegnare e la propensione a osservare il mare, le acque… Un bambino che guarda un battello, un peschereccio in lontananza! Non c'è dubbio: quel bambino sono io. Un bambino che si riempie di felicità non appena scorge il mare. Perché guardare il «mare» significa scoprire che oltre la casa, oltre le sue pesanti tende che nascondono il sole, oltre la gente, le macchine, i negozi – fuori da questi luoghi polverosi separati dalla vita – c'è un'altra vita, infinitamente piú vasta e profonda, divertente e felice di questa. Il «mare» in questo senso, insieme all'orizzonte, è espressione di una libertà, di una vastità dell'esperienza che vanno ben oltre la mia portata nella vita di tutti i giorni. Nei miei sogni sono libero, ma in casa, all'interno, solo il «paesaggio» mi procura questa sensazione. Sí, il paesaggio è un invito a vivere e a sognare…

Pomeriggio. Traversata da Karaköy a Kadıköy con il battello. Caldo... Ponte superiore del battello di Kadıköy. Silenzio di Istanbul nell'afa mortale dell'estate. Come una città di provincia. Via Koşuyolu. Antiquari. Mercatino delle pulci. Alle 17 la folla invade in massa le strade. Sono tutti fuori. Odori di patate, di cozze cotte. È la festa del sabato sera. Allora, nel caldo e nella luce appare tutta un'altra Istanbul.

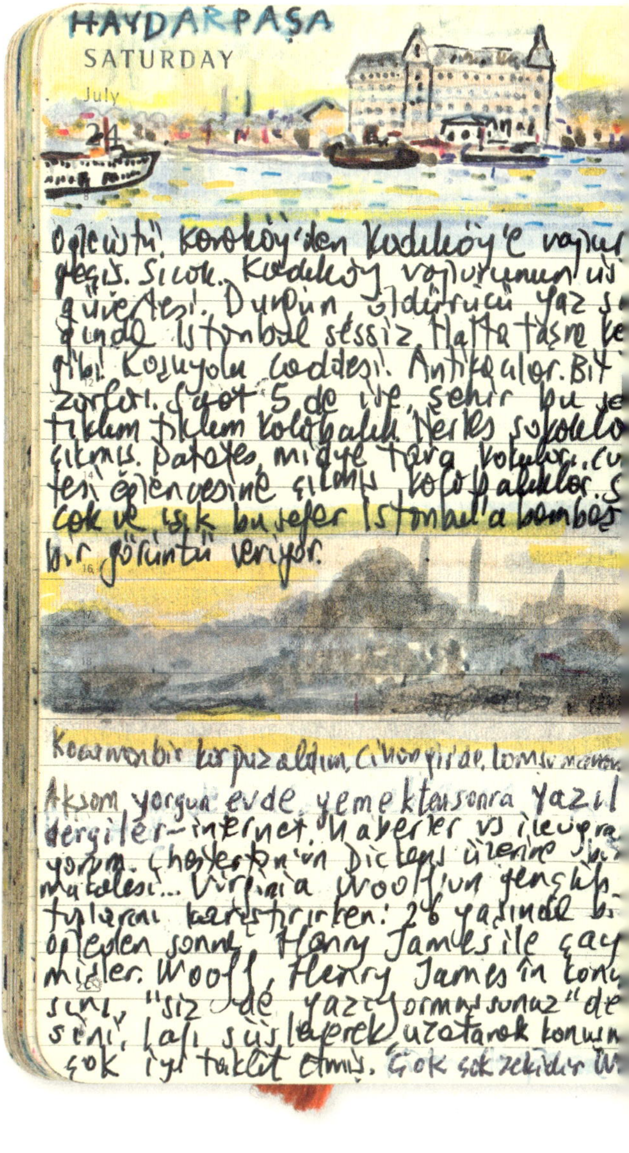


Ho comprato un enorme cocomero, a Cihangir, mangiato dal vicino fruttivendolo.
Alla sera, stanco, a casa, dopo cena: testi, riviste online, notizie ecc. Un articolo di Chesterton su Dickens... Sfogliando le lettere giovanili di Virginia Woolf: un pomeriggio, a 26 anni, prende il tè con Henry James. Woolf ritrascrive benissimo la conversazione di Henry James, il suo «quindi scrive anche lei?», il suo eloquio ricco e ornato. Molto molto intelligente, Woolf.

Grande festa mondana da Zeynep Çelik, a casa Umur, in via Hüsrev Gerede. Compleanno di Perry. Un sacco di vecchie conoscenze quarantennali. Compagni di liceo, amici di università, professori ecc. Molte facce familiari. Bevo per essere felice, mangio due piatti di börek, chiacchiero con la gente. Feride Çiçekoğlu, Ayşe Yönder, Selim Deringil, Edhem Eldem. Gli invitati sono di buon umore… Si conoscono e si stimano, si rispettano. Felici quanto possono esserlo degli universitari in Turchia. Ma tutto è pervaso da un'atmosfera da salotto turco-ottomano… Sensazione di circolo chiuso, al tempo stesso conforto e misera consolazione… Lo scrittore deve essere solo.

Dopo aver lavorato alla prefazione di *Neve* per Everyman ho consultato Google Maps per individuare l'itinerario del giorno. Nuri è arrivato alle 12.30. In taxi fino a Esentepe. Arrivati al centro di Gültepe in 1 ora. Scrivevo questi appunti in un ristorante. Interrotti. Dalle 13 alle 16 ho disceso la collina di Esentepe, costeggiato il muro del cimitero di Zincirlikuyu, un luogo che secondo la mappa è viale DEREBOYU, nel quartiere di Telsizler, poi una salita, molto ripida, fino in cima a Gültepe. Prima di scendere di nuovo… Questa GEOGRAFIA tutta fatta di colline scoscese deve assolutamente trovare posto nel romanzo. Ho continuato la passeggiata. Periferia di Gültepe! Soffocante. Vicoli stretti. Edifici contigui, ammassati. Il quartiere di Namık Kemal! Ho camminato verso nord. I primi quartieri di gecekondu della «sponda europea» di Istanbul… Gültepe. Oggi all'interno della città, della città moderna. Ma aleggia ancora un'aria di provincia. Ovviamente i gecekondu sono scomparsi (con un paio di eccezioni). Edifici alti, brutti, fatiscenti.

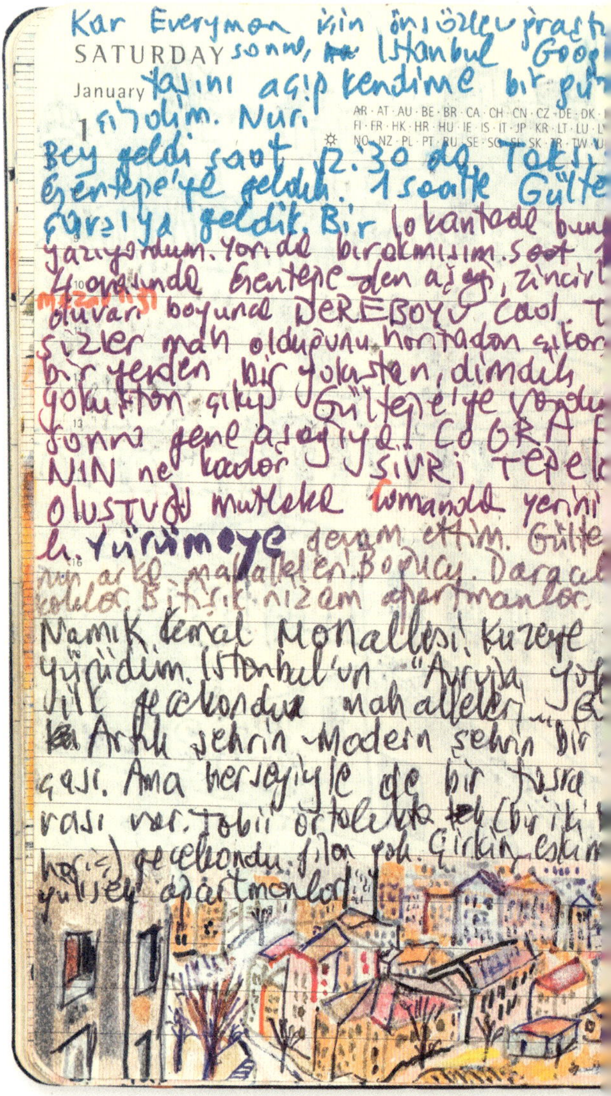

Scrivendo la prefazione a *Neve* ho di nuovo tirato fuori dall'armadio il manoscritto del romanzo. Era sparpagliato in una scatola di cartone vecchia di dieci anni. Fogli sciolti, quaderni, pagine scritte a metà, appunti presi per il romanzo… Tutto alla rinfusa. Quando scrivevo questo libro. Ho guardato gli ultimi taccuini, le ultime pagine. Pochissime correzioni. Scrivevo in fretta, di getto… Bisogna scrivere in fretta; correggere lentamente. Purtroppo ho capito che non potrò finire la prefazione. Le vacanze di Capodanno erano il momento buono per lavorare, ma non ho scritto abbastanza: non sono riuscito a scrivere, mi rimprovero. La calma delle domeniche pomeriggio! Il silenzio! I rimpianti! Me la prendo con me stesso per non aver saputo approfittare della bella tranquillità di questi tre giorni di vacanza. Disegnato un po', ma niente di che. Immagine della notte a Nişantası con Kemal che guarda la finestra di Füsun. Tende al banale quadro «impressionista». Devo trovare un modo per uscire da questa impasse. Vorrei essere Mevlut e dimenticare tutto il resto. D'altro canto il museo mi dà delle soddisfazioni.

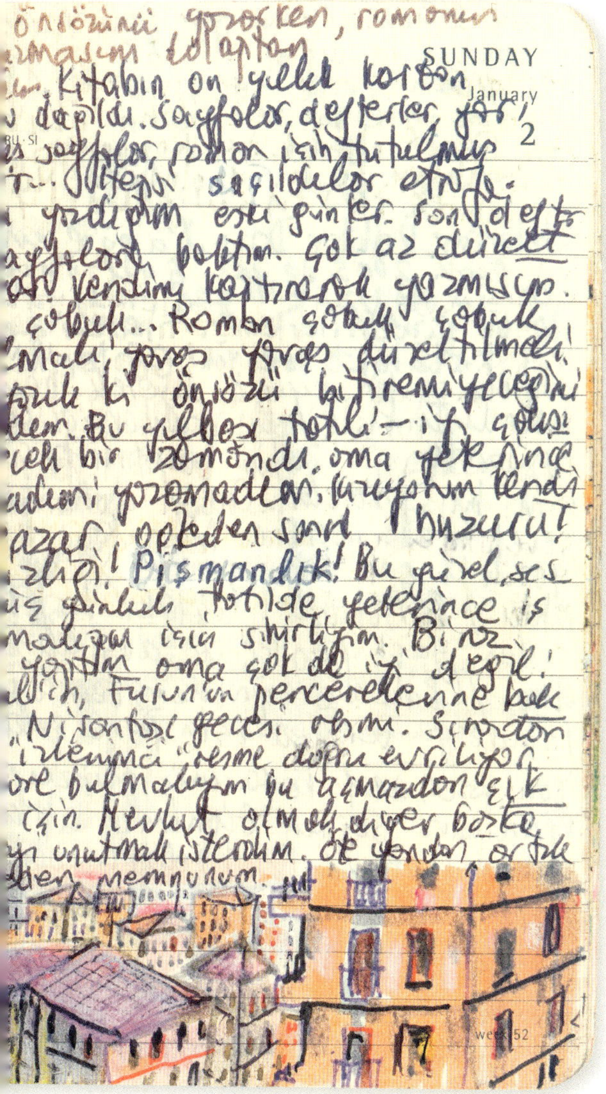

Al mattino rilette le prime 60 pagine della *Stranezza*, scritte a New York, prima di inviarle a Hüsnü per la trascrizione. Nel complesso vanno bene. Sono affamato di romanzo. Se non ci fosse questo museo. Su quel fronte: AVERE PAZIENZA. Gli occhi: secondo il dottor Davut la mia ultima visita risalirebbe al gennaio 2005, cioè a 6 anni fa. La vista da lontano diminuisce; da vicino migliora in proporzione. Ma niente tracce della cataratta familiare! Ero felice di sentirgli dire che i miei occhi non soffrivano di nessuna malattia. Giorno d'inverno; Valikonağı, Nişantaşı... Le vie in cui ho passato tutta la vita... Mi piacerebbe poterle amare ancora. Peccato che Nişantaşı sia diventato un quartiere cosí spento, cosí insipido. // Comprati tubetti di acrilico e pastelli a olio nella cartoleria di via Akkavak. // Passato in banca, ritirati soldi per Cem e Feride. Scrittura, visita al piano di sotto per le faccende del museo ecc., amicizia con Sermin. Molto intelligente, retta e onesta, la signora Sermin. Non si occupa solo delle pulizie e di cucinare, è anche una buona amica. Ha supervisionato tutti i cambiamenti fatti da Cem, bagno, cucina, parquet ecc.

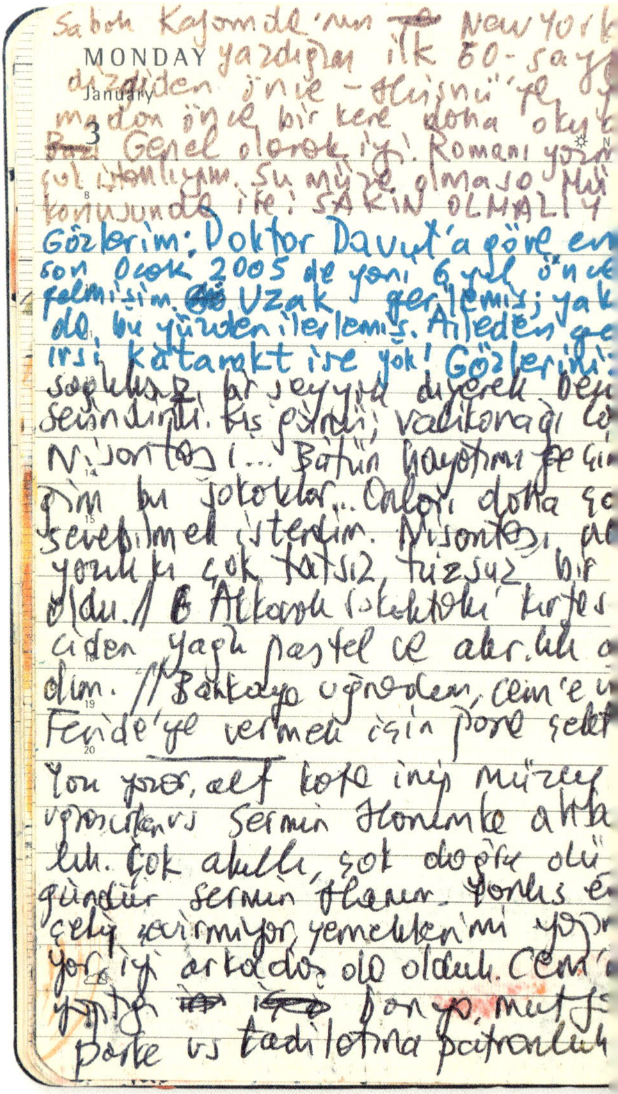

Al pomeriggio, alle 14, riunione fondazione-museo-spese-costi-soldi con Feride-Cem al numero 9.
Devo stare attento, alla fine sono io che pago, ma l'argomento mi annoia cosí tanto. E dire che invece di essere a questa riunione potrei scrivere il mio romanzo. Però Feride e Cem sono adorabili. Se solo Cem potesse chiudere il cantiere nei tempi previsti… // Prendo i soldi dalla borsa e glieli do. // Poi visita dal dermatologo a Nişantaşı. Una donna incantevole mi ha bruciato i nei – che non erano nei ma altro – sul collo, sul petto. Bene. Quelle strane macchie, che si allargavano, a volte mi prudevano, sotto la canottiera, facevano male. *Ripenso di continuo ai luoghi dove ho passeggiato per* La stranezza che ho nella testa… *A quella madre, quella nonna, quei bambini, quella luce…*

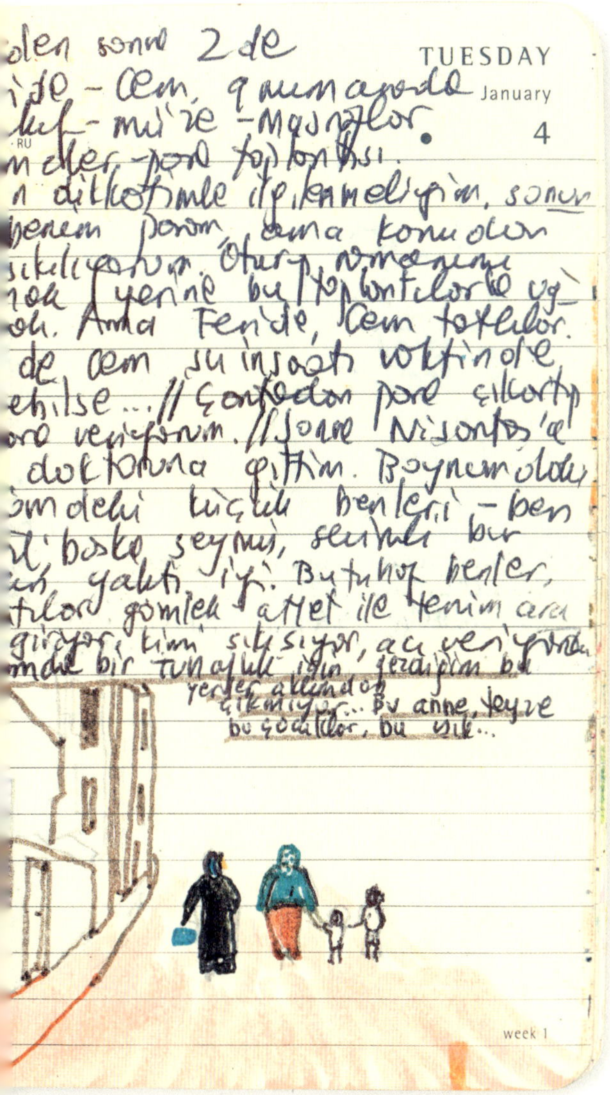

Al mattino appuntamento con Gregor e Thomas al numero 9 per dare un'occhiata alle teche. Poi siamo andati al museo. C'era anche Cem. Cem che nonostante tutte le promesse non ha ancora finito il lavoro. Un anno di promesse e nemmeno una mantenuta; una «stranezza». Gregor e io non possiamo far altro che brontolare. I particolari discussi al museo ecc., poca importanza. Particolari definiti, comunque, grazie alla nostra serietà. Alla sera, con Thomas e Margareta in taxi a Santa Sofia. Abbiamo camminato per due ore. Sultanahmet – i vicoli di Cankurtaran – Sultanahmam, Beyazıt, la moschea di Solimano, la tomba di Mimar Sinan, Vezneciler, il venditore di boza di Vefa… Lunga camminata piacevolissima. Ho scattato molte foto; con piacere; assaporando la bellezza e il vuoto di Istanbul nella notte invernale. Bellezza, autenticità, singolarità di Istanbul che riempiono me di orgoglio e di felicità… E anche gli altri, quando sanno apprezzarla.

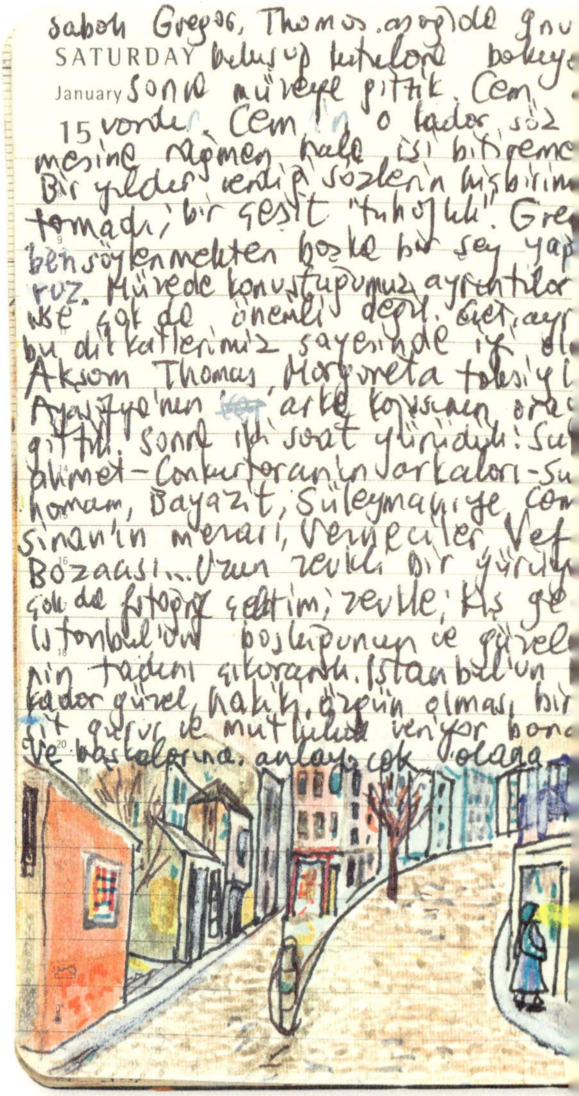

Al mattino terminato finalmente il testo su *Neve* per Everyman. Thomas, Margareta e io ci siamo messi il cappotto e abbiamo preso due battelli per andare da Kabataş a Büyükada. Giorno invernale piovoso, coperto. Grande piacere a scattare foto. Abbiamo camminato per le vie deserte di Büyükada dalle 15.30 alle 18.30... Guardato dove sarebbe bello avere una casa in estate. Poi siamo andati a mangiare qualcosa da Ali Baba. Parlato di tutto e di niente, senza uno scopo preciso, fra amici. Malinconia invernale di Büyükada. Uno strano silenzio. Le strade che si vuotano già al tramonto... Una volta vuota, il mistero dell'isola svanisce e mi sembra piú piccola. Mi piacerebbe cosí tanto passare la prossima estate a Büyükada, a nuotare e scrivere il mio romanzo... C'erano un silenzio stupefacente, una spessa aria di provincia che mi sono molto piaciuti.

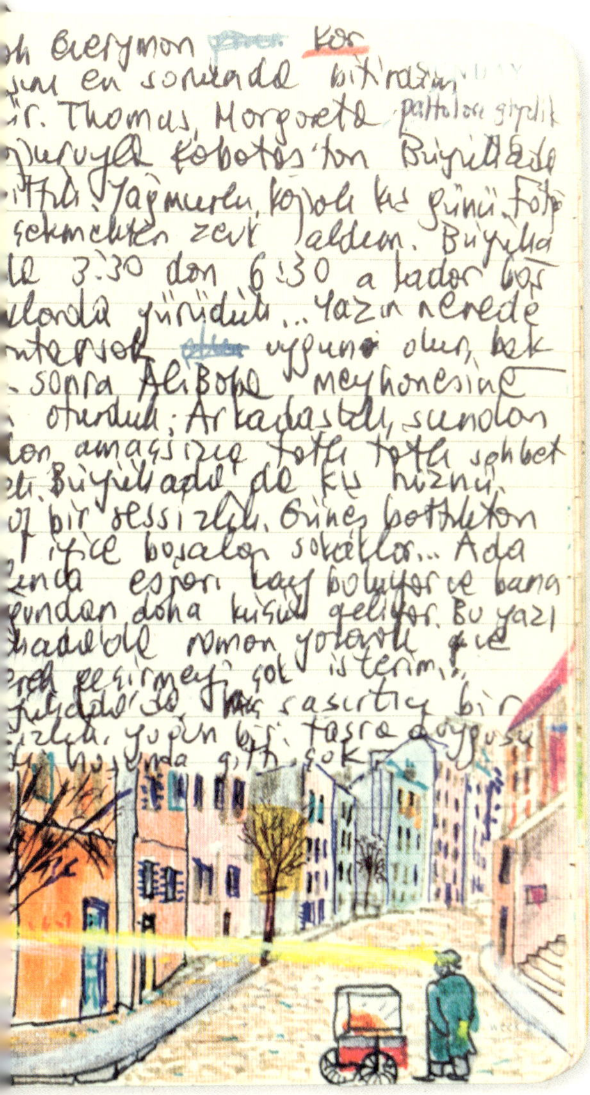

Giornata buona. Lavoro al romanzo. Al pomeriggio Aslı e io siamo andati a piedi fino a Eminönü, seguiti da Nuri. Folla, movimento di Istanbul. Alle 18.10 su un battello pieno di turisti e di innamorati di Istanbul… Giro sul Bosforo. Ero sul ponte, filmavo i paesaggi del Bosforo con il cellulare… Katabaş, Beşiktaş, Ortaköy, Bebek… Che splendido percorso. Mi abbandono completamente alla poesia del panorama. Dopo Kandilli il Bosforo mi dà l'impressione di poter essere ancora quello di Yahya Kemal. Il mio cuore pieno di un profondo rispetto per questo paesaggio, e le vecchie dimore estive, e la tradizione dei caffè in riva al mare.

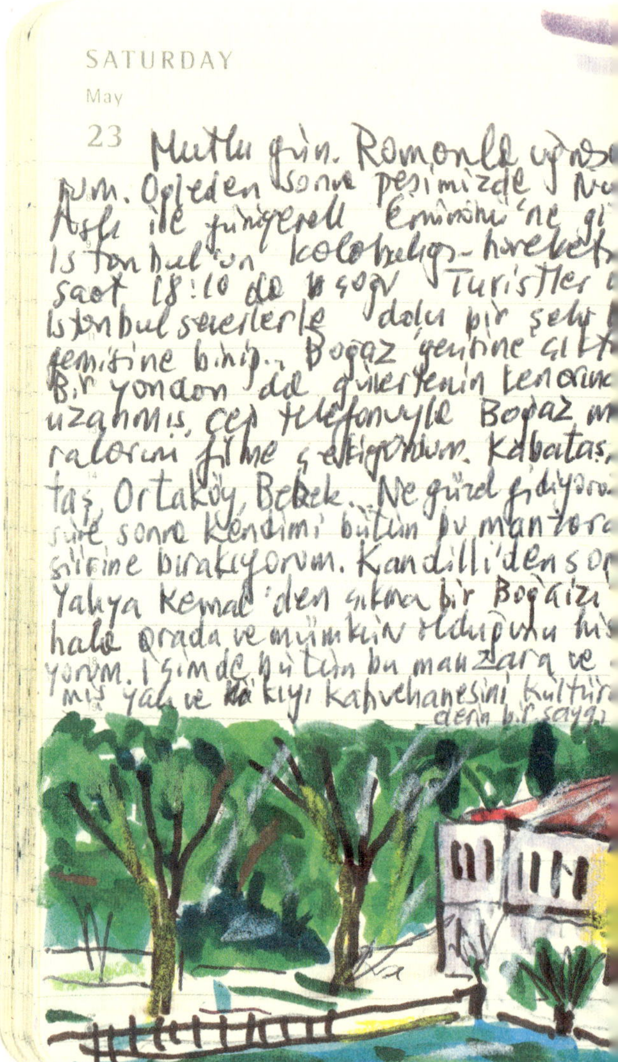

Ho passato l'infanzia circondato da vecchie case di legno, con la vernice scrostata, con le assi annerite, spesso marce. Mentre noi abitavamo negli stabili moderni, in calcestruzzo, di Nişantaşı, la maggior parte degli stambulioti viveva in edifici di mattoni e di legno, cosí fatiscenti che sembravano sul punto di crollare. Nel 90% dei casi il legno di quelle case non era dipinto. Il legno non dipinto assumeva ben presto un colore marrone cenere. Come i cani randagi, smorti bastardini color fango! Certi quartieri poveri, visti da lontano, avevano esattamente quel colore di legno fangoso e cinereo. Colore per me associato alla sensazione stessa della Storia, a una sensazione di miseria e di vetustà che è parte integrante del mio immaginario stambuliota.

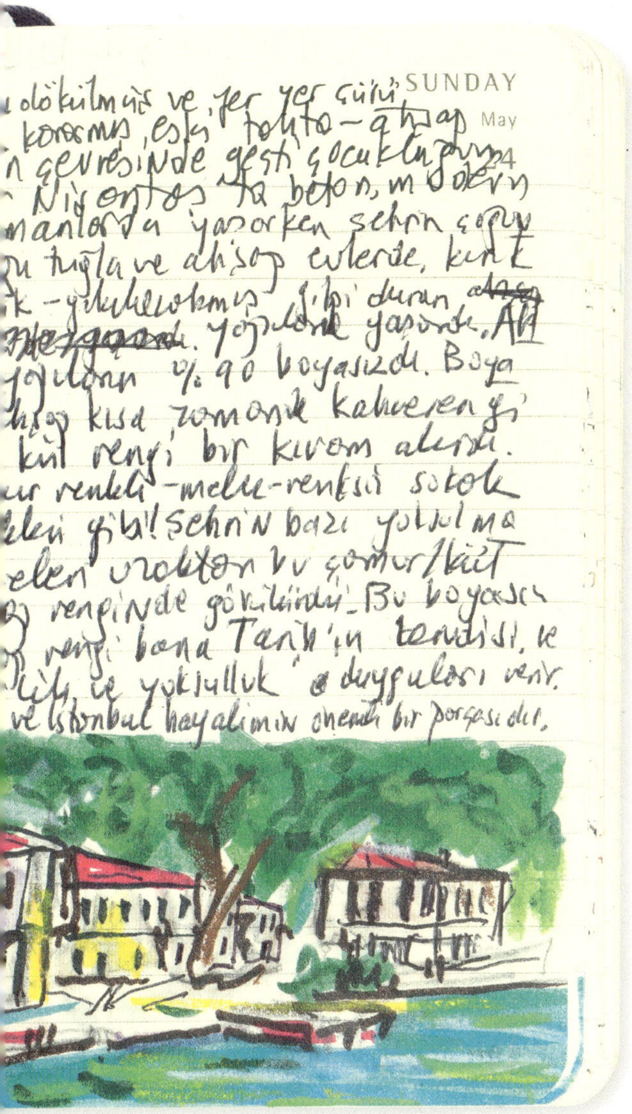

Imbattendomi in una vecchia cartolina della MOSCHEA di ŞIŞLI non ho pot
to trattenermi dal fare questo disegno. La moschea, la cui costruzione iniz
alla fine della Seconda guerra mondiale, è in calcestruzzo, ma tutto imita
stile ottomano.

Colonne portanti

1. La casa della nonna, dove mia madre ha passato l'infanzia. La nonna viveva da sola. Quando arrivavamo davanti alla porta ci gettava la chiave sul marciapiede per non dover scendere. Şevket e io facevamo a botte per chi avrebbe «preso al volo la chiave» (avvolta in un pezzo di carta).

uando Falih Rıfkı dichiarò che il calcestruzzo permetteva di fare a meno di olonne portanti, si vide rispondere: «Ma sono un classico!»

Devo fare la stessa cosa per altri luoghi di Istanbul carichi di ricordi.

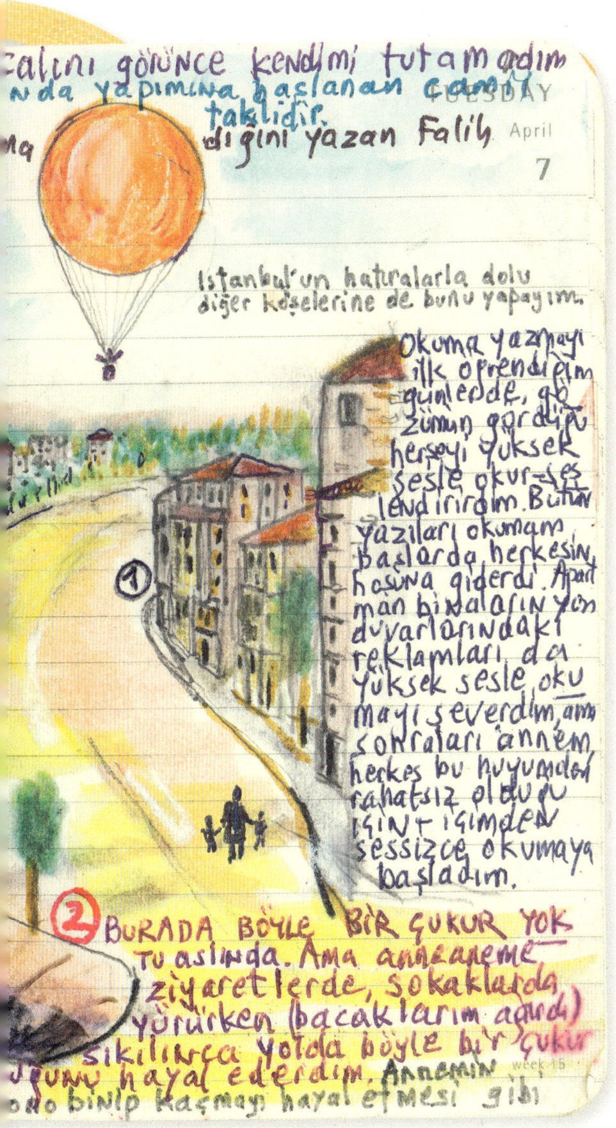


I primi giorni che imparavo a leggere e a scrivere leggevo ad alta voce ogni minima parola che mi capitava sotto gli occhi. All'inizio tutti lo trovavano incantevole. Mi piaceva in particolare leggere ad alta voce le pubblicità sui muri degli edifici, ma poiché quella mania aveva finito per irritare mia madre e tutti quanti mi sono messo a leggere mentalmente.

2. QUI NON C'ERA UN BUCO. Ma quando camminare fino a casa della nonna mi scocciava troppo (mi facevano male le gambe) immaginavo che ci fosse questo enorme buco in mezzo alla strada. Immaginavo anche che mia madre sarebbe volata via su una mongolfiera. 3. Qui, il luogo dove sono stato processato nel 2005 per aver parlato del massacro degli armeni. All'uscita la gente ci ha lanciato le pietre.

Camminato a lungo e in fretta, tra le 10 e le 13-14, nelle viuzze di Beyoğlu, Tünel, Tophane, seguito da Nuri. Ho fatto il giro sul retro di palazzo Doğan e quando alla fine ho raggiunto un punto che non avevo mai visto prima dietro Tophane, mi sono fermato, meravigliato del silenzio. Non c'era nessuno. Ho visto un gatto curioso e timido. Era via Hacımemi. Edifici bassi, a due, tre piani, con i bovindi. Questi edifici non mi sono mai piaciuti. Ma d'altro canto scoprire un luogo nuovo in un quartiere cosí familiare. Trovare questa via per la prima volta, nella città dove abito da sessantotto anni… Durante la passeggiata ho notato che Beyoğlu era molto vivo; persino nel freddo invernale piú intenso le vie, le vetrine, gli espositori dei ristoranti sono uno spettacolo fra i piú ameni.

sei già venuto

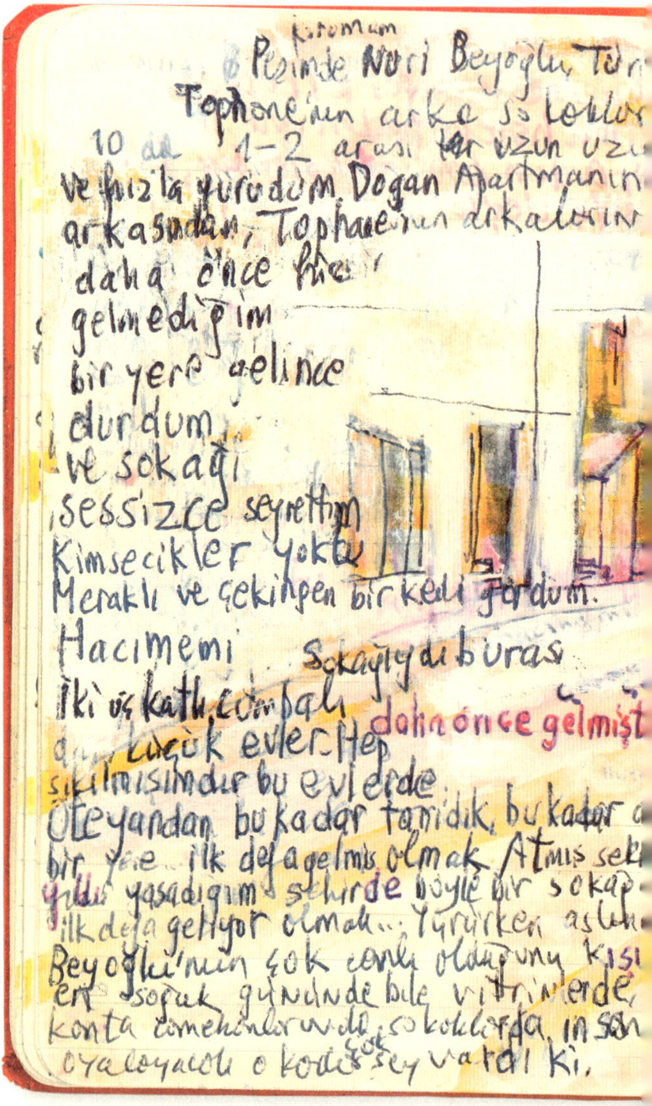

un tempo un tempo

qui

Dopo aver disegnato a uno a uno tutti i mattoni del muro, mi viene voglia di riflettere su che cosa significhi. Ero felice come un bambino disegnando e colorando questi mattoni. Era come riempire un album da colorare.

Viale Istiklal, via Yüksek Kaldırım, la torre di Galata proprio quaggiú.

A ISTANBUL ho nostalgia di Büyükada. La cornacchia che si pc
sul comignolo, al tramonto e all'alba. Grilli, cicale, cornacch
gabbiani arrabbiati… e tanti altri uccelli di cui amo il cantc
di cui non so i nomi. Dietro di me sulle colline svaniscono

schiamazzi delle cornacchie e il sospiro di un tordo beffeggiatore. Una parte di me si apre a questi rumori, mentre scrivo il mio romanzo – *Le notti della peste*. Ho trasposto a Mingher molti fiori, colori e cornacchie di Büyükada.

Il battello dell'isola di Sedef
che torna da Kartal

La chiatta che vende
benzina ai battelli
che fanno
Sedef-Büyükada
di domenica

Il traffico della
domenica fra
Sedef e Büyükada
in luglio-agosto 2012

Il battello che porta i clienti
alla vicina spiaggia di Naki Bey

Il battello dell'isola di Sedef

taxi marittimo

LA NAVETTA CHE PORTA GRATUITAMENTE
LE PERSONE ALLA SPIAGGIA PUBBLICA DI AYA NIKOLA

VENERDÍ

Girare in auto per le STRADE VUOTE DI ISTANBUL ha qualcosa di metafisico. Cengiz, l'autista, è venuto a prendermi alle 14 con la macchina di Aslı… Il caduceo dell'ospedale ci ha permesso di attraversare le vie vuote e superare Dolmabahçe senza problemi (poliziotti). Ho filmato con il cellulare le vie deserte. A MODA… Dalle 14.30 alle 16.30, pranzo con Edhem e Sedef Eldem, vino, amicizia. Prima eravamo sulla veranda. Poi il cielo si è coperto. L'impressionante numero di contagiati, di malati e di morti ci spaventa. Loro sono stati fra i primi a farsi vaccinare, come me. Con il vaccino ci sentiamo piú protetti. Poi da Moda a Fenerbahçe, fino alla punta di Fener, guardiamo le isole in lontananza e il mare, sorprendentemente calmo.

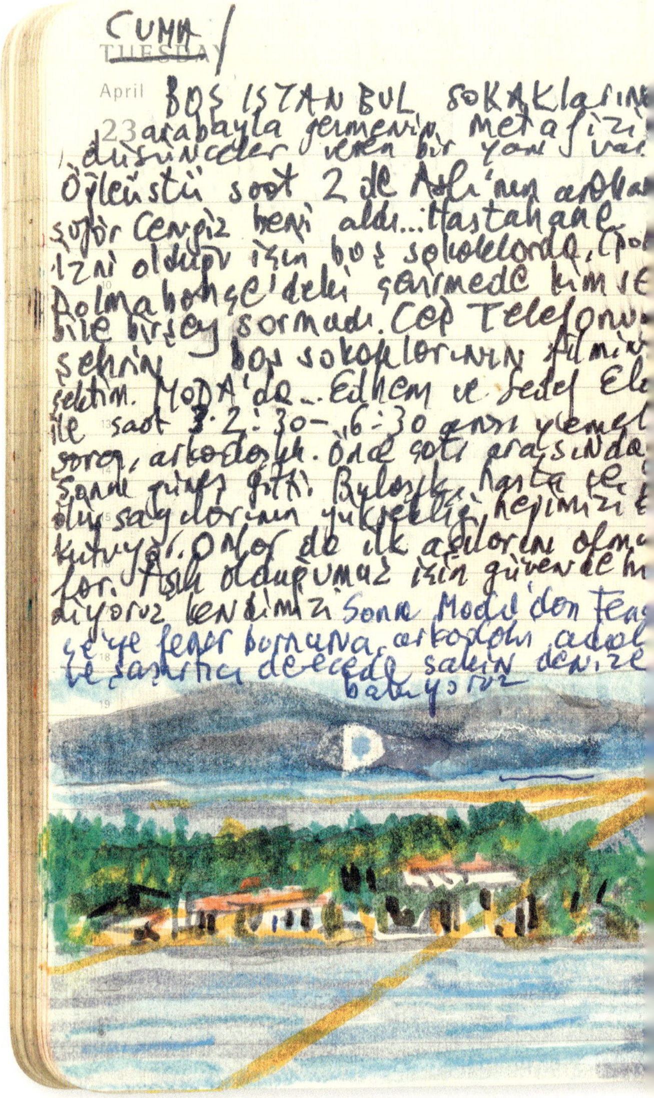

Lavoro sui *RICORDI DI MONTAGNE LONTANE*. Scelta dei disegni, delle pagine… Ordine delle pagine… Molti progressi per il libro fino a gennaio 2021… Ho scelto le prime 120 doppie pagine… Resta da: riprendere le 120 pagine durante l'anno, riflettendo sull'aspetto «letterario», in altre parole sul loro valore come testo/racconto. Immagino un libro di circa 400 pagine. Scorrendo i disegni/testi dei taccuini di ricordi constato che… le pagine migliori sono quelle fra il 2010 e il 2013… quando il numero di pagine aumenta e disegno in formato piú grande… perdono in qualità, in bellezza.

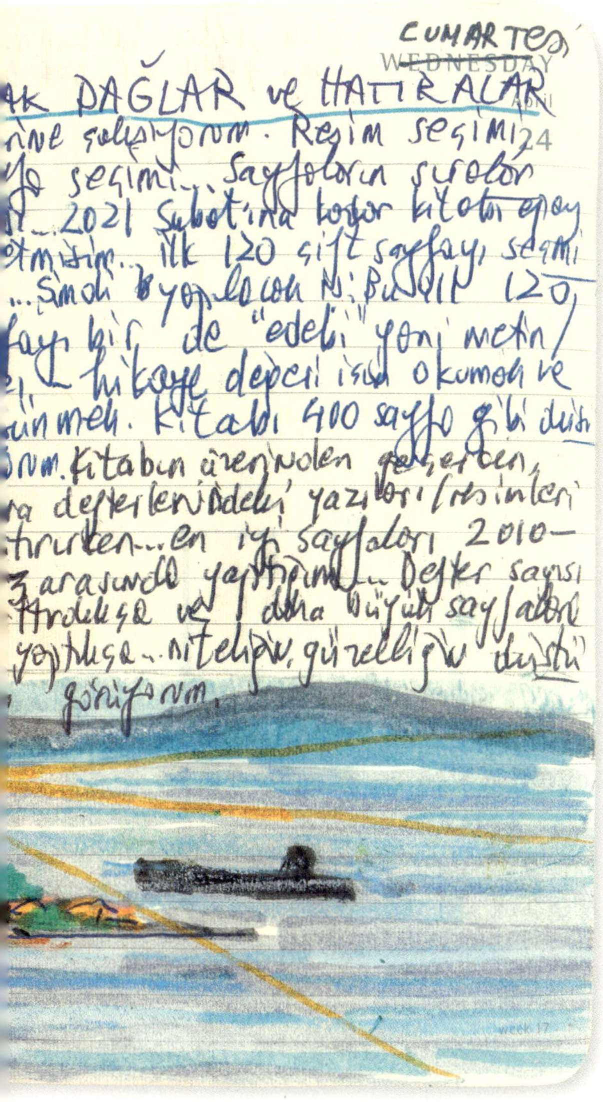

WALDEN – ISTANBUL

Ciò che rende Thoreau cosí accattivante ai miei occhi: i suoi DIARI. Non smette mai di prendere appunti sui suoi diari. Un giorno ti descrive la natura circostante come un famelico, fino ad annoiare. L'indomani descrive di nuovo lo stesso angolo dello stesso stagno. Poi sfoglia a ritroso i diari e, come faccio io, aggiunge qualcosa a un appunto preso due anni prima. Poi sogna che i taccuini diventeranno un libro. Del resto, *WALDEN* è un libro cosí.

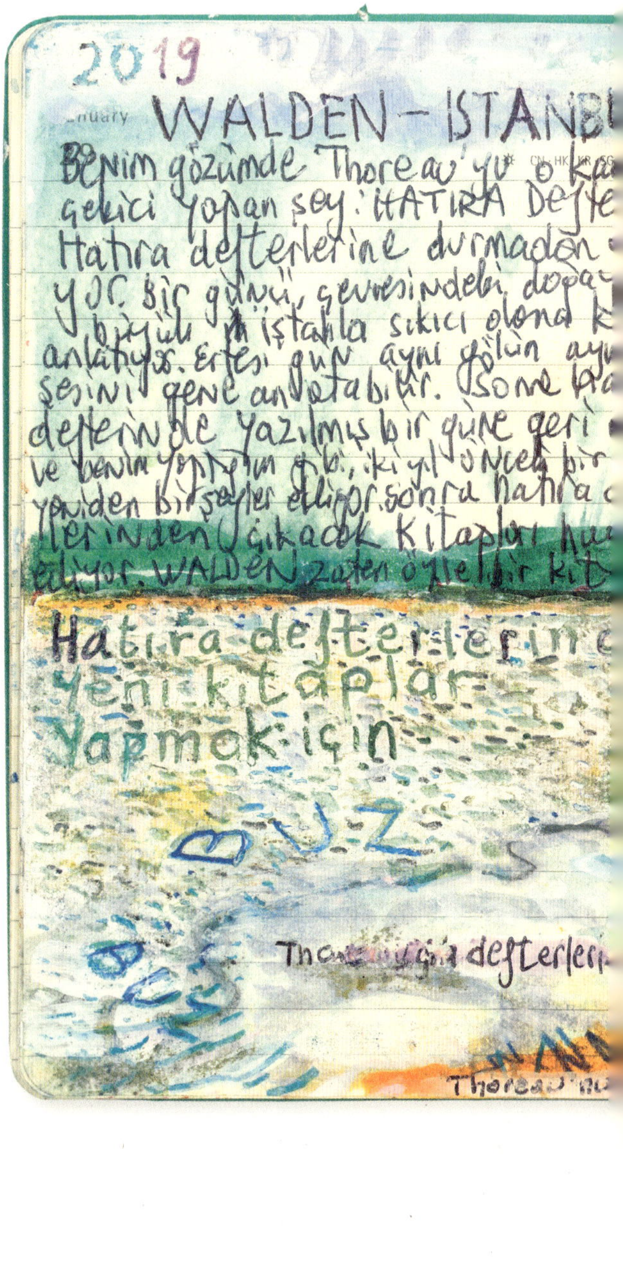


Per fare nuovi
libri a partire dai taccuini

GHIACCIO

GHIACCIO

«The Scenery of Walden is on a humble scale, and though very beautiful, does not approach to grandeur, nor can it much concern one who has no long frequented it...» Questa è l'umiltà di Thoreau in *Walden*, nel capitolo «The Ponds». È questa umiltà a permettergli, continuamente, di descrivere ciò che vede in quello scenario.

Per Thoreau i diari sono un lavoro di scrittura, di taglio, di ricomposizione

Faccio con Istanbul ciò che Thoreau ha fatto con Walden.

TOLSTOJ È IL PIÚ GRANDE DEI ROMANZIERI. APRO A CASO I SUOI DIARI. IL
A STOSS PER DUE GIORNI E DUE NOTTI. IL RISULTATO PARLA DA SÉ: ho PERS
CHE PREFERISCO DIMENTICARE CHE ESISTO».

In *Anna Karenina* Levin dà i suoi diari a Kitty prima di sposarla. Perché? Perché lei sappia che farabutto è.

Ho visto la tomba del grand'uomo e ho sostato

Nel 2017, poiché *La stranezza che ho nella testa* aveva ottenuto il premio Jasnaja Poljana, ho finalmente potuto scoprire quel luogo che avevo sognato per quarant'anni. La sua prima casa, piú grande, persa al gioco, era stata spostata e ricostruita nella tenuta. Non era al suo posto. Avevo visitato l'altro edificio, piú piccolo, osservando come sacri tesori le fotografie e gli oggetti del maestro, la sua scrivania che conoscevo dalle foto. Poi ero stato a vedere la sua tomba.

ENNAIO 1855 SCRIVE: «SONO MOLTO SCONTENTO DI ME», IL 28 GENNAIO 1855: «HO GIOCATO
tto, anche la casa di JASNAJA POLJANA. NIENTE DA SCRIVERE. MI FACCIO COSÍ SCHIFO

Peccato
che Tolstoj abbia smesso
di tenere il diario
quando scriveva i suoi
piú grandi romanzi.
Perché?

coglimento. Il mondo era silenzioso, ma tutto era profondo.

Mentre andavo alla tomba tremavo di emozione, come se Tolstoj stesse per pararmisi di fronte tra i faggi. Ero pieno di umiltà e di reverenza. Tutto era bianco sotto la neve.

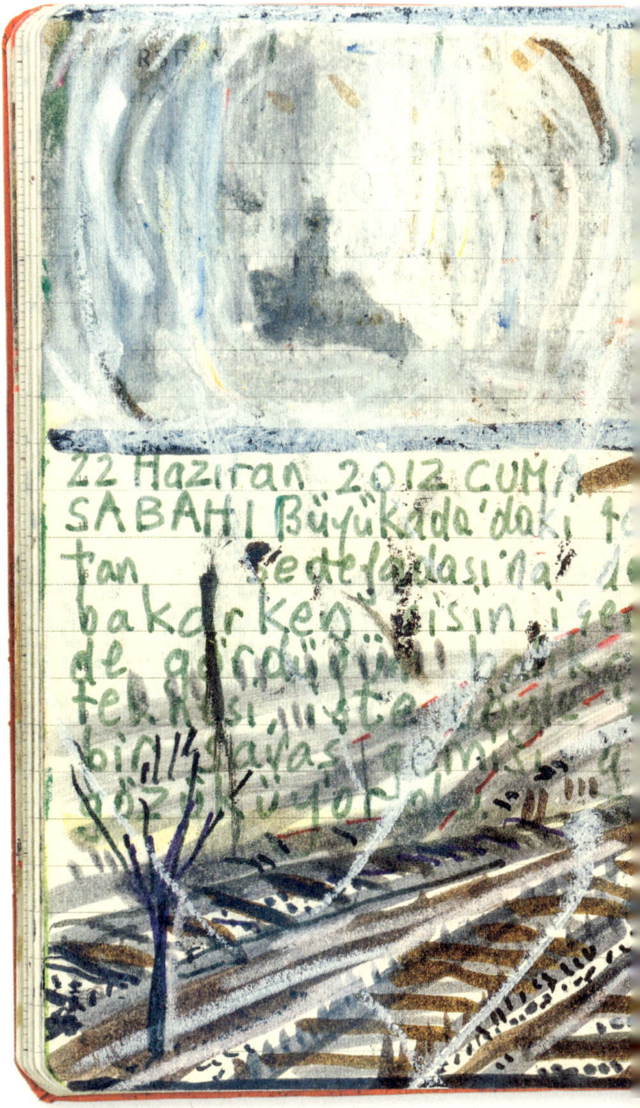


MATTINA di VENERDÍ 22 giugno 2012, guardando verso l'isola di Sedef dalla terrazza di Büyükada… Il peschereccio che intravedo nella nebbia sembra una nave da guerra.

FRIDAY

Alla fine bisogna accettare di essere chi si è... Vivere nel proprio angolino senza farsi vedere da nessuno... Allora saprò quanto mistero nasconde la vita, nei suoi particolari insospettati. *Il libro nero* è proprio quel romanzo. Ho vissuto per tutta la vita come se stessi ancora scrivendo *Il libro nero*. Un libro sotto forma di immersione in un altro universo, attraverso la mediazione degli oggetti. Mevlut deve tornare lí. Parto da quel luogo in cui gli oggetti si armonizzano con la notte tenebrosa e con la tenebra del senso di colpa. Poi, fissando a uno a uno gli oggetti nella mia immaginazione, continuo a scrivere.

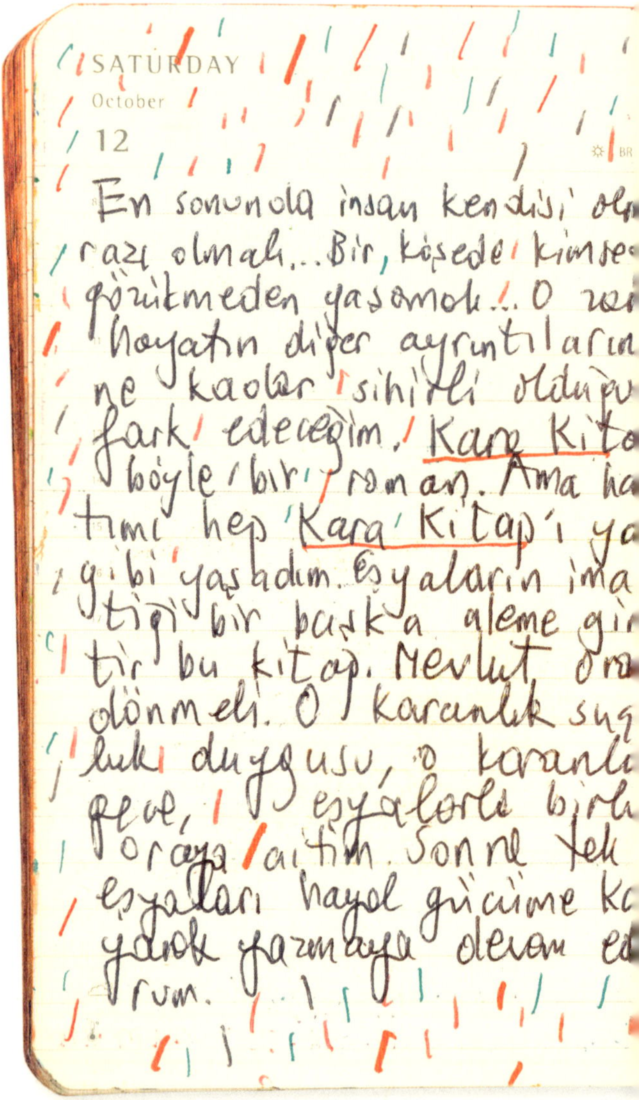

Il colore che traspare dalla pagina successiva, la luce che filtra di notte nella stanza, la giornata interamente vissuta nell'istante: è come l'attenzione che si disperde sotto la spinta dei ricordi. C'è il presente… e c'è qualcosa al di là… Le tracce, i colori del passato, su questa pagina quanto su quella dopo.

ho capito che dovevo trovare questo paesaggio lontano

qualcuno è venuto, mi ha interrogato

yı bulmam
anladım
MONDAY
April
11
al eyledi
Week 15

vecchie tende SBIADITE

Siamo andati a nuotare in altre calette e sull'isola di Sedir
Qui ho scritto la storia di Mevlut alle elementari
Nella camera d'albergo di Akyaka ho scritto bene

iamo preso il battello per
tare in questa caletta remota

GOLFO DI GÖKOVA

IL PUNTO DOVE MI TUFFAVO
IN MARE

Avviata la stesura delle *Notti della peste* con una felicità singolare, quasi strana. Perché qui, a BOZBURUN, mi sono isolato da tutto. In piedi alle 6 del mattino, e subito a scrivere. Il mondo era sublime. E com'ero felice di scrivere il mio romanzo con sotto gli occhi questo paesaggio sublime, queste montagne e questi scogli! Sono qui, di fronte al mare azzurro cupo e alle montagne violette; e sono nella Mingheria che cerco di inventare un'immagine dopo l'altra. I viaggiatori, i passeggeri diretti in Cina contemplano il paesaggio mentre la nave *Minerva* si avvicina lentamente al castello e alla città di Mingher. Mare freddo. Ma ho fatto comunque il bagno due volte. Mattinata come nel disegno qui sotto. 2016.

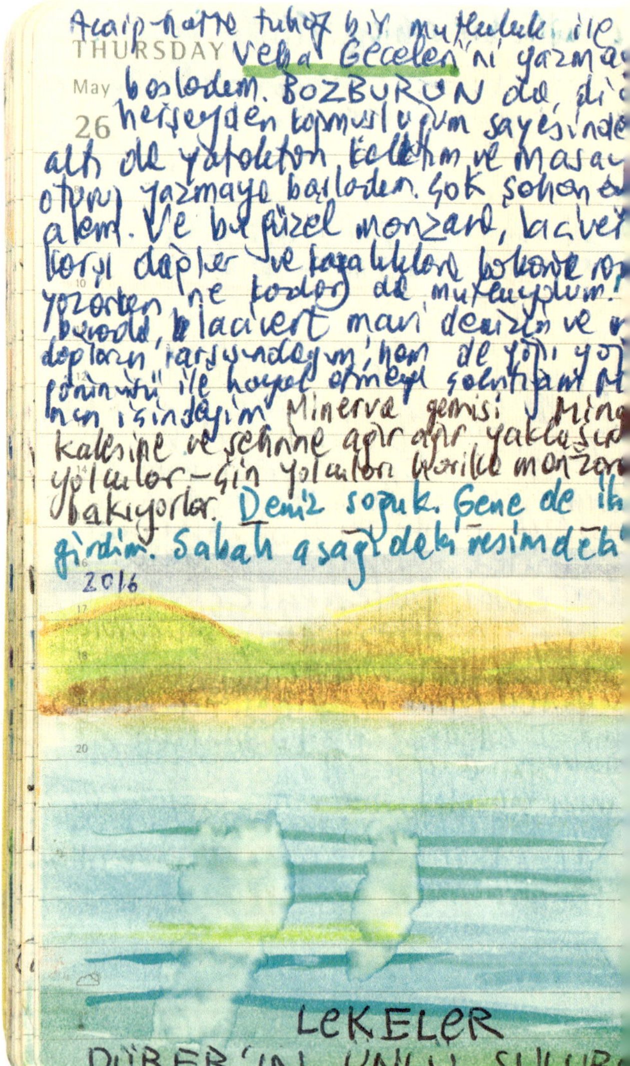


MACCHIE COME NEL CELEB

L'immensa felicità di lavorare a un romanzo, seduto alla scrivania vicino alla finestra, di fronte al paesaggio, dimenticando tutto ciò che non è il romanzo o il paesaggio… Tempo fresco, mare freddo; silenzio infinito… insetti… uccelli… Il mondo è pronto a entrare nel romanzo. Al pomeriggio, dalle 17 alle 18, mi documento sulle prime tre crociate, su Internet. Le crociate, certo, Sidone, San Giovanni d'Acri, i regni fondati dai crociati in Medio Oriente… Importantissimi per l'immaginario della Mingheria e del castello di Mingher. Il tempo è piuttosto fresco a Bozburun. Oltre al vento che ha cominciato a soffiare. Tutta la giornata alla scrivania, felice. Aslı e io nuotiamo insieme; impariamo a conoscerci. «Non ti avevo detto che era la vita che volevo?» le dico. SONO FELICE DI SCRIVERE IL MIO ROMANZO A BOZBURUN. DI DÜRER

CQUERELLO DI DÜRER

L'aquila di legno sopra
la libreria.

la veneziana

New Jersey

I quaderni vergini
sui quali
scrivo il mio romanzo

Brutta lampada

Il taccuino su cui
scrivo questo testo

La sedia su c
mi siedo da 15 an

Il 10 dicembre 2019, dopo aver tenuto l'ultima lezione del mio trimestre alla Columbia di New York, con la valigia fatta e in procinto di tornare a Istanbul, ho appreso che Erdoğan, irritato per il Nobel attribuito a Peter Handke, aveva dichiarato: «Anche da noi l'hanno dato a un terrorista!» I giornalisti, il mondo intero mi chiedevano: «Che farai?» Già mi chiedevo se sarei riuscito a tornare in Turchia, immaginando le persone, i funzionari che mi avrebbero trattato da «terrorista» per strada, quando il portavoce della presidenza ha spiegato che non ero io quello preso di mira. La veduta che avevo sotto gli occhi in quel momento mi si è scolpita per sempre nella memoria. La scrivania su cui ho scritto tante pagine del *Museo dell'innocenza*, *La stranezza che ho nella testa*, *La donna dai capelli rossi* e *Le notti della peste*. Sono 15 anni che scrivo i miei romanzi a New York, qui, alla Avery e in altre biblioteche.

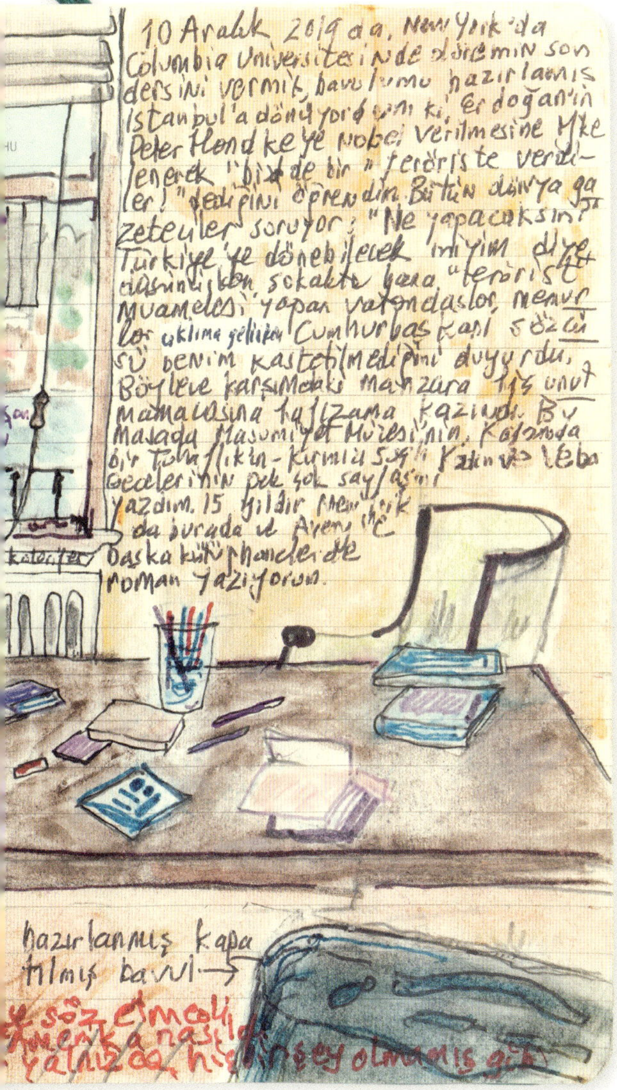


traghetti di NY
il fiume Hudson

il vecchio radiatore
che fa strani rumori

la valigia fatta e chiusa

Al ritorno in Turchia nessuno ha accennato alla cosa. «Com'è l'America?» mi chiedevano, come se non fosse successo niente.

TUESDAY
October
22

Stavo per scrivere sulla mia paura
sulla mia angoscia del pendio
ma non l’ho fatto…

PAURE E SOGNI DI PENDIO ad Ankara nel 1960
Abbiamo abitato per un anno ad Ankara, all'incrocio fra via Yülsel e via Adakale. Lí ho vissuto il colpo di stato del 27 maggio. Sempre lí ho scoperto qualcosa che non avevo ancora conosciuto a Istanbul e che si potrebbe definire la vita di quartiere. Intendo dire: i bambini che abitano nella stessa strada s'incontrano fuori, nei giardini, sui marciapiedi, per giocare a calcio, a nascondino, a mulino, formare squadre, inventarsi nemici, fare a botte ecc. Eravamo in guerra con quelli del quartiere alto… Quartiere dove oggi sorge la moschea di Kocatepe, una delle piú grandi della Turchia. All'epoca, nel 1960, il luogo era un vasto pianoro in cima alla collina. In seguito ho talmente rivisto quelle scene nei miei sogni che finisco per chiedermi se io le abbia vissute per davvero.

Il versante del pianoro, dalla parte del ruscello di Incesu, era di terra friabile e molto ripido. Alcuni di noi salivano su una tavola di legno come se fosse una slitta e scivolavano lungo il pendio. Un giorno provai anch'io. Mentre mi precipitavo giú a tutta velocità vidi in basso i bambini della banda rivale. Mi aspettavano urlando insulti, con in mano dei sassi. Tentai di frenare, inutilmente. Il pendio pareva scivolare con me, fluivamo insieme verso il nemico. Cercavo di aggrapparmi alla terra, ma non faceva presa.

IO

in BASSO i bambini
del quartiere

Questa veduta mi ha ricordato un altro punto in comune fra il poeta Ka e me. CREDERE che il paesaggio sia un ricordo! Oppure, al contrario: credere che i ricordi siano un SOGNO!

Ricordo e Sogno come istante – come immagine. Ero lí, ma era in un sogno o nel passato? non lo so. Vivo il presente come se fosse passato…

Ricordo l'eccitazione che mi aveva causato il film *BRAZIL*. Non sapevo che l'ispirazione venisse da una serie di collage. Dietro qualunque cosa ci sono il collage e Dada. Dietro le montagne

Max Ernst

Perché combinare
immagini e testo
produce SIGNIFICATO.
Dimentica
Max Ernst…

Taci per favo

Attraver
in silenzio
solita

un tempo e c

verso la valle

in basso

in questa valle

qui il tempo si fermerà

versanti rocciosi

Se segui il fiume entrerai nella valle dove le parole e le immagini sono tutt'uno

QUESTA «SERIE DI MONTAGNE LONTANE» ISPIRATA
MOSTRA IL LUOGO DEI RICORDI (E DELLA

pazienta e ricorda

BÜYÜKADA

un tempo c'era
qui una città

SCALA CHE PORTA ALL'ACQUA

AESTRI CINESI, AGLI ANTICHI PITTORI DI PAESAGGIO,
ETRO LE MONTAGNE LONTANE

il convento che si affaccia sul mondo intero

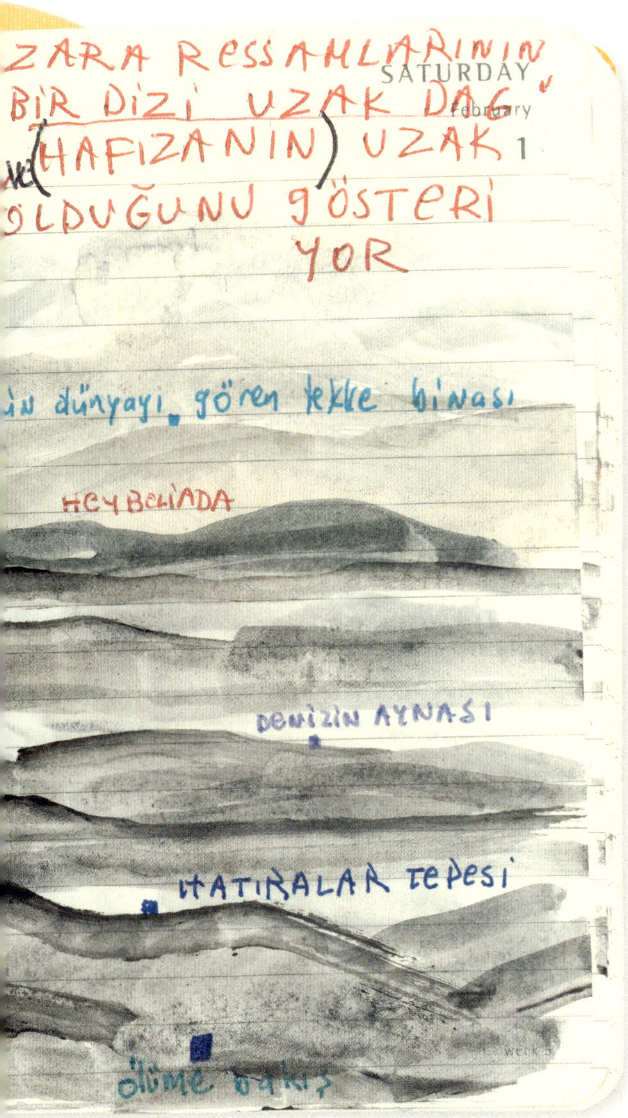


HEYBELIADA

SPECCHIO DEL MARE

COLLINA DEI RICORDI

Sguardo sulla morte

MONDAY
October
14

TUESDAY
October
15
week 42

Dietro questo paesaggio montuoso che ho disegnato a memoria e in base ai miei sogni si nascondono le angosce di K.
Collocare questa casa sul terreno in lontananza è per me una prima volta. Nel frattempo…

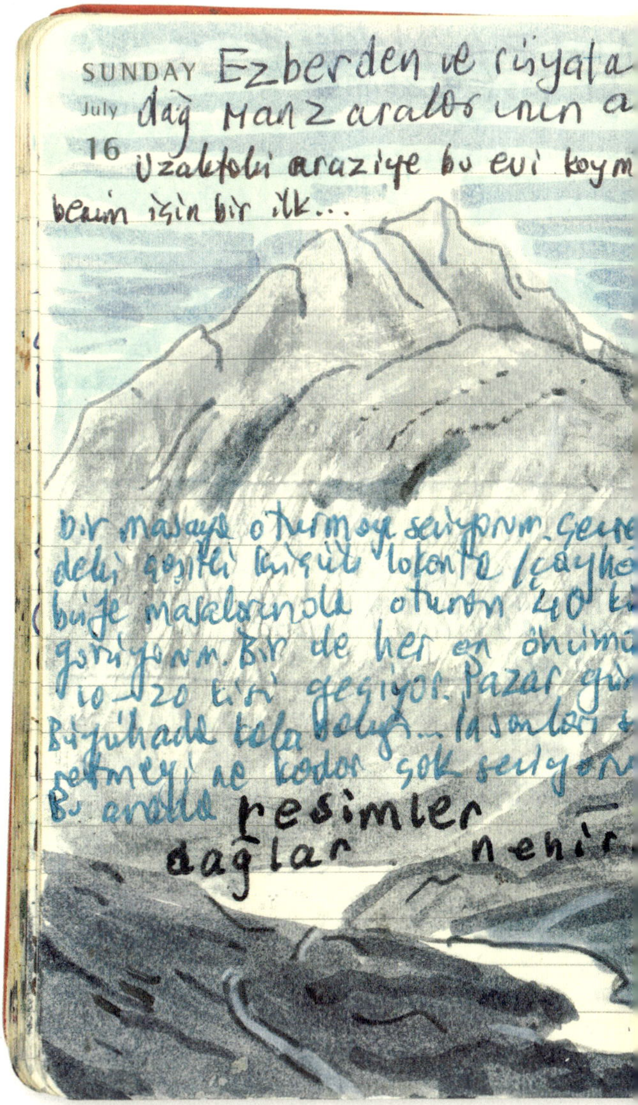


Sogno
disegni

Mi piace sedermi a un tavolo. Intorno a me, 40 persone sedute in un piccolo ristorante. E 10-20 che mi passano davanti ogni secondo. Folla domenicale a Büyükada… Come mi piace osservare la gente.

Al mattino, con Aslı prima di lavorare. Una bellissima luce sulla terrazza, scatto foto, appassionatamente. Do l'apparecchio ad Aslı! Poi, tutta la giornata dedicata al romanzo.

ontagne e fiumi

molto lonta

Presto racconterò questo sogno. Il nido dell'aquila… Il sogno piú terrificante della mia vita… Ma…

Dalle 14 alle 15 cammino per Beyoğlu-Cihangir scattando molte foto. Vecchi venditori di libri usati, strade fredde, malinconiche, luoghi vuoti, gatti congelati: la mia patria sono queste strade, questa gente. Sono nel mio ROMANZO. Soddisfatto del lavoro compiuto. Ma altre faccende mi rallentano. Essere scrittore, scrivere e nient'altro – essere i miei disegni sulle pagine dei miei libri

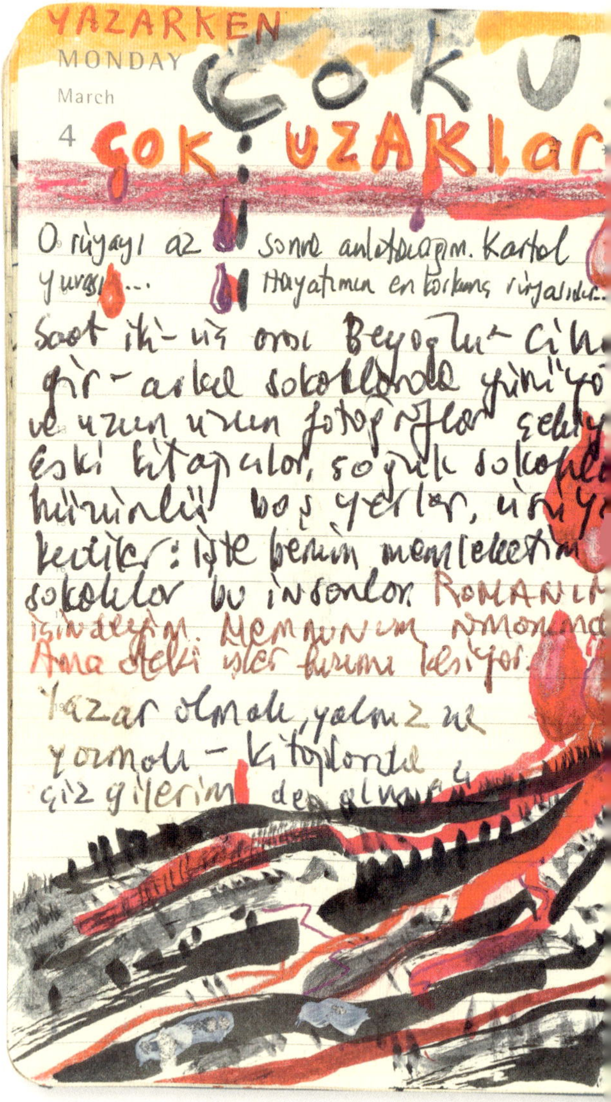

tto era molto lontano

non so
non
continuamente
davvero
non so

Ho visto
Avete visto

In questo sogno già sognato Ka cammina verso la sua dest
nazione attraverso un paesaggio roccioso dai versanti ripi
quando abbagliato da una potente luce rallenta e si ferm

ı seguito capirà che là da dove proveniva la luce c'era un occhio
si spaventerà... Perché anch'io ho fatto questo sogno.

2012 B

Quando capisce che un occhio lo osserva, dapprima Galip non si preoccupa. Ma l'occhio che tutto vede non può piú nascondersi oltre, appare.

L'OCCHIO CONOSCEVA LUI
E LUI L'OCCHIO

Quell'occhio, l'aveva creato lui. Perché lo vedesse e lo seguisse. Non voleva piú uscire dal suo campo visivo. Sotto lo sguardo di quell'occhio era FELICE.

cose misteriose

Sembrava ESISTERE per il fatto di sapersi continuamente seguito dall'occhio. Questo gli si era scolpito nella MENTE. Talvolta era triste all'idea che l'occhio potesse dimenticarlo.

sempre

un luogo qui

al principi

volevamo una squadra

tutte le persone sul balcone

leggere
attentamente

ho visto e dimenticato

sei in
questo
disegno

si illudono
verso di me

il ricordo è un colo
sulla carta lo spazio è infinit

da nessuna parte

stamattina
è una parola
misteriosa

non andartene
piú lontano

su questa riva
toccare
per toccare
guardare senza
pensare

non è lontano
l'ingresso è lí

non è lontano
non è qui
è da qualche parte

poi un altro
guardi sempre

non questo disegno
nessuno accetta
laggiú sempre
senza pensare
sei da qualche parte dietro
tanto tempo fa

a volte basta scrivere
per essere felici

fresco e ventoso
l'immagine non parla vede
là dove scrivi nell'immagine il colore è assente

Niente è come sembra
Vedendo una nuova finestra
Bisogna prepararsi per il paesaggio

Come ci appariva
L'isola di fronte alla nostra isola
ci è sempre rimasto in mente

In questo romanzo che non riesco a scrivere i personaggi K. e O., lo scrittore e il pittore, finiranno per capire, una volta arrivati al di là delle montagne lontane, a furia di litigare, di scontrarsi, che le PAROLE e le Immagini sono tutt'uno. Questo era l'enigma nascosto dietro le montagne LONTANE. E in realtà lo sapevano già, attraverso i loro ricordi…

Ma fecero ugualmente il viaggio, perché sapere non è ricordare, è vedere ciò di cui ci si ricorda.
L'IDEA DI PERDERSI DIETRO LA MONTAGNA PIÚ LONTANA È IL SOGNO DI RITROVARE I NOSTRI AVI – DI TORNARE AL PARADISO… Ero lí! dice allora quella persona.

i motivi per cui m'identifico con il pittore e poeta romantico WILLIAM BLAKE

ama le fiamme e gli incendi
scrive e dipinge
unisce sulla pagina le parole e le immagini
vede la pagina come un tutto
usa rami d'albero per suddividere la pagina

vede tutto sulla pagina
vede le parole e le immagini insieme
ama l'acquerello
ama scrivere nell'immagine

ama disegnare i raggi del sole come frecce
suddivide la pagina con Rami d'Albero

dipinge la sua casa vista dall'esterno → dicendo che è lí che vive
ha dipinto la ragnatela

colora di scuro
le montagne lontane

Un tempo le parole
e le immagini erano
tutt'uno

allora le parole erano l'immagine, le immagini la parola

Annotare tutti i miei timori legati alle NOTTI DELLA PESTE

Io sono laggiú, che descrivo la folla della città

la costa di Mingher

la descrizione delle misure di quarantena è troppo dettagliata
le febbri e i tremiti nervosi che a poco a poco s'impossessano degli ammalati
nessuno ne scrive niente
le notti della peste
si riempiono i cimiteri
non dimenticateci

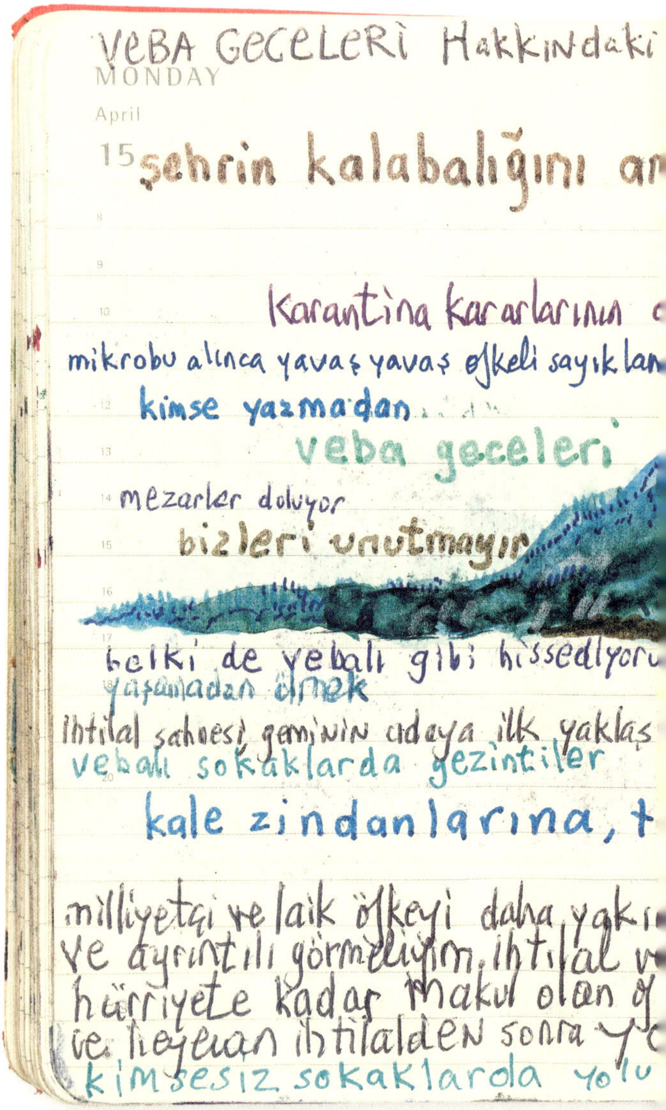


forse mi sento
come un appestato
morire senza aver vissuto
la scena della rivoluzione, il primo arrivo della nave all'isola, i giri sulla carrozza blindata del pascià, le passeggiate nelle vie appestate
entriamo nelle celle, nel lazzaretto del castello e nelle case

devo vedere il nazionalismo e il furore laico piú da vicino, piú in dettaglio. L'emozione e la rabbia, ancora ragionevoli fino alla rivoluzione e alla libertà, diventano poi PESANTI E IRRAZIONALI
l'appestato che delira smarrendosi nelle vie deserte

i sospiri dei moribondi nella notte

a furia di scrivere il romanzo diventa memoria

se avessi la peste e prendessi un antibiotico
Devo vedere la peste nell'ottica della vita quotidiana
solo i malati capiscono la malattia

Poiché si rendeva conto di essere osservato ogni momento, lui stesso esisteva solo guardando il paesaggio. Talvolta il significato del mondo sorgeva da dietro le montagne come un sole nero.

Era cosí che bisognava leggere il paesaggi

ma non confessare tutto dice ASLI

La tranquillità di Ka quando capisce che l’occhio era il MISTERO dietro le montagne lontane. Da allora in poi il significato di quel paesaggio avrebbe fatto luce sull’enigma dell’universo.

Molte cose restavano inspiegate e inespresse. Mi ci accostavo attraverso i sentimenti, non attraverso la ragione. Pendii pericolosi, precipizi, curve, incroci…

Coloro  
che sono partiti  
prima di me  
non sono tornati

Avevo paura di guardare giú e guardavo ugualmente. Alla fine però non avrei scritto quel libro e, sentendomi in colpa, avrei dimenticato questo viaggio.

THURSDAY
December
13

I PAESAGGI dei poeti cinesi eruditi (letterati) hanno accompagnato il pittore Ka nel suo viaggio verso le Montagne Lontane. E Ka, in preda all'entusiasmo, voleva scrivere sul suo viaggio e sui paesaggi poesie alla maniera dei pittori-eruditi cinesi. Aveva sempre presente che quei poeti-pittori eruditi, in gran parte servitori dello stato, venivano mandati in esilio politico ogni volta che il potere passava di mano. Il luogo del loro esilio erano di certo quelle MONTAGNE LONTANE che ricorrevano in ogni paesaggio.

Questi dipinti di paesaggi mi hanno ispirato l'idea di un libro intitolato *I CINESI CI AVEVANO GIÀ PENSATO*.

SATURDAY
December
8

A WIDE VIE
LANDSCAI
PINGYUAN LEVI
IS ONE OF TI

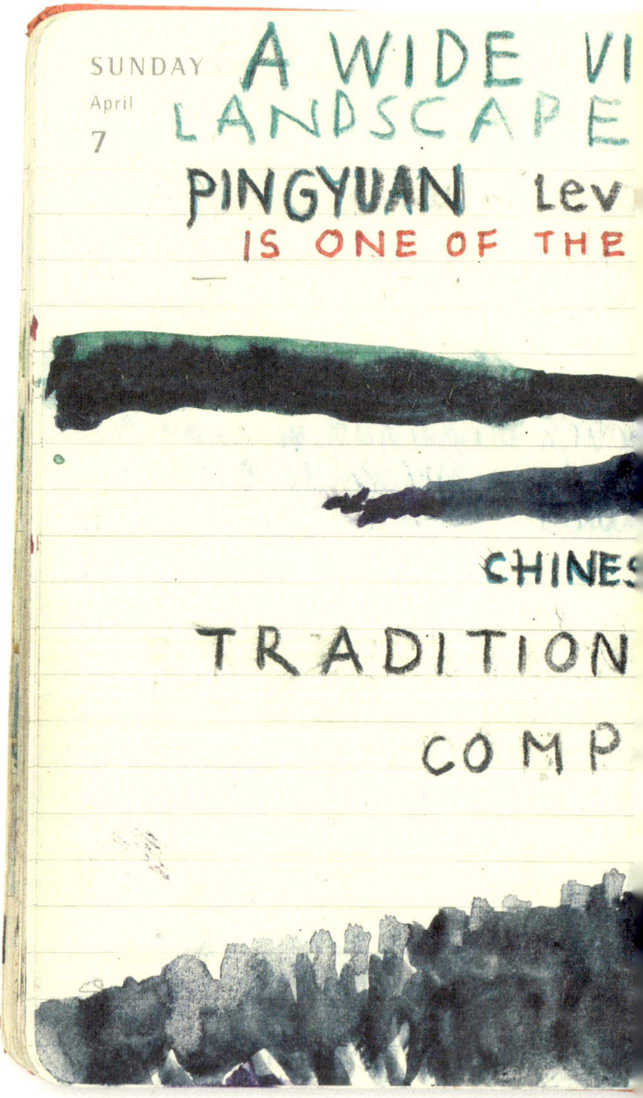


CHINES
TRADITIONA
COMF

BROAD
LOW LANDS
STANCE
IREE WAYS OF

ANDSCAPE
TION

TUNG YUAN DO
CHISEL OUT LOF
EXTRAORDINA
BUT RATH
TOGETHER DO
KIND OF POINTILLI
scenery of his paintin
focus when o

T CAREFULLY
AKS OF
PEARANCE
RINGS
D DASHES IN A
chnique so that the
ly comes into
eps back from them.

Questa era pressappoco la veduta dal nido dell'aquila o del falco. Non dico che fosse esattamente cosí. Questo libro non mostra realtà ma ricordi.

Alla fine, tuttavia, ero felice di essere arrivato lí.
Ogni cosa era al suo posto, e io contemplavo.

ho disegnato con
parole il sogno
che non potevo
raccontare con
immagini

A furia di attraversare le valli e costeggiare precipizi rocciosi ho finito per trovare il nido del Falco, che avevo creduto fosse quello dell'Aquila. Scendendo prudentemente dalla parete a picco ho visto, al posto dell'aquila, nel nido, una fossa scavata di recente. Avvicinandomi un po', ho capito con spavento che era la mia.

21 GIUGNO

La mia tomba era ricoperta di cera calda. Che fosse ancora calda... voleva dire che la mia morte era recente e che era appena stato apposto sulla mia tomba il sigillo che valutava-giudicava la mia esistenza. Apposto da DIO, ovvio. Mi sarebbe bastato alzare un po' la testa e lo avrei visto, mentre si allontanava nell'aria sopra il nido d'aquila. Nell'istante in cui tentavo faticosamente di alzare la testa verso il cielo mi sono svegliato, atterrito.

Ho fatto altri sogni spaventosi che assomigliavano a quello. Ho indicato qui la strada percorsa, i passi e le valli dietro le montagne lontane, il nido d'aquila e il precipizio.

E · CA · FR · PL · US

Dopo quel sogno ho COMINCIATO A PERCEPIRE che il sole, contrariamente ai disegni di William Blake, non saliva da un punto esterno al paesaggio ma dall'interno.

Perciò alla sera, quando scende la notte, L'OSCURITÀ non emerge dall'esterno ma dall'interno del MONDO...

HO TANTO SOGNATO IL PAESE IN CUI IL SOL
SORGE NON DALL’ORIZZONTE MA DALLA TERR

.À DOVE LA NOTTE E IL GIORNO
ono tutt'uno

Alla sera, per evitare la solitudine – per avere intorno qualcuno –, sono andato alla Avery. Lavorato due ore al romanzo. Terminato l'episodio della sparatoria: Ramiz e gli altri golpisti vengono sconfitti. Ora il maggiore cammina fra i morti e i feriti… Domani tirerà fuori dall'armadio/dal baule quella che chiamerò la bandiera/lo stendardo e la brandirà davanti al popolo in piazza. Una delle scene piú indimenticabili di questo romanzo a cui lavoro da tre anni. //

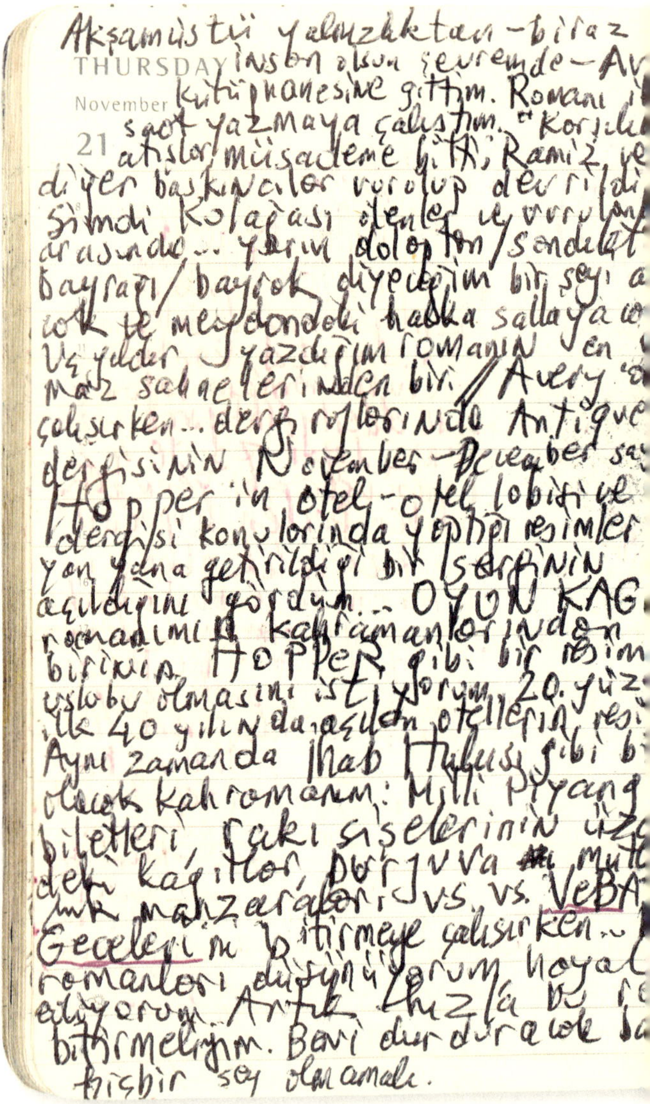


Mentre scrivevo… ho scoperto nel numero di novembre-dicembre della rivista «Antiques», trovato sugli scaffali della Avery, che si inaugurava una mostra dedicata ai quadri di Hopper sul tema degli hotel – delle hall di hotel… Nel mio romanzo I GIOCATORI DI CARTE voglio che uno dei personaggi abbia uno stile alla HOPPER. Quadri che rappresentano hotel costruiti negli anni Quaranta del XX secolo… Al tempo stesso il mio personaggio avrà qualcosa di Ihap Hulusi: biglietti della lotteria nazionale, etichette di bottiglie di raki, paesaggi di felicità borghese ecc. Termino *Le notti della* PESTE… e già sogno nuovi romanzi. Prima devo finire questo senza indugio. Niente deve piú distogliermene.

THE MET Sul punto di scrivere le pagine piú potenti del romanzo. O forse devo dire che le sto scrivendo in questo momento…

A Mingher sta per cominciare la rivoluzione… A un certo punto, alzando la testa dal foglio su cui scrivo, scopro di avere un ospite dietro il vetro. È un falco. Quello del nido sul pendio. Mi guarda, appollaiato fra le sbarre della finestra: lo osservo con la stessa attenzione con cui mi osserva lui – lo fotografo e lo filmo senza muovermi.

per *Le notti della* PESTE
L'uomo che la SOLITUDINE – L'OSCURITÀ spingono a uscire di casa, alla ricerca di altre persone… che trova… e da cui prende la malattia.
4 APRILE. SUL TRENO BARCELLONA-MADRID – DISCORRENDO con ASLI decidiamo che mandare già quest'estate a EKIN OKLAP… l'inizio – alcune pagine del romanzo perché le traduca sarebbe un affrettarsi inutilmente… In quel momento ASLI – di colpo, spontaneamente, mi ricorda… che questo romanzo ha bisogno di un altro anno e mezzo… Dice ad alta voce quello a cui io mi rifiuto di pensare. ACCETTARE QUESTA REALTÀ mi ha richiesto un po' di tempo, era doloroso.
– E

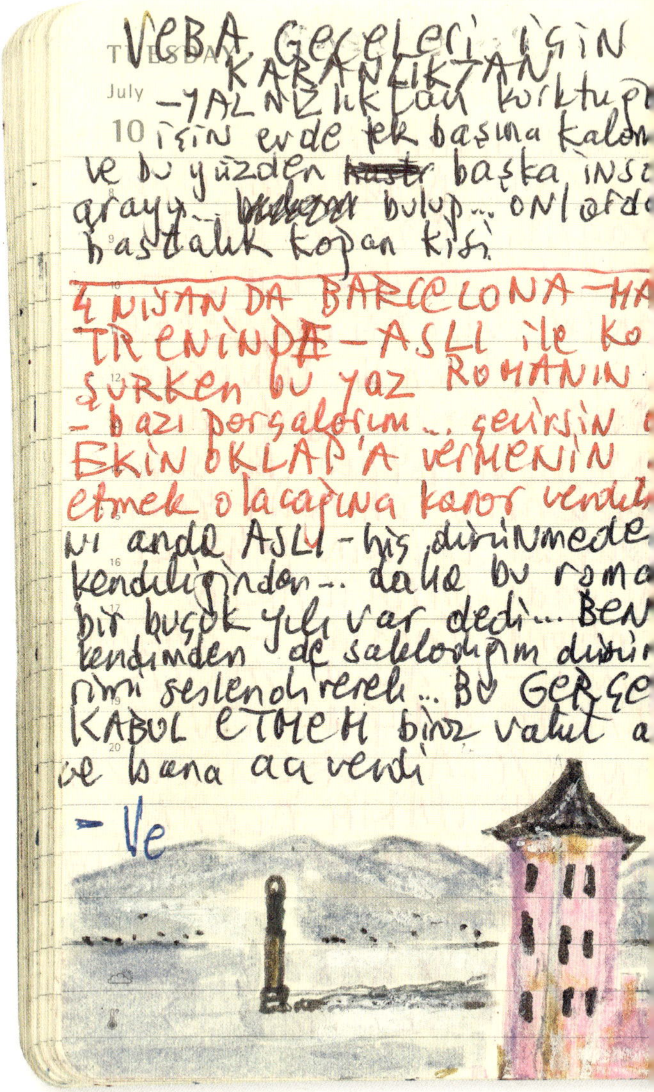

Pagine sul NAZIONALISMO E LE NAZIONI E I POPOLI SCOMPARSI… mooolto IMPORTANTE discuterne / e piacevole – ora in viaggio per Teheran… Apprendo cose sull'Iran da Wikipedia: all'inizio del XX secolo piú del 50% della popolazione dell'Iran attuale parlava turco a casa… In cento anni la percentuale è precipitata al 15-17%. In un secolo di repressione, discriminazioni etniche ecc. lo stato iraniano ha fatto dimenticare il turco al popolo dell'IRAN… Il maggiore Kâmil e la sua cerchia… potrebbero discutere dell'argomento… Ma la loro azione… Proteggendo il mingheriano opprimono le altre lingue, le scuole. Appena al potere cominceranno a opprimere i greci.

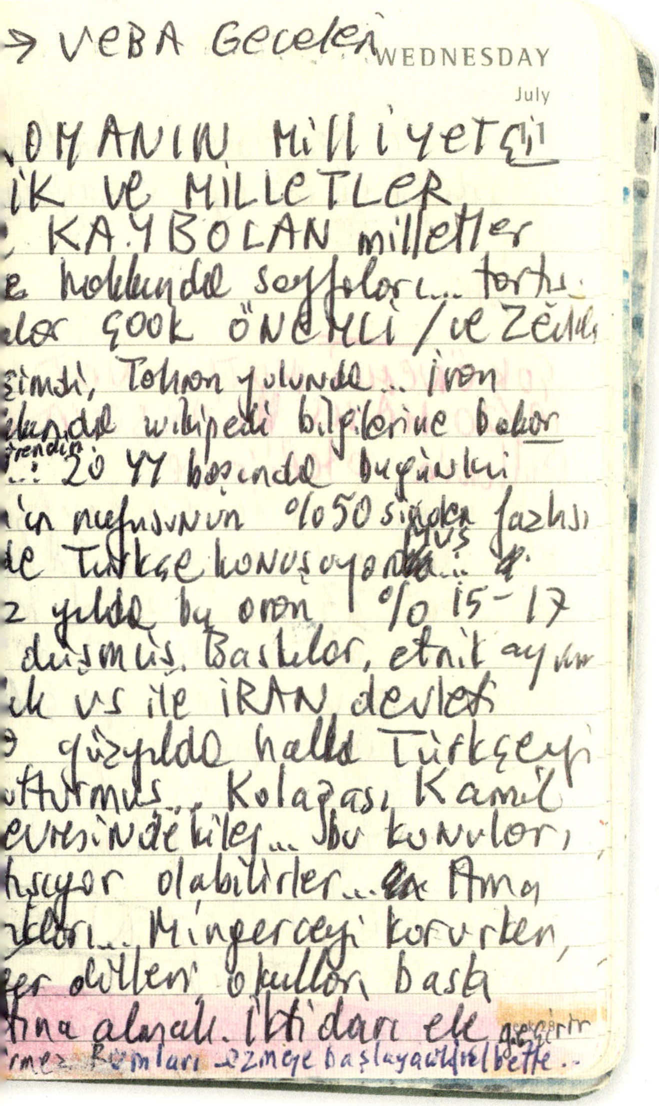

Non dimenticare le finestre sulle c
ogni puntino è una finestra
i quartieri bassi

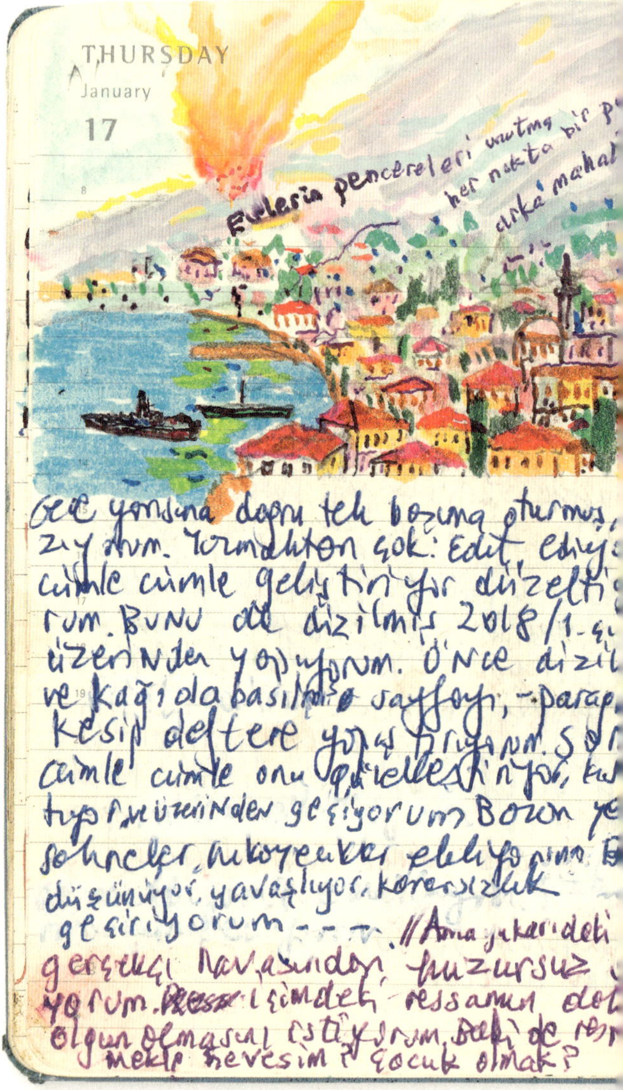


Solo, verso mezzanotte, scrivo. O piuttosto: taglio, sistemo le frasi, correggo. Comincio ritagliando le pagine/i capoversi stampati sul foglio per incollarli sul quaderno. Poi, frase per frase, abbellisco, abbrevio, e rileggo. A volte aggiungo nuove scene, brevi racconti. A volte rifletto, rallento, attraverso un momento d'indecisione… // Ma questo disegno non mi soddisfa, troppo realistico. Voglio che il pittore in me sia piú maturo. È forse il desiderio di dipingere? di essere bambino?

È guardando le montagne che nel romanzo si devono affrontare i temi del panorama e del paesaggio, dell'identità nazionale. Il pittore bambino dentro di me ne è consapevole, eppure ecco che cosa disegna.

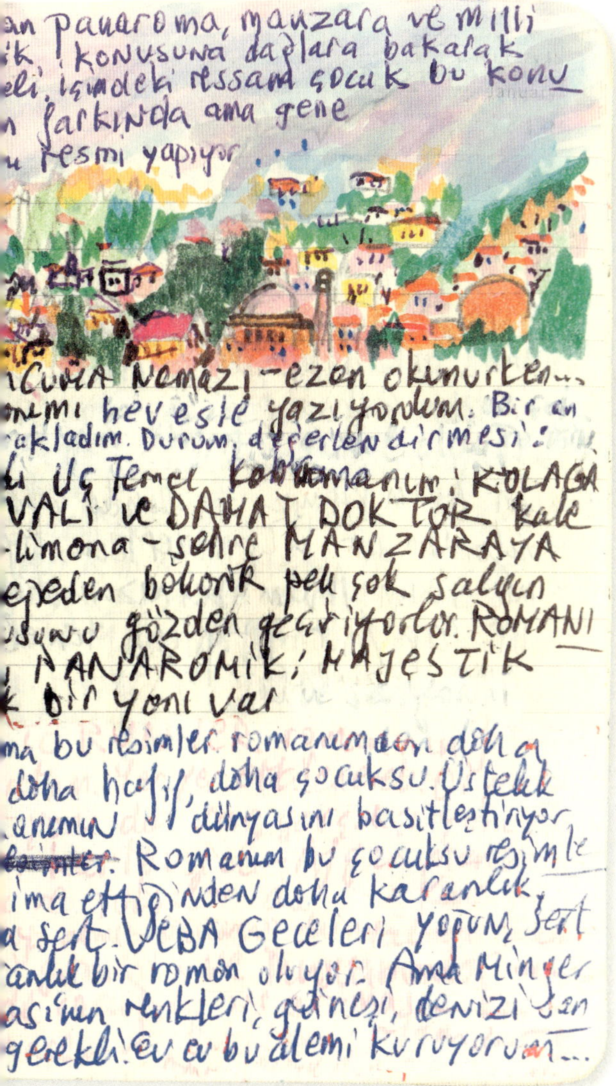

Scrivevo bene catturato dal mio romanzo… quando è risuonato il richiamo alla preghiera – del venerdí. Mi fermo un momento. Punto sulla situazione: i tre personaggi principali: il MAGGIORE, IL GOVERNATORE E IL DOTTORE E PRINCIPE CONSORTE guardano il castello – il porto – la città. Passano in rassegna i problemi dell'epidemia guardando IL PAESAGGIO da una collina. Il mio romanzo ha un lato PANORAMICO; MAESTOSO, epico.

Ma questi disegni sono piú naif, piú leggeri, piú infantili del romanzo. E tendono a semplificarne l'universo. Il romanzo è piú tenebroso, piú duro di ciò che evocano questi disegni infantili. *Le notti della* PESTE sarà un romanzo denso, scabro, cupo. Eppure l'isola di Mingher sembra aver bisogno dei suoi colori, del sole, del mare. Creo un universo, casa per casa…

## Mucillagine: bava di mare

Scorro la traduzione inglese delle *Notti della peste*. Sensazione decisiva. Mi dico che ho fatto bene a scrivere… quei capitoli-passi che alcuni lettori (molti) troveranno noiosi, sovraccarichi… come quelli sui principi ottomani… la paura dell'avvelenamento ecc. (La partenza dell'ultima nave e la descrizione dell'atmosfera al porto forse le ho tirate un po' per le lunghe). A rileggerlo in inglese, penso sinceramente che l'argomento sia piacevole. Ho scritto un romanzo che volevo leggere. Un romanzo non dovrebbe essere cosí carico di fatti storici… dicono parecchi profani. Sí, a volte tutti questi dati stancano. Forse non dovrei ribattere! Anche se certi lettori hanno probabilmente ragione. Il mio lavoro è anche capire il lettore che non mi capisce e si irrita per un nonnulla…

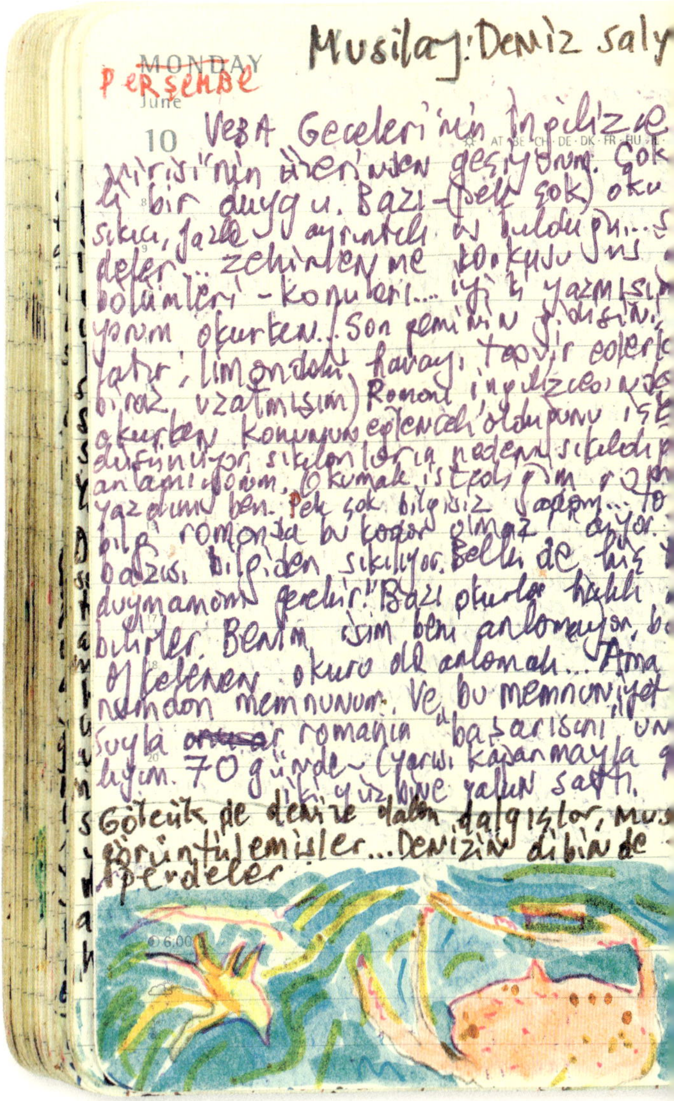


Ma il mio romanzo mi piace. E questa soddisfazione deve aiutarmi a dimenticare la questione del «successo» del romanzo. In 70 giorni (per lo piú durante il lockdown) ne sono state vendute circa duecentomila copie.
Alcuni sub di Gölcük hanno filmato delle mucillagini… Tende di tulle in fondo al mare.

A mezzogiorno è passata Rüya. Conversazione di due ore. Intelligente, sensata, incantevole, bella. È stata da zia Gönül, e da mia madre. (Una 92 anni – l'altra 99). Piacere di sentirmi raccontare di loro in modo tenero, affettuoso… Mi accorgo che la sua vita è molto piú tranquilla della mia. Lavori di ristrutturazione al pianterreno nella casa di Sedef – realizzano una cucina). Mi parla con disgusto e tristezza delle «mucillagini» che ha visto da vicino arrivando sull'isola.

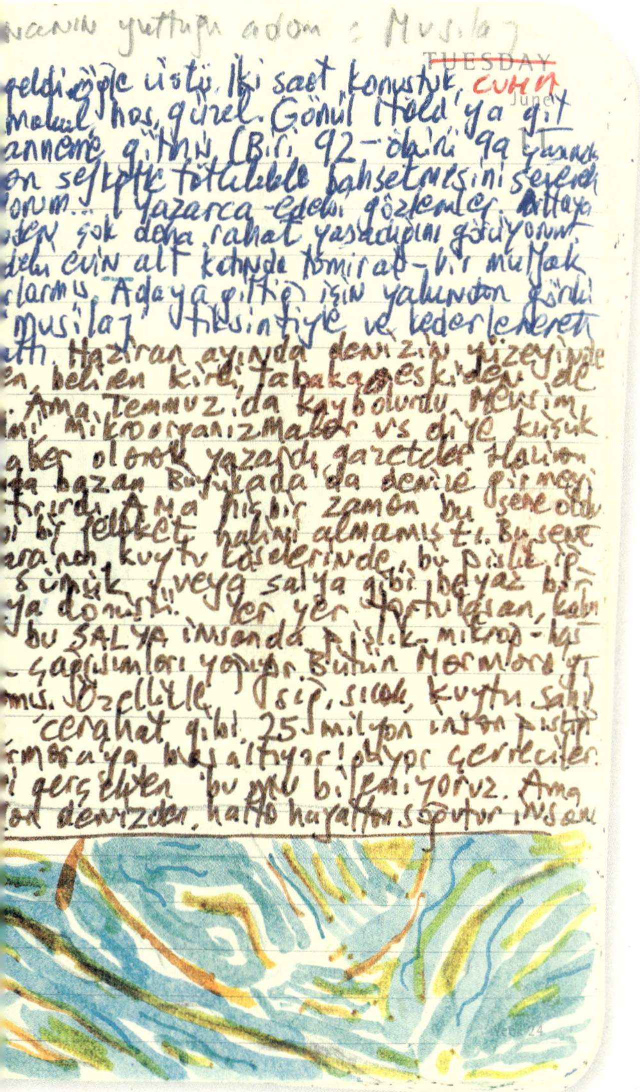


Lo strato di sporcizia che si vede sul mare da giugno c'è tutti gli anni. Ma di solito a luglio sparisce. Sui giornali ci saranno trafiletti sul cambio di stagione, i microrganismi, ecc. A volte, alla fine di giugno, a Büyükada si può a malapena entrare in acqua. Ma non si era mai raggiunto il livello abominevole di quest'anno. In certi angoli del Mar di Marmara quello sporco immondo ha creato una specie di bianca sostanza collosa come muco o melma. MELMA in certi punti condensata, solidificata, che viene identificata nella mente delle persone con la sporcizia, i microbi e le malattie. Tutto il Mar di Marmara ne è ricoperto. È come pus, soprattutto nelle acque calde e basse delle spiagge piú remote. 25 milioni di persone sversano le loro porcherie nel Mar di Marmara! dicono gli ecologisti. Non si sa se sia davvero questo il motivo. Ma è roba da disgustarti delle isole, del mare, e persino della vita.

Büyükada
15 luglio
Perché.
Qui c'era
una tenda
antizanzare.
Quando mi
alzo al mattino,
vedo il mare
fra questi alberi
e i rami
dei pini.
Il mondo è
bello, trovo.
Büyükada

Ecco perché disegno

Ombra

Pantofole

Muro muro

Luce del sole – sole
luce del sole – sole

muro
muro

tenda

tenda

disegnare non è facile

muro di fronte

muro di fronte

Letto

letto

letto

vedrò
scriverò tutto

questo taccuino

Giornata intensa, felice. Alzato di buon'ora, ho scritto 3 pagine del romanzo. Poi ho ripreso la lettura di *NOSTROMO* per la lezione alla Columbia. Conrad è un bravo romanziere, di talento… Denso, abile, sottile. Ma ho taciuto agli studenti che cosa pensavo davvero di *NOSTROMO*. Lo scrittore ha passato pochissimo tempo in America Latina. Eppure ha immaginato un romanzo che racconta l'America LATINA, alla maniera di un romanzo politico. A quel tempo la popolazione dell'America Latina era di 30 milioni. Quanto la Francia. Oggi è dieci volte di piú. E CONRAD, benché ci fosse stato pochissimo, si lancia in un romanzo sull'America Latina… Questo pone un problema letterario e umano. Fino a che punto è innocente il nostro desiderio di rappresentare l'altro agli occhi dei non iniziati?

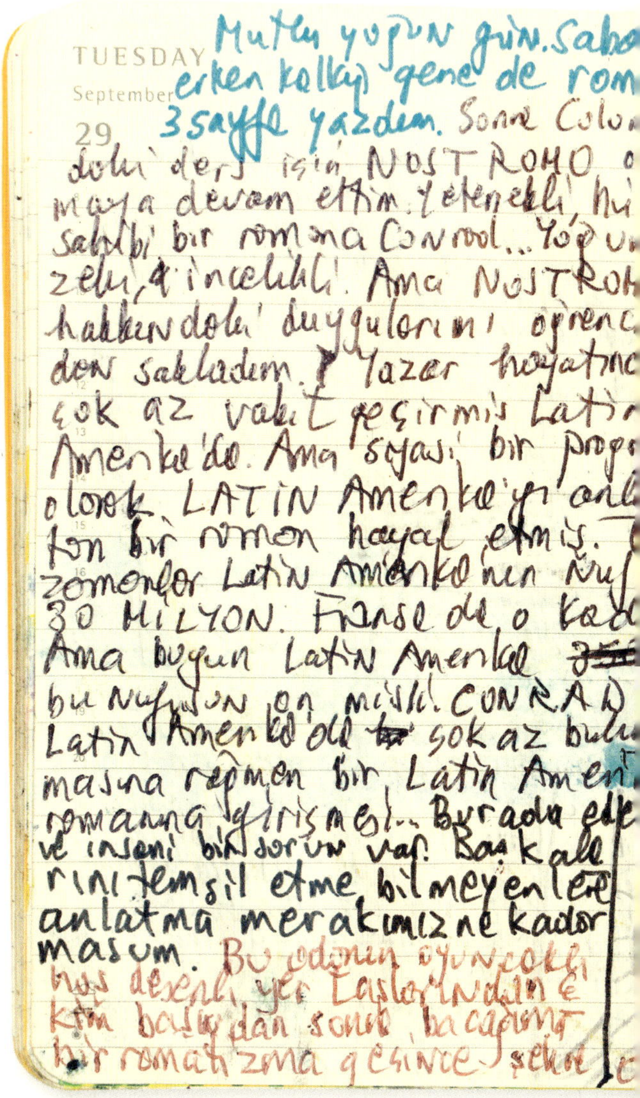


Sono tornato in città dopo aver avuto una sorta di reumatismo alla gamba a causa del pavimento piastrellato di questa stanza, ornato da motivi di uccelli.

Alle 6.30, camminando per le strade ancora buie di Büyükada per «fare moto»... incontro dei «vecchi» della mia età che procedono a fatica: «Buongiorno maestro!» dicono... Io cammino quasi a passo di corsa, tutto sudato... Anche loro sudano... ma a passettini. Gli episodici sprazzi di sole attraverso le nuvole... mi fanno felice. Poi, da solo, scrivo, scrivo, scrivo. Devo ricavare la mia felicità da questa vita. Il giardino, il sole, i fichi, le palme. Per tutta l'estate ho scritto *LE NOTTI DELLA PESTE* in questa stanza. Le tende erano di un altro colore, peraltro.

LA MIA SCRIVANIA

Mi piacciono la vastità, la profondità d'immaginazione del nostro scrittore irriverente, sarcastico. L'assenza di Aslı non fa che aggravare la mia attuale infelicità. Il ritmo di scrittura è rallentato ulteriormente. Non credo di aver mai lavorato tanto in vita mia. Eppure il romanzo non è ancora terminato. Mio Dio, quanto resta da scrivere prima che sia concluso. Piacere di leggere *NOSTROMO*. Vorrei che un critico dicesse che *LE NOTTI DELLA PESTE* si ispira a *NOSTROMO* di Conrad. Ma in quanti hanno letto questo romanzo? *Nostromo* è ambientato nel paese immaginario di COSTAGUANA, ma il lettore capisce subito che è PANAMA. All'inizio del romanzo Conrad descrive il paese/il PAESAGGIO in cui si svolgerà l'intreccio. Domani interrogherò gli studenti sul significato che può avere, nel romanzo, questa lunga descrizione dei paesaggi del paese immaginario./

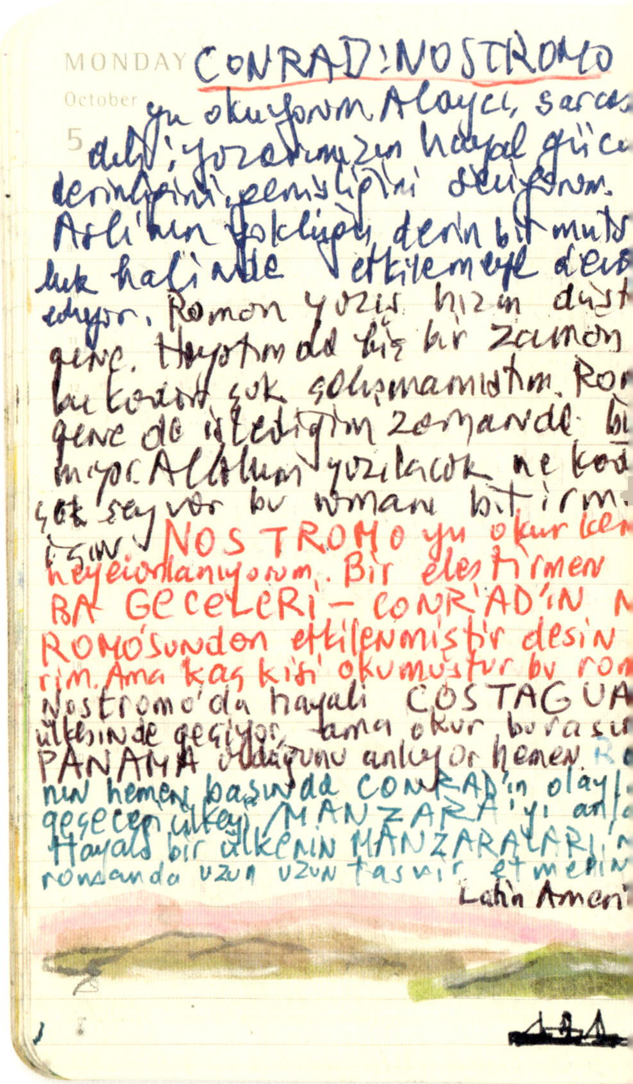

Trump è uscito dall'ospedale (era malato) ed è tornato alla Casa Bianca... Atteggiamento di sfida, volgare... Secondo i sondaggi perderà le elezioni. Un presidente che si fa beffe dell'epidemia di coronavirus, che non crede alle mascherine, alle misure sanitarie... Proprio COME NEL MIO ROMANZO! Alla sera... Commento *NOSTROMO* di CONRAD per la lezione delle 17. Piacere di discutere con gli studenti. Il tempo è piú mite. Sceso in spiaggia, nuotato 20 minuti. Mare non freddo. Ma impressione strana, di cattivo auspicio. Nesso fra paesaggio e Nazionalismo: il paesaggio fa conoscere e amare il paese. Nathalie di Gallimard mi ha scritto che pubblicare quest'anno *RICORDI DI MONTAGNE LONTANE* sarebbe impossibile. Va bene. Ma che peccato. Alla fine mi rallegro che ce la prendiamo comoda per questo libro. Resta del lavoro da fare.

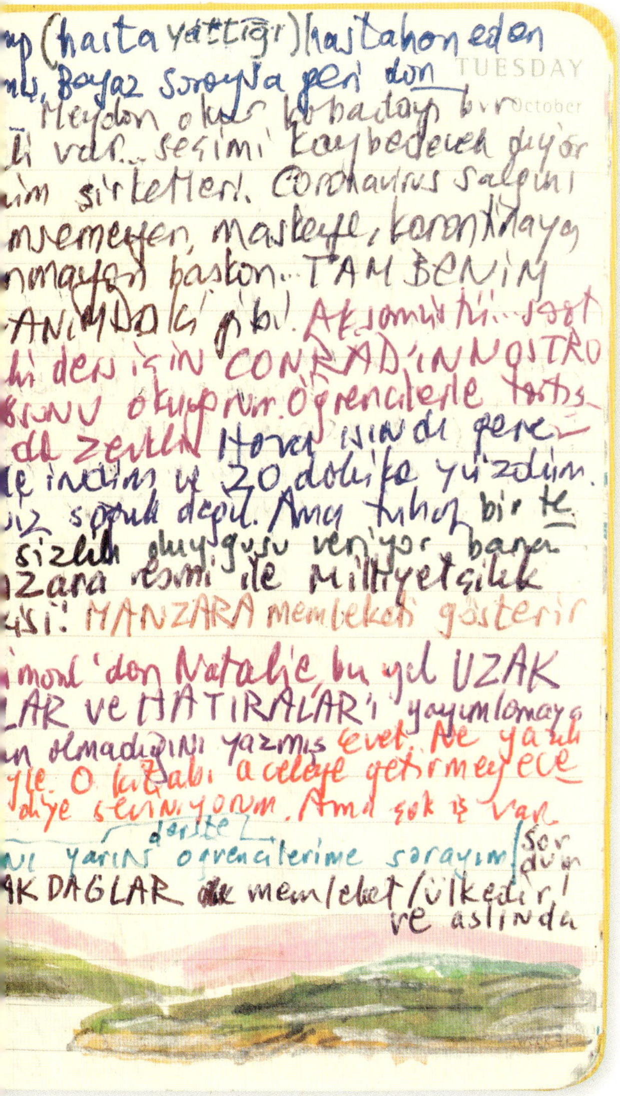


L'America Latina e LE MONTAGNE LONTANE, sono in realtà una nazione e/un paese!

Qui ho sognato l'isola di Mingher per tutta l'estate. I colori del mondo che si scoprono dalla porta finestra del balcone assomigliano a quelli che vede il governatore Sami Pascià dal suo studio.

HO
SCRIT
TO
LE
NOT
TI
DEL
LA
PE
STE

In questa mia veduta c'è qualcosa di delizioso che ricorda le persiane, i balconi aperti sul Mediterraneo che MATISSE dipingeva nel sud della Francia. Proprio mentre do forma alle mie frasi e mando i miei personaggi a correre per i vicoli dell'isola di Mingher, mi lascio distrarre dalla luce, dal bel paesaggio, dai pini e dai fichi che vedo dalla finestra, e, ricordando che «vedo» tutto ciò, sento fondersi nella mia immaginazione il paesaggio e i sogni.

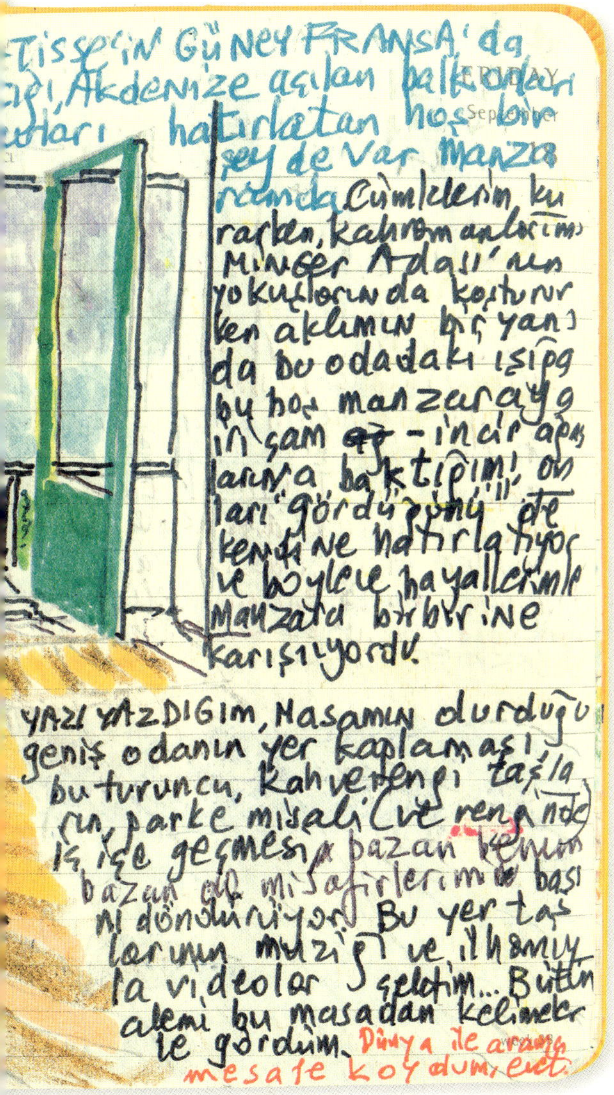


Il motivo del pavimento marrone e arancione, simile a un parquet (e dello stesso colore), della grande stanza in cui SCRIVO a volte dà le vertigini ai miei ospiti. Ho girato dei video ispirati dalla musica di questo pavimento… Da questa scrivania ho visto tutto l'universo con parole. Sí, ho messo a distanza il mondo.

LA CASA DI BÜYÜKADA
vista dall'altalena

ULTIMO SGUARDO
SU QUESTO GIARDINO
LASCIAMO
LA CASA
E L'ISOLA
PURTROPPO

porta

Giardino in abbandono
paese in abbandono

Per nove mesi all'anno
aspetto il giorno in cui
verremo sull'isola
e in cui mi perderò
nell'infinita
contemplazione di questo
giardino

giardin

Il pero

(Fra l'1.40 e le 4.10) mi sono svegliato all'improvviso e mi si sono animate sotto gli occhi le ultime scene del mio Romanzo. (Come racconto in *Neve*, come nel sogno di Coleridge). Annotati sul quaderno qualche dialogo e qualche idea. Deciso in particolare che Mîna di Mingher, la nostra scrittrice, avrebbe incontrato la principessa Pakize nel 1959. Poiché quell'anno sono stato io stesso a Ginevra, ne ho visualizzati parecchi elementi e mi sono convinto che riuscirò a descrivere bene la città. Annotavo freneticamente tutto ciò che mi passava per la testa, particolari, colori, entusiasta all'idea di stare avvicinandomi alla parola fine delle *Notti della* PESTE.

ULTIME SCENE DEL LIBRO: Se mi vengono altre idee come queste, le annoter scrupolosamente. Scriverò, riscriverò ancora e ancora, soppesando ogni p rola, assaporando ogni particolare. Se necessario tornerò indietro, fino al primissime pagine del libro, per aggiungere e correggere ciò che lo richied Avrò cura di preparare bene il lettore alla nuova conclusione. Insomma:

Il Palazzo del governatore – visto dalla piazza del Governatorato. A sinistra la via che sale verso la chiesa di Hagia Triada. Il tetto della Posta e altri edifici. Sí, è evidente che la mia agitazione, nei giorni in cui sto terminando il romanzo, dipende anche dal fatto che non ho mantenuto la parola data agli altri e a me stesso. A Tülay avevo detto dicembre. A Özgür avevo detto novembre. A me stesso avevo detto settembre o addirittura metà estate. Scrivo senza la minima pausa da nove mesi, non rispondo piú alle e-mail, alle lettere, non riesco nemmeno piú a prendere bene appunti su questo taccuino.

on mi affretterò.

pagine del dattiloscritt

Impossibilitato a scrivere durante tutti questi ultimi giorni… ho fatto questo disegno.

la scrivania
alla quale scrivo il romanzo

la mia giacca sulla sedia

Ho finito *LE NOTTI DELLA PESTE* in questo studio
di Cihangir lavorando 12 ore al giorno.
Di notte dormivo tre ore, scrivevo un'ora,
mi riaddormentavo per un'altra ora.

Aslı mi ha fotografato mentre dormivo. Ecco come crollo addormentato, a Cihangir, quasi tutte le notti, fra le 23 e mezzanotte.

sulla fronte
la mascherina per
gli occhi
recuperata in aereo

Il rumore della televisione che sta guardando Aslı s'insinua fra i paesagg
i precipizi, le isole, le montagne lontane che popolano i miei sogni,

Dopo cena, dopo essermi dedicato alla scrittura del romanzo per tutta la giornata, mi capita – quasi sempre – di crollare addormentato sul divano del salotto.

i personaggi, i luoghi e le cose che per tutto il giorno ho tentato di raccon-
are con le mie parole.

## Note

Le note sono del traduttore francese o della traduttrice italiana.

p. 4 *Aslı*: Aslı Akyavaş, la compagna di Orhan Pamuk. Si sono sposati nel 2022.
*Isola di Sedef*: l'«Isola di Madreperla», una delle piú piccole isole dei Principi, arcipelago al largo di Istanbul, nel Mar di Marmara.

8 *Büyükada*: l'«Isola Grande» dell'arcipelago delle isole dei Principi. Nizam è una delle spiagge dell'isola.

9 *Mevlut*: personaggio principale di *La stranezza che ho nella testa*, nono romanzo di Orhan Pamuk (Turchia: 2014; Italia: 2015).

10 *YKY*: «Yapı Kredi Yayınları», l'editore turco di Orhan Pamuk.

12 *Storia di Mingher*: è sull'isola immaginaria di Mingher, nel Mediterraneo orientale, che Orhan Pamuk ha ambientato il suo undicesimo romanzo, *Le notti della peste* (Turchia: 2021; Italia: 2022).

13 *Inci Eviner*: pittrice e artista contemporanea turca, nata nel 1956.

18 *«Il mio nome è rosso»*: sesto romanzo di Orhan Pamuk (Turchia: 1998; Italia: 2001).

19 *Il paesaggio*: qui traduzione di *manzara*, parola che torna spesso in questi taccuini. È stata tradotta ora con «paesaggio», ora con «veduta» o «vista», piú raramente con «panorama».

20 *Cihangir*: si pronuncia «Gianghir». È un quartiere di Istanbul sulla sponda occidentale, fra piazza Taksim e il Bosforo, dove abita Orhan Pamuk.

21 *Problemi con il museo*: si tratta del Museo dell'innocenza, a Istanbul, immaginato e progettato da Orhan Pamuk parallelamente alla stesura dell'omonimo romanzo (Turchia: 2008; Italia: 2009). I lavori si protrassero dal 2009 al 2012, anno della sua apertura al pubblico (il 28 aprile).

22 *Prefazione a «Neve» per Everyman*: *Neve* è il settimo romanzo di Orhan Pamuk (Turchia: 2002; Italia: 2004). Everyman's Library è una collana di «classici della letteratura» creata nel 1906 a Londra e attualmente pubblicata dal gruppo editoriale Penguin Random House.
*Füsun*: protagonista del romanzo *Il Museo dell'innocenza*.

23 *Iletişim*: casa editrice turca con cui lo scrittore ha pubblicato dieci libri fra il 1994 e il 2012.
*«Il libro nero»*: quarto romanzo di Orhan Pamuk (Turchia: 1990; Italia: prima ed. Frassinelli 1996, ed. Einaudi 2007).

24 *Celâl Salik*: personaggio di *Il libro nero*.
*Abdi İpekçi*: giornalista e scrittore turco, caporedattore del quotidiano «Milliyet», ucciso nel 1979 da due militanti di estrema destra, tra cui Mehmet Ali Ağca, anche autore dell'attentato a papa Giovanni Paolo II in piazza San Pietro, nel 1981.

27 *Kemal*: protagonista maschile di *Il Museo dell'innocenza*.

29 *Sermin*: la «governante» degli appartamenti di Orhan Pamuk nel suo stabile di Cihangir, qui indicati con vari numeri: 9, 16 ecc.

32 *Intervista … inviata da Marco*: l'articolo, a firma di Marco Ansaldo, è stato pubblicato il 7 gennaio 2017.
*Il maggiore*: uno dei personaggi principali di *Le Notti della peste*.

34 *Zonaro*: Fausto Zonaro (1854-1929), pittore italiano, noto in particolare per le sue vedute di Istanbul, dove oggi è conservata la maggior parte delle sue opere.

36 *«L'innocenza degli oggetti»*: raccolta di testi di Orhan Pamuk pubblicata nel 2010 e in Italia nel 2012 con questo titolo.

37 *Kanun*: strumento a corde, della famiglia delle cetre, molto diffuso nel mondo arabo, greco e turco.

41 *Şevket*: fratello maggiore di Orhan Pamuk.

46 *Tanpınar*: Ahmet Hamdi Tanpınar (1901-1962), grande romanziere turco.

48 *un battello*: «Un battello un battello» è un riferimento al titolo di una sua poesia (*Gemi Gemi* in originale).
*Turgut Uyar*: Uyar è uno dei principali esponenti della poesia turca negli anni Cinquanta e Sessanta del XX secolo.

51 *Ferhat*: personaggio di *La stranezza che ho nella testa*.

52 *Rüya*: figlia di Orhan Pamuk.
*«La donna dai capelli rossi»*: decimo romanzo di Orhan Pamuk (Turchia: 2016; Italia: 2017).

53 *Joseph Cornell*: (1903-1972), scultore americano, considerato uno dei pionieri dell'assemblage e delle installazioni di oggetti.
*Kadıköy … Moda*: municipalità e quartiere della sponda orientale di Istanbul, di tradizione borghese, laica, liberale.

54 *Norton*: si riferisce alle Charles Eliot Norton Lectures, cattedra annuale di letteratura (*professorship*) a Harvard, di cui Orhan Pamuk è stato titolare nel 2009-2010.

63 *Can Yayınlari*: casa editrice turca, che ha pubblicato in particolare i primi quattro romanzi di Orhan Pamuk.

p. 64 *Gökova*: nome di un golfo e di una pianura marittima nella provincia turca di Muğla, sulla costa egea.

72 *Il mondo … Bāqī*: verso del grande poeta ottomano Bāqī (1526-1600), liberamente tradotto a partire da una trascrizione letterale in turco moderno di Orhan Pamuk.

*Pelin Kıvrak*: scrittrice e studiosa turca. Ha fatto parte del team creativo che ha lavorato alla realizzazione del Museo dell'innocenza.

80 *Diffusione del video … Deniz Baykal*: uomo politico turco, presidente del Partito repubblicano del popolo (CHP, kemalista) dal 1992 al 2010, appunto fino a questo scandalo.

*Zeki Müren*: (1931-1996), cantante, compositore e poeta turco.

84 *«Romanzieri ingenui e sentimentali»*: saggio di Orhan Pamuk scritto in inglese, che riprende le conferenze tenute dallo scrittore nel quadro delle Charles Eliot Norton Lectures a Harvard (pubblicato in Italia nel 2012).

86 *Lezione … Columbia*: si tratta di una lezione a distanza a causa della pandemia da Covid-19.

90 *Palazzo Topkapı*: lo storico palazzo dei sultani, a Istanbul.

*Levni, Buhari*: Abdülcelil Levni e Abdullah Buhari, miniaturisti ottomani del XVIII secolo.

92 *Behzād*: Kamāl ud-Dīn Behzād, celebre miniaturista persiano (1455-1535).

*Edhem Eldem*: storico turco, specialista di storia ottomana e turca.

93 *«Shāhnāmeh»*: lo *Shāhnāmeh* o *Libro dei re*: poema epico persiano del X secolo attribuito al poeta Firdūsī, che racconta la storia dell'Iran dalla creazione del mondo all'arrivo dell'Islam.

*Catalogo della mostra*: si riferisce alla versione inglese del catalogo che contiene il contributo di Zeynep Atbaş citato: Ilber Ortaylı et al., *Reformer, Poet and Musician: Sultan Selim Han III*, Istanbul Metropolitan Municipality, Istanbul 2008.

104 *Gamboni*: Dario Gamboni, autore di *Une famille pour le Musée de l'Innocence*, poi pubblicato in Sophie Basch e Nilüfer Göle (a cura di), Orhan Pamuk, L'Herne, Paris 2017.

*The Peck «Shāhnāmeh»*: riferimento all'opera di Marianna Shreve Simpson, *Princeton's Great Persian Book of Kings: The Peck Shahnama*, Princeton University Art Museum, Princeton 2015.

105 *«Gizli Yüz»*: «Il volto segreto»: sceneggiatura cinematografica scritta da Orhan Pamuk e portata sullo schermo in Turchia nel 1991. Inedita in Italia.

114 *Murat Seçkin … Aslı Cavuşoğlu*: Murat Seçkin e Nüket Esen sono docenti universitari, rispettivamente di lingua e letteratura inglese, di storia e di lingua e letteratura turca. Aslı Çavuşoğlu è una *visual artist*.

115 *Sami Pascià*: personaggio del governatore in *Le notti della peste*.

120 *Elif Batuman*: scrittrice americana di origine turca. I suoi libri pubblicati in Italia: *I posseduti* (Einaudi 2012) e *L'idiota* (Einaudi 2018).

121 *Tughra del Magnifico*: la tughra era il monogramma dei sultani ottomani, come Solimano detto «il Magnifico» (1494-1566).

125 *Lodos*: libeccio, vento mediterraneo che spira da sud-ovest.

127 *Gerhard Steidl*: editore tedesco specializzato in libri d'arte, che ha pubblicato due volumi di fotografie di Istanbul di Orhan Pamuk, *Balkon* (2018) e *Orange* (2020).

128 *Kiran*: Kiran Desai, scrittrice indiana residente negli Stati Uniti, compagna di Orhan Pamuk fra il 2006 e il 2011.

145 *John Makinson*: direttore della casa editrice Penguin Random House dal 2002 al 2013 e poi suo presidente fino al 2016.

148 *Mingheria*: paese immaginario, il cui nome s'ispira forse a un popolo originario della Georgia, e che alla fine diventerà la già citata isola mediterranea di Mingher in *Le notti della peste*.

150 *Dharavi*: celebre «slum» di Bombay, uno dei piú grandi del mondo.

151 *Boza*: tradizionale bevanda fermentata turca, a base di cereali. Mevlut, il protagonista di *La stranezza che ho nella testa*, farà il venditore di boza.

*«Signor Cevdet»*: *Il signor Cevdet e i suoi figli*, il primo romanzo di Orhan Pamuk (Turchia: 1982; Italia: 2011).

158 *Il caso Balyoz*: *balyoz* significa «martello». Era il nome in codice di un tentativo di golpe che sarebbe stato progettato da militari dello Stato maggiore turco. Fu sventato e giudicato in tribunale nel piú ampio quadro dell'inchiesta Ergenekon (nome in codice della rete di cospiratori), che scosse il paese fra il 2007 e il 2010.

159 *Frans Post*: (1612-1680), pittore paesaggista olandese.

160 *gecekondu*: si pronuncia «ghegekondu». Sono i quartieri di stabili abusivi tipici della Istanbul degli anni 1960-90, i cui edifici e la cui composizione sociologica ricordano le baraccopoli. Letteralmente, il termine turco significa «tirato su di notte».

168 *Mahmut*: nome precedente del personaggio di Mevlut di *La stranezza che ho nella testa*.

p. 170 *Tarkan*: famoso cantante pop turco.
176 *Baltalimanı*: quartiere di Istanbul.
183 *«Sull'ansa del fiume»*: romanzo pubblicato nel 1979 (Italia 2015, prima ed. 1982, con il titolo *Alla curva del fiume*) dallo scrittore britannico V.S. Naipaul (1932-2018), premio Nobel per la letteratura 2001.
193 *Şeküre*: madre di Orhan Pamuk.
209 *Cambridge*: la Cambridge del Massachusetts, vicino a Boston.
213 *Un'intervista con Claudio Magris*: pubblicata sul «Corriere della Sera» il 12 novembre 2009.
215 *Knopf*: Alfred A. Knopf, casa editrice con sede a New York, oggi proprietà del gruppo Random House, che pubblica la traduzione inglese dei romanzi di Orhan Pamuk dal 2001.
221 *Daniyal Mueenuddin*: scrittore pachistano-americano.
223 *Bashkim Shehu*: scrittore albanese, residente a Barcellona.
226 *Lahmacun*: specie di pizza turca di pasta sottilissima, guarnita con carne macinata.
243 *George Andreou*: amico di Orhan Pamuk e suo editor presso Knopf.
246 *Isola di Sivriada*: l'«Isola a punta», isolotto roccioso e desolato dell'arcipelago delle isole dei Principi, dove nel 1910 il governatore di Istanbul fece deportare decine di migliaia di cani randagi che vi morirono abbandonati a se stessi. Poiché poco dopo la città fu colpita da un terremoto, la voce popolare interpretò la catastrofe come un «castigo divino per aver abbandonato i cani»: i cani randagi furono di nuovo tollerati per le strade di Istanbul.
247 *Walcott*: Derek Alton Walcott (1930-2017), poeta e drammaturgo caraibico di lingua inglese, premio Nobel per la letteratura nel 1992.
253 *«Casa del silenzio»*: *La casa del silenzio*, secondo romanzo di Orhan Pamuk (Turchia: 1983; Italia: prima ed. Frassinelli 1993, ed. Einaudi 2007)
261 *Zeynep Çelik ... Edhem Eldem*: Zeynep Çelik e suo marito Perry (Winston) sono architetti. Feride Çiçekoğlu e Ayşe Yönder sono docenti universitarie di architettura; Selim Deringil e il già citato Edhem Eldem sono docenti di storia.
262 *Namık Kemal*: (1840-1888), romanziere, poeta e giornalista ottomano che ebbe una grande influenza sul movimento dei Giovani turchi e sulla modernizzazione della lingua turca.
268 *Yahya Kemal*: Yahya Kemal Beyatlı (1884-1958), poeta e scrittore turco nato a Skopje. Il Bosforo, Istanbul e le sue bellezze storiche hanno un posto centrale nella sua opera.
271 *Falih Rıfkı*: Falih Rıfkı Atay (1894-1971), scrittore ed editorialista turco.
281 *The Scenery ... frequented it*: «Il panorama di Walden è in scala minore e seppure splendido non arriva a essere magnifico, né può interessare molto chi non l'ha frequentato a lungo...»
290 *Akyaka*: «Costa bianca», borgo turistico della costa egea, nella provincia di Muğla.
292 *Bozburun*: città costiera della Turchia, vicino a Marmaris, sulla costa egea.
298 *Colpo di stato del 27 maggio*: il 27 maggio 1960, in Turchia, un colpo di stato militare, laico e kemalista, rovescia il governo del Partito democratico, aprendo la strada a una riforma della Costituzione, paradossalmente piuttosto liberale se si eccettuano la censura e le esclusioni degli «islamico-conservatori» dall'arena politica.
336 *Pingyuan*: il termine indica una delle tre prospettive secondo le quali era strutturato il paesaggio nella pittura cinese. È la «distanza piatta» o «a livello»: lo sguardo dello spettatore si estende orizzontalmente all'infinito. Le altre due sono la «distanza alta» (vista dal basso) e la «distanza profonda» (vista a volo d'uccello o vista panoramica).
336-37 *A WIDE VIEW ... COMPOSITION*: [un'ampia veduta di vasti | paesaggi di bassopiani | la distanza a livello pingyuan | è una delle tre maniere di comporre... un paesaggio cinese tradizionale].
338-39 *TUNG YUAN ... back from them*: [Dong Yuan non disegna accuratamente | le straordinarie vette dei monti | ma piuttosto alterna i puntini e i trattini | in una specie di tecnica puntinista, | sicché nei suoi quadri i paesaggi appaiono solo quando ci si allontana].
350 *Ihap Hulusi*: Ihap Hulusi Görey (1898-1986), disegnatore turco, noto essenzialmente come illustratore di manifesti e di etichette pubblicitarie durante il periodo repubblicano.
352 *Ekin Oklap*: traduttrice inglese di Orhan Pamuk.
353 *Greci*: qui «greco» (*rum*, in turco) designa i cristiani ortodossi di lingua greca dell'impero ottomano, che facevano riferimento al patriarcato di Costantinopoli e costituivano la piú importante minoranza dell'impero.

2009 Gennaio: inizio della collaborazione fra Orhan Pamuk e l'architetto tedesco Gregor Sunder-Plassmann per la creazione del Museo dell'innocenza. In febbraio viaggio con la compagna Kiran Desai a Goa, dove comincia a scrivere *La stranezza che ho nella testa*. In marzo è insignito della laurea *honoris causa* dell'Università di Rouen, la città di Flaubert, al quale dedica allora un articolo. In aprile scrive la prefazione al libro *Ara Güler's Istanbul* del fotografo Ara Güler. In maggio, viaggio in Spagna, visita dell'Alhambra di Granada, e poi a Venezia, dove tiene lezioni di letteratura comparata all'Università Ca' Foscari. Da giugno a settembre lavora alla progettazione delle teche del Museo dell'innocenza. In ottobre è a Harvard per una serie di lezioni nel quadro delle Norton Lectures, poi pubblicate con il titolo *Romanzieri ingenui e sentimentali*.

2010 In gennaio Orhan Pamuk è a Berlino, dove tiene una conferenza sul futuro dei musei e del romanzo; poi è a Barcellona dove tiene la medesima conferenza presso il Centro di cultura contemporanea. In febbraio, a Goa, a contatto con il mare, continua la stesura di *La stranezza che ho nella testa*. Marzo: soggiorno in Egitto, al Cairo e ad Alessandria. Maggio: viaggio in Albania. Tranne una breve vacanza in Grecia, passa tutta l'estate a scrivere il suo romanzo a Istanbul, dove lo trattengono i lavori del Museo dell'innocenza. In autunno torna negli Stati Uniti per un altro trimestre alla Columbia.

2011 In febbraio-marzo, a Goa, dedica le mattine alla stesura di *La stranezza che ho nella testa*, mentre alla sera segue in diretta alla televisione le rivolte della Primavera araba. Lo spettacolo di quelle insurrezioni popolari lo porta a immaginare *Le notti della peste*. In aprile acquista il suo primo cellulare touchscreen. In primavera, viaggi in Bulgaria e in Italia per una serie di conferenze. L'estate è nuovamente dedicata al Museo dell'innocenza e alla stesura del romanzo. In settembre, le lezioni di letteratura comparata alla Columbia, dove è ormai titolare di una cattedra, gli offrono l'occasione per riprendere *La casa del silenzio*. I lavori al Museo dell'innocenza si concludono in estate ma l'apertura ufficiale non ha ancora avuto luogo; Pamuk sigla un accordo con l'editore d'arte americano Abrams per la pubblicazione del catalogo delle opere presenti nel museo, che si intitolerà *L'innocenza degli oggetti*. Tour promozionale in Brasile, Argentina e Cile. Verso la fine di questo viaggio, in dicembre, si separa dalla sua compagna Kiran Desai.

2012 In marzo è a Dubai per il matrimonio della sorella, Hümeyra Pamuk. Alla fine del mese di aprile il Museo dell'innocenza apre le porte al pubblico. Dall'idea originale all'inaugurazione sono passati sedici anni. In questo periodo Orhan Pamuk pubblica un *Modesto manifesto per i musei* che poi avrà un grande successo nei corsi di museografia. Il resto dell'anno è suddiviso fra la stesura di *La stranezza che ho nella testa* e le lezioni alla Columbia. L'estate del 2012 segna l'inizio della sua relazione con Aslı Akyavaş, che sposerà dieci anni dopo.

2013 Per completare la stesura di *La stranezza che ho nella testa* intraprende escursioni nei quartieri periferici di Istanbul e parla con venditori ambulanti. A Venezia, dove è invitato per la Biennale, lo raggiunge la notizia della rivolta di Gezi Park a Istanbul; scrive un articolo che critica la reazione drastica e autoritaria del governo turco. In settembre visita Imrenler – dove ha ambientato l'infanzia del venditore di yogurt protagonista di *La stranezza che ho nella testa* – vicino al lago di Beyşehir, nella provincia di Konya, e visita i caffè per raccogliere testimonianze di ex venditori di yogurt a Istanbul, ormai tornati ai loro villaggi d'origine. In autunno pronuncia un discorso a New York in occasione del centocinquantesimo anniversario della nascita di Konstantinos Kavafis.

2014 Scrive un articolo sui piccoli musei per il «New York Times». Tour in Georgia, Inghilterra e Spagna per tenere conferenze e promuovere i suoi libri. A fine aprile tiene una settimana di lezioni insieme a Umberto Eco presso l'Università di Bologna. In maggio è a Tallinn per ricevere il premio che l'European

Museum Forum ha assegnato al Museo dell'innocenza. Poi fa visita ad Anselm Kiefer nel suo atelier della banlieue parigina, visita a cui un anno dopo dedicherà un articolo pubblicato sul «Guardian». Collabora inoltre con il cineasta britannico Grant Gee alla realizzazione di un documentario intitolato *Innocence of Memories* (2015; titolo italiano: *Istanbul e il Museo dell'innocenza*). Viaggio a Lisbona con Aslı Akyavaş per la consegna del premio Helena Vaz da Silva. In settembre, a New York, termina *La stranezza che ho nella testa*. Il romanzo esce in Turchia a dicembre.

2015 Comincia a scrivere *La donna dai capelli rossi*. In febbraio, viaggio a Bursa e morte del grande scrittore turco Yaşar Kemal. Il Museo dell'innocenza è fra le sedi che ospitano la Biennale di Istanbul curata da Carolyn Christov-Bakargiev; vi sono esposti per la prima volta i taccuini illustrati di Pamuk. Soggiorno a Venezia nel quadro della Mostra del cinema, per presentare il documentario di Grant Gee dedicato a Istanbul e al Museo dell'innocenza. Tournée negli Stati Uniti per l'uscita della traduzione inglese di *La stranezza che ho nella testa*.

2016 Ai primi di gennaio va a Londra a curare la mostra alla Courtauld Gallery di tredici repliche identiche delle teche del Museo dell'innocenza. Alla fine del mese esce in Turchia *La donna dai capelli rossi*, il suo decimo romanzo. Poi va a Parigi, per la proiezione del documentario di Grant Gee al Centre Pompidou. In seguito soggiorna in Spagna, a Toledo. Il 15 luglio, sull'isola di Büyükada dove lavora a *Le notti della peste*, segue alla televisione, insieme ad Aslı, il tentativo di colpo di stato in Turchia.

2017 Il romanzo *Neve* è portato in scena a Strasburgo da Blandine Savetier. In febbraio Orhan Pamuk è a San Pietroburgo per ricevere la laurea *honoris causa* della locale università; poi visita la casa e la tomba di Tolstoj a Jasnaja Poljana. In maggio, al Museo di storia di Oslo, assiste al vernissage della mostra di varie teche del Museo dell'innocenza. L'estate è dedicata alla stesura di *Le notti della peste*. Viaggio in Sicilia con Aslı per ricevere il premio letterario internazionale Giuseppe Tomasi di Lampedusa. In autunno, di ritorno a Istanbul dopo aver tenuto le sue lezioni alla Columbia, partecipa all'inaugurazione del Centro Tanpınar.

2018 Gennaio: mostra delle teche del Museo dell'innocenza al Museo Bagatti Valsecchi di Milano. Ai primi di maggio è insignito della laurea *honoris causa* dell'Università di Creta. Il viaggio a Creta sarà fonte d'ispirazione per *Le notti della peste* e per la raffigurazione dell'isola immaginaria di Mingher. Alla fine del mese va a Varsavia. Ad Auschwitz, che visita per la prima volta, lo scrittore prova la «vergogna di essere umano». In giugno soggiorna a Kaş, sulla costa turca, dove scrive *Le notti della peste* guardando al largo l'isola di Kastellorizo, fonte d'ispirazione per quella di Mingher. In autunno esce, presso l'editore tedesco Steidl, *Balkon*, il primo libro di fotografie dello scrittore. Durante il soggiorno newyorchese (lezioni alla Columbia) va a Helsinki per la promozione di *La donna dai capelli rossi*.

2019 Lunghe passeggiate notturne per Istanbul in vista di un nuovo libro di fotografie, *Orange*. In giugno è a Sarajevo per assistere all'adattamento teatrale di *Neve*. Continua a scrivere *Le notti della peste* a Istanbul e a New York. In novembre, viaggio in Perú con Aslı. Ogni settimana passa una giornata a dipingere nell'atelier dell'amica artista Inci Eviner.

2020 In febbraio, festival di letteratura a Lahore. Lo scrittore e la sua compagna Aslı sono a New York quando scoppia la pandemia da Covid-19; la coppia rientra immediatamente a Istanbul. In aprile, Orhan Pamuk pubblica un lungo articolo intitolato «Che cosa ci insegnano i romanzi sulle grandi epidemie?» che sarà ripreso dalla stampa di tutto il mondo. Trascorre il periodo di lockdown a Istanbul, senza uscire di casa, lavorando a *Le notti della peste*. In autunno tiene le sue lezioni alla Columbia dall'isola di Büyükada, sulla piattaforma Zoom. In novembre esce il suo secondo libro di fotografie, *Orange*.

2021 A fine marzo esce in Turchia *Le notti della peste*. In aprile lo scrittore comincia a pensare a *Ricordi di montagne lontane*. Prende inoltre avvio il progetto di un'edizione illustrata di *Il mio nome è rosso*, ed esamina circa seimila miniature digitalizzate provenienti dai fondi della biblioteca di Palazzo Topkapı. Dopo un anno di pausa dovuta alla pandemia torna a New York per tenere le sue lezioni alla Columbia come di consueto. Delinea i contorni di una futura mostra dei suoi taccuini e dei suoi manoscritti.

2022 Sospende la stesura del «*Racconto del pittore*», per dedicarsi a un altro romanzo intitolato *I giocatori di carte*. Tra febbraio e marzo viaggia tra Francia, Germania e Spagna per la promozione di *Le notti della peste*. In aprile sposa Aslı Akyavaş, la sua compagna da dieci anni. In maggio è in Sardegna per ricevere il premio Costa Smeralda.

# Indice cronologico dei taccuini

Le pagine riprodotte in questo libro sono una selezione dai taccuini in formato 8,5 × 14 cm di Orhan Pamuk. Se in uno stesso anno l'autore ha usato piú di un taccuino, le lettere A, B, C indicano l'ordine cronologico di completamento. Le pagine senza data sono invece state scritte e illustrate e durante la progettazione di *Ricordi di montagne lontane*. La trascrizione e la traduzione dei testi hanno tenuto il piú possibile conto dell'assetto grafico degli originali, del senso di lettura e delle scelte tipografiche dell'autore.

## Indice delle opere di Orhan Pamuk

*Stampato per conto della Casa editrice Einaudi*
*presso ELCOGRAF S.p.A. - Via Mondadori, 15 - Verona*
*nel mese di novembre 2023*

C.L. 26068

| Ristampa | | | | | | Anno | | | |
|---|---|---|---|---|---|---|---|---|---|
| 0 | 1 | 2 | 3 | 4 | 5 | 2023 | 2024 | 2025 | 2026 |